SCHES MEER
falù
Castel di Tusa
Nèbrodi
Randazzo
Monti Peloritani
Messina
Règgio
di Calàbria
STRASSE VON MESSINA
Ätna 3323 m
LIEN
IONISCHES MEER
Enna
Caltanissetta
Val Dèmone
Catània
Caltagirone
Monti Iblei
Val di Noto
Gela (Fela?)
Siracusa
Ragusa
Mòdica
Noto

Martina Meuth
Bernd Neuner-Duttenhofer

ANDREA CAMILLERIS SIZILIANISCHE KÜCHE

Die Autoren:

»Was auch immer aus der produktiven Werkstatt
von Meuth und Neuner-Duttenhofer kommt,
ist bestes Handwerk und leidenschaftliche Hingabe«
Mannheimer Morgen

Das Ehepaar Martina Meuth und Bernd Neuner-Duttenhofer gehört zu den bekanntesten deutschen Kochbuchautoren und kulinarischen Journalisten. Als Gastgeber ihrer Fernsehsendungen »Servicezeit Essen und Trinken« und »Kochen mit Martina und Moritz« sind sie einem Millionenpublikum bekannt. Seit mehr als 30 Jahren arbeiten sie für verschiedene Zeitschriften, haben Standardwerke übersetzt und über 60 eigene Bücher veröffentlicht.

Die zahlreichen Bände ihrer Reihe »Kulinarische Landschaften – Küche, Land und Leute« setzten neue Maßstäbe in der Literatur der Kochkunst. Ebenso erfolgreich wurden ihre »Reiseführer für Lebenskünstler« und das neue Standardwerk der modernen Küche: »Der große Meuth-Neuner-Duttenhofer«. Bei Bastei Lübbe ist von ihnen mit großem Erfolg erschienen: *Andrea Camilleris sizilianische Küche* sowie *Wo die glücklichen Hühner wohnen. Vom richtigen und vom falschen Essen*. Beide Bände wurden mit der Silbermedaille der Gastronomischen Akademie ausgezeichnet. 2011 erschien *Auf der Suche nach dem verlorenen Geschmack. Vom Glück kulinarischer Entdeckungen.*

MARTINA MEUTH
BERND NEUNER-DUTTENHOFER

ANDREA CAMILLERIS SIZILIANISCHE KÜCHE

Die kulinarischen Leidenschaften
des Commissario Montalbano

Aktualisierte Neuausgabe

Weitere Titel der Autoren:

Wo die glücklichen Hühner wohnen.
Vom richtigen und vom falschen Essen

Auf der Suche nach dem verlorenen Geschmack.
Vom Glück kulinarischer Entdeckungen

Aktualisierte Neuausgabe
der in der editionLübbe erschienenen Hardcover-Ausgabe

Lübbe Hardcover und editionLübbe in der Bastei Lübbe GmbH & Co. KG

Lektorat: Helmut R. Feller
Textredaktion: Dr. Ulrike Brandt-Schwarze, Bonn
Gestaltungskonzept, Layout und Satz: JahnDesign, Thomas Jahn, Erpel/Rhein
Umschlaggestaltung: Gisela Kullowatz
Einbandmotiv: corbis/A. Belov
Gestaltung Vorsatzkarte: Reinhard Borner
Druck und Einband: Mohn Media · Mohndruck GmbH, Gütersloh

Printed in Germany
ISBN 978-3-7857-2452-1

5 4 3 2 1

Sie finden uns im Internet unter: www.luebbe.de
Bitte beachten Sie auch: www.lesejury.de

Weitere Titel der Autoren:

Wo die glücklichen Hühner wohnen. Vom richtigen und vom falschen Essen

Auf der Suche nach dem verlorenen Geschmack. Vom Glück kulinarischer Entdeckungen

Aktualisierte Neuausgabe
der in der editionLübbe erschienenen Hardcover-Ausgabe

Lübbe Hardcover und editionLübbe in der Bastei Lübbe GmbH & Co. KG

Lektorat: Helmut R. Feller
Textredaktion: Dr. Ulrike Brandt-Schwarze, Bonn
Gestaltungskonzept, Layout und Satz: JahnDesign, Thomas Jahn, Erpel/Rhein
Umschlaggestaltung: Gisela Kullowatz
Einbandmotiv: corbis/A. Belov
Gestaltung Vorsatzkarte: Reinhard Borner
Druck und Einband: Mohn Media · Mohndruck GmbH, Gütersloh

Printed in Germany
ISBN 978-3-7857-2452-1

5 4 3 2

Sie finden uns im Internet unter: www.luebbe.de
Bitte beachten Sie auch: www.lesejury.de

Inhalt

Kulinarische Leidenschaften

Verschiedentlich wurde ich gebeten, ein Kochbuch mit Commissario Montalbanos Rezepten zu schreiben – vielmehr mit den Rezepten zu seinen Lieblingsspeisen, die ihm im Lokal serviert oder von der treuen Haushälterin Adelina gekocht werden. Ich habe mich immer dagegen gesträubt, und als ich es doch einmal versuchte, ist es mir nicht gelungen. Der Grund dafür erwies sich, als ich ihn herausfand, als höchst simpel: Montalbano bringt zur Not vielleicht zwei Spiegeleier oder einen Teller Spaghetti mit Olivenöl und Knoblauch zustande, ansonsten aber hat er (genau wie ich) zum Kochen nicht das geringste Talent.

Montalbano und ich verstehen uns aufs Essen, was auch nicht jedem gegeben ist, aber kochen können wir nicht, ganz im Gegensatz zu meinem Freund Manuel Vázquez Montalbán und seinem Detektiv Pepe Carvalho.

Rezepte, finde ich, sollten von Köchen oder Leuten, die gut kochen können, und nicht von Restaurantgästen verfasst werden. Denn ich vermute, dass sich Autoren von Kochbüchern nicht auf eine schlichte Auflistung der Rezepte mit den jeweiligen Zutaten und Mengenangaben beschränken, sondern dass sie mit diesen Rezepten experimentiert haben, sie haben sie immer wieder nachgekocht und bisweilen auch abgeändert, um sie weiter zu verbessern.

Montalbano legt keinen besonderen Wert auf eine raffinierte und komplizierte Küche; natürlich weiß er solches Essen zu schätzen, und er lässt es sich schmecken, wenn er es vorgesetzt bekommt, aber er bemüht sich nicht eigens darum. Und er verabscheut Hamburger, Chips und vorzugsweise im Stehen einzunehmende Fertigprodukte, eben alles, womit man sich nur auf die Schnelle ernährt.

Was ist ihm denn nun wirklich wichtig? Auch darauf gibt es eine schlichte Antwort: Die Zutaten müssen ganz und gar unverfälscht und absolut frisch sein. Drei oder vier Streifenbarben, die erst vor ein paar Stunden gefangen wurden, noch nach Meer riechen und schmecken und kunstgerecht gegrillt sind, denen keine saure Zitrone Gewalt angetan hat und für die er sich richtig Zeit nimmt, sind sein Allerhöchstes. Und hinterher darf es nichts geben, keinen Digestif und keinen Espresso, damit der Geschmack möglichst lange zwischen Zunge und Gaumen erhalten bleibt. Es versteht sich also von selbst, dass es ihm (und mir) unerträglich, sogar unmöglich ist, tiefgefrorenen oder zu lange im Kühlschrank aufbewahrten Fisch zu essen. Auf Frische legt Montalbano nicht nur bei Fisch größten Wert. Nehmen wir beispielsweise die berühmte Pasta mit Sardinen, die man auf vielerlei Arten zubereiten kann: mit und ohne Mandeln, mit viel oder ganz wenig Safran, mit einer Spur Tomatenmark oder ohne, man kann sie überbacken oder gleich servieren, kalt oder heiß essen. Montalbano isst Pasta mit Sardinen auf jede Art gern, allerdings ist das A und O, dass der wilde Fenchel (auch Bergfenchel genannt) frisch gepflückt oder höchstens einen Tag alt ist. Er darf an Geruch und Geschmack nichts eingebüßt haben. Ist der Bergfenchel, der manchmal schwer zu bekommen ist, nicht frisch, dann verzichtet Montalbano lieber auf die *pasta con le sarde*.

Ich habe schon erwähnt, dass Montalbano sich zum Essen »richtig Zeit nimmt«, und möchte das näher erklären. Zeit ist einer der wichtigsten Faktoren des guten Essens. Jedem Bissen muss ausreichend Zeit gelassen werden, damit Duft und Geschmack zu sämtlichen Papillen gelangen und sie zart durchdringen können, ohne sie zu überwältigen, ohne ihnen allzu viel Arbeit aufzuhalsen, die die Reinheit des Geschmacks trüben und verunreinigen würde (Klammer auf: Vielleicht sollte man sich die bitterarmen Tagelöhnerfamilien zum Vorbild nehmen, die im neunzehnten und bis weit ins zwanzigste Jahrhundert hinein auf der Suche nach Arbeit übers Land zogen. Sie hatten sich für ihre tägliche Mahlzeit etwas einfallen lassen. Wenn sie hungrig waren, setzten sie sich im Schatten eines Baumes um einen Rohrstock, an dem eine gesalzene Sardine hing. Jeder zog seine *scanata* – einen Laib Hartweizenbrot von etwa einem Kilo – aus der Tasche, leckte einmal lange an der Sardine und aß in diesen Geschmack hinein eine dicke Scheibe Brot. Erst wenn das Brot fast aufgegessen war, durfte jedes Familienmitglied ein winziges Stückchen von der Sardine abbeißen. Eine Variante war das harte Ei. Statt der Sardine wurde ein hart gekochtes Ei von Hand zu Hand gereicht. Nacheinander schob sich jeder das Ei in den Mund, behielt es eine Weile drin, reichte es dem Nachbarn

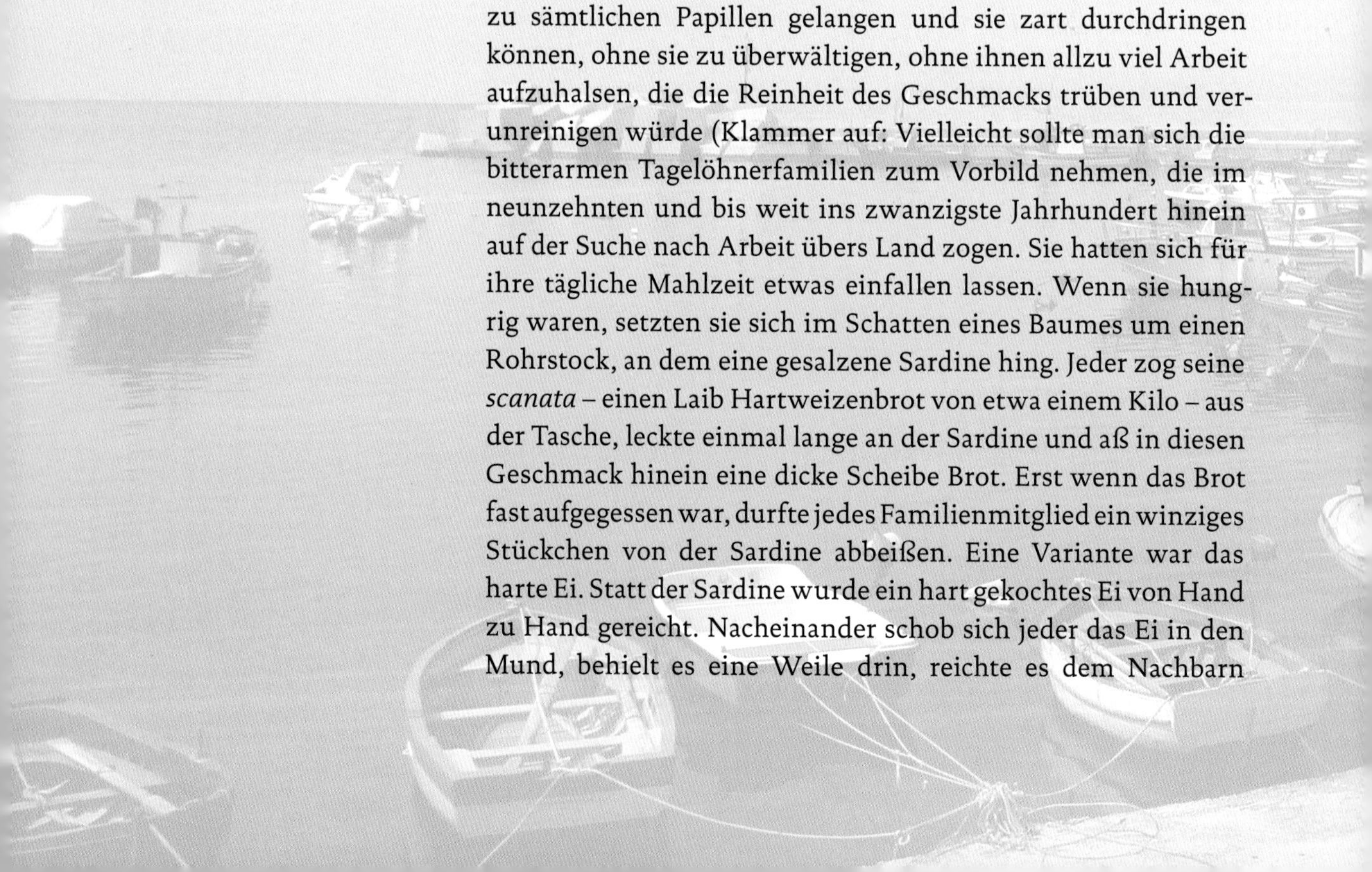

weiter und aß in die Erinnerung an diesen Geschmack hinein ein großes Stück Brot. Klammer zu).

Ich muss etwas gestehen. Dass Montalbano fast süchtig ist nach fangfrischem Fisch, rührt von einer Kindheitserinnerung, die ich auf ihn zu übertragen versucht habe. Mein Vater fischte in mondlosen Nächten gern mit einer Art Harpune, der *traffinera*, einem drei Meter langen Wurfspieß mit fünf Widerhaken. Hinten an dem Spieß war eine ebenso lange Leine befestigt, das andere Ende der Leine band Papà sich ums Handgelenk: Die Harpune hatte also eine Reichweite von längstens sechs Metern. Samstagabends nahm er mich mit. Wir fuhren in einem Ruderboot hinaus, mit einem Mann, der sich darauf verstand, ohne einen Wasserspritzer und vollkommen lautlos zu rudern. Eine am Bug montierte große Lampe (früher eine Karbidlampe) war auf die Wasseroberfläche gerichtet. Wenn wir unsere Fischgegend erreicht hatten, wurde die Lampe angezündet, Papà stellte sich vorn ins Boot, und der Mann ruderte behutsam rückwärts. Das gleißende Licht zog in der dunklen Nacht ganze Schwärme an. Wenn Papà einen großen Fisch entdeckte, schleuderte er seine tödliche Harpune und spießte ihn auf. Er traf immer, millimetergenau berechnete er die aufgrund der Lichtbrechung abweichende Bahn. Vor der Rückkehr in den Hafen frühstückten wir bei Tagesanbruch im Boot. Papà hatte einen Primus (den Vorläufer des Camping-Gaskochers, nur funktionierte der Primus mit Petroleum), Salz, eine Hand voll Mehl, ein Fläschchen Öl und eine Pfanne mitgenommen. Der Ruderer zündete den Kocher an, säuberte den Fisch, bereitete ihn fertig vor und briet ihn. Die Meerbarben oder Seebarsche waren so frisch, dass sie sich aufrollten und man sie kaum braten konnte. Wenn sie gar waren, aßen wir sie mit den Fingern. Darum geht es: Um diesen Geschmack, von dem ich weiß, dass ich ihn nie wieder schmecken werde, den ich eifersüchtig in meiner Erinnerung hüte und der als blasses Echo aufscheint, wenn ich zu beschreiben versuche, was Montalbano empfindet. Freilich ernährt sich mein Commissario zwar hauptsächlich, aber nicht allein von Fisch.

An dieser Stelle muss ich vielleicht etwas ausholen: Claude Lévi-Strauss schrieb, man könne auch ohne ethnographische Untersuchungen nachweisen, dass die Menschen zur Wahrung ihrer Identität in erster Linie auf das Essen und die Art des Essens setzten. Der Mann von der Straße beurteile ein fremdes

Land von dessen Küche her, dieses Kriterium bestehe sogar in unserer technischen Kultur fort und gewähre unabhängig von jeglichem biologischen Aspekt einen tiefen Einblick in die Bindung, die zwischen einem einzelnen Menschen und einem bestimmten Lebensraum, einem Lebensstil, einer Gesellschaft bestünde.

Die Küche eines Volkes ist also eine Art Spiegel seiner Geschichte. In Sizilien spiegelt die Küche das vielschichtige Wesen der Sizilianer wider, was sicher von der langen, wechselvollen Geschichte der Fremdherrschaft herrührt. Von Provinz zu Provinz, bisweilen von Dorf zu Dorf ändert sich die sizilianische Küche oder erscheint sogar widersprüchlich. Die verschiedenen Völker, die Sizilien besetzten, hatten alles Mögliche auf die Insel mitgebracht, und am sichtbarsten sind ihre Spuren in den Gegenden, die sie jeweils besiedelten.

In Ninì Sapios Buch über die sizilianische Küche findet sich eine kuriose Liste der Dinge, die die fremden Herrscher in unseren Kochtöpfen hinterlassen haben: Von den Griechen stammen Oliven, salzige Ricotta, Honig, Mandeln und Wein; von den Römern *maccu* – Püree aus Saubohnen –, wilder Spargel und Bratwürste; von den Byzantinern Gewürze, pikante Käsesorten, Gebäck mit Zimt oder Vanille; von den Arabern Zuckerrohr, Zitrusfrüchte, Jasmin, *arancine* – Reisbällchen mit Safran –, die *cassata* – eine Biskuittorte mit Ricotta und kandierten Früchten –, Honiggebäck und Marzipan; von den Normannen getrockneter oder gesalzener Stockfisch; von den Franzosen raffinierte Süßigkeiten und ebenso raffinierte Gerichte mit gebackenem Fisch und Meeresfrüchten; von den Spaniern Auberginen, süßsauer zubereiteter Kürbis und natürlich *pan di Spagna*; von den Bourbonen Pampelmusen und Marsala.

Die Reihe ließe sich natürlich fortsetzen. Außerdem wandelten die Neuankömmlinge Gerichte, die sie auf der Insel vorfanden, nach eigenem Gusto ab oder erfanden schlicht neue. Das alles hat seine Spuren in den sizilianischen Kochbüchern hinterlassen, in denen es Rezepte für Kaninchen *alla spagnola*, Hähnchen *alla sans façon* oder Schweineschnitzel *alla normanna* gibt.

Einmal wurde ich im Inselinneren von zwei verschiedenen Familien, die im selben Haus wohnten, zum Mittag- beziehungsweise Abendessen eingeladen.

Ich kann mich noch gut an die vielen unterschiedlichen Gewürze erinnern, mit denen das mehrgängige Mittagessen zubereitet war; alles schmeckte ausgezeichnet, aber die betäubende Schärfe verführte dazu, literweise von dem erlesenen Wein zu trinken, der auf dem Tisch stand. Dazu passt ein uralter Bauernspruch: *Piglia 'na petra e conzala* – nimm einen Stein, und würze ihn. Gewürze und Saucen spielen bei uns eben eine so große Rolle, dass sie sogar einen Stein schmackhaft machen. Zu einem solchen Mittagessen gehörten als Dessert natürlich *cannoli* mit Ricotta und eine knallbunte große *cassata*. Wie Montalbano musste ich einen langen Verdauungsspaziergang machen. Abends war alles ganz anders, ich brauchte nur eine Treppe höher zu steigen, und schon befand ich mich in einem anderen Land, einer anderen Kultur. Als ersten Gang servierte die Gastgeberin einen köstlichen Risotto mit Erbsen und Artischocken, der nur mit Salz, Pfeffer und ein wenig Tomatensauce gewürzt war, dies aber in einer vollkommenen Mischung. Wer wollte, konnte Parmesan oder besser noch Caciocavallo darüber streuen. Als Hauptgericht gab es zwei verschiedene Flans, einen mit Spinat und Bechamelsauce und einen mit grünen Bohnen, Parmesan und Zwiebeln. Zum Dessert Blancmanger, was nichts speziell Sizilianisches ist, bei uns jedoch mit Mandelmilch und nicht wie andernorts mit Schafs- oder Kuhmilch zubereitet wird. Nach dem Essen erzählten mein Freund und seine Frau, sie seien Vegetarier (aber ich muss ehrlich sagen, dass ich weder Fleisch noch Fisch vermisst habe) und kochten nach den Rezepten des Herzogs von Salaparuta. So erfuhr ich, dass der ungewöhnliche Winzer Enrico Alliata Herzog von Salaparuta, der den berühmten *Corvo* schuf, ein wunderbares vegetarisches Kochbuch verfasst hat. Auch dies gehört zur Vielseitigkeit der Sizilianer und ihrer Küche. Sicherlich wäre Salvo Montalbano sowohl mittags wie abends entzückt gewesen.

Nicht nur in der vegetarischen Küche wird in manchen Gegenden der Insel maßvoll, sparsam, sehr zurückhaltend gewürzt und abgeschmeckt, man bekommt eine Ahnung von Würze, man nimmt entfernt ein Gewürz wahr, aber es schmeckt nicht wie anderswo vor.

Eine Art Waffenstillstand zwischen starkem und eher verhaltenem Geschmack ist mittlerweile bei Süßem erreicht. Zwischen der aufdringlichen palermitanischen *cassata* und der *'mpignulata* aus Messina, die nur aus Zucker und Schokolade besteht, liegen Welten. Und doch ist das eigentlich Unmögliche geglückt. In Palermo oder Catània steht nämlich auf dem

Ladenschild mancher *pasticcerie* – Konditoreien – »Pasticceria svizzera-siciliana«. Klingt seltsam, ist aber so. Die berühmteste ist die Pasticceria Caflish. Diesen Schweizern ist es gelungen, die Geschmacksrichtungen in ihrem scheinbar heillosen Widerstreit unter einen Hut zu bringen.

Das habe ich zwar noch in keinem Buch geschrieben, aber wenn Montalbano sich in Palermo aufhält, gönnt er sich *panelle* (eine Art Pfannkuchen aus Kichererbsenmehl), die an der Straße verkauft werden, und macht einen Abstecher zur Vuccirìa, dem berühmten Markt (den Guttuso auf einem Gemälde verewigt hat), wo er dem *pane con la mèusa* – den Milzbrötchen – nicht widerstehen kann. Diese großen Brötchen werden mit gekochten Innereien gefüllt, in warmes Schmalz getaucht und mit würzigem Käse bestreut. Sie sind mit Vorsicht zu genießen. Montalbano futtert so ein Brötchen mit Wonne und schlägt sich dann fluchend die Nacht um die Ohren, weil es ihm schwer im Magen liegt. Noch ein Wort zum Verhältnis zwischen Montalbano und mir, was das Essen anbelangt. Die Liebe zu gutem Essen ist nichts Neues. Viele europäische (Maigret, Carvalho) und nichteuropäische Polizisten und Detektive essen gerne gut. Mein Commissario taucht zum ersten Mal in einem 1994 veröffentlichten Roman auf, also vor über zehn Jahren. Nun, bis vor zehn Jahren hätte ich, wenn wir in einem Lokal zusammen an einem Tisch gesessen hätten, ohne weiteres mit ihm mithalten können. Dabei war ich 1994 fast siebzig Jahre alt, während ich seinen kalendarischen Geburtstag ins Jahr 1950 verlegt habe. Eines traurigen Tages haben mir die Ärzte, angefangen vom Salz, praktisch alles verboten. Von Spiegeleiern kann ich nur träumen. Eine Weile war ich versucht, meine Romanfigur krank werden zu lassen, damit es ihr genauso schlecht erginge wie mir. Dann wurde mir klar, dass das purer Neid war. Ich lasse Montalbano also weiterhin gut essen, und wenn ich Lust auf eine Speise habe, die mir strengstens verboten ist, sorge ich in der einen oder anderen Erzählung dafür, dass er sie sich zu Gemüte führen kann. Eine winzig kleine Entschädigung, mag sein, aber besser als gar nichts. Nun wünsche ich guten Appetit!

Andrea Camilleri

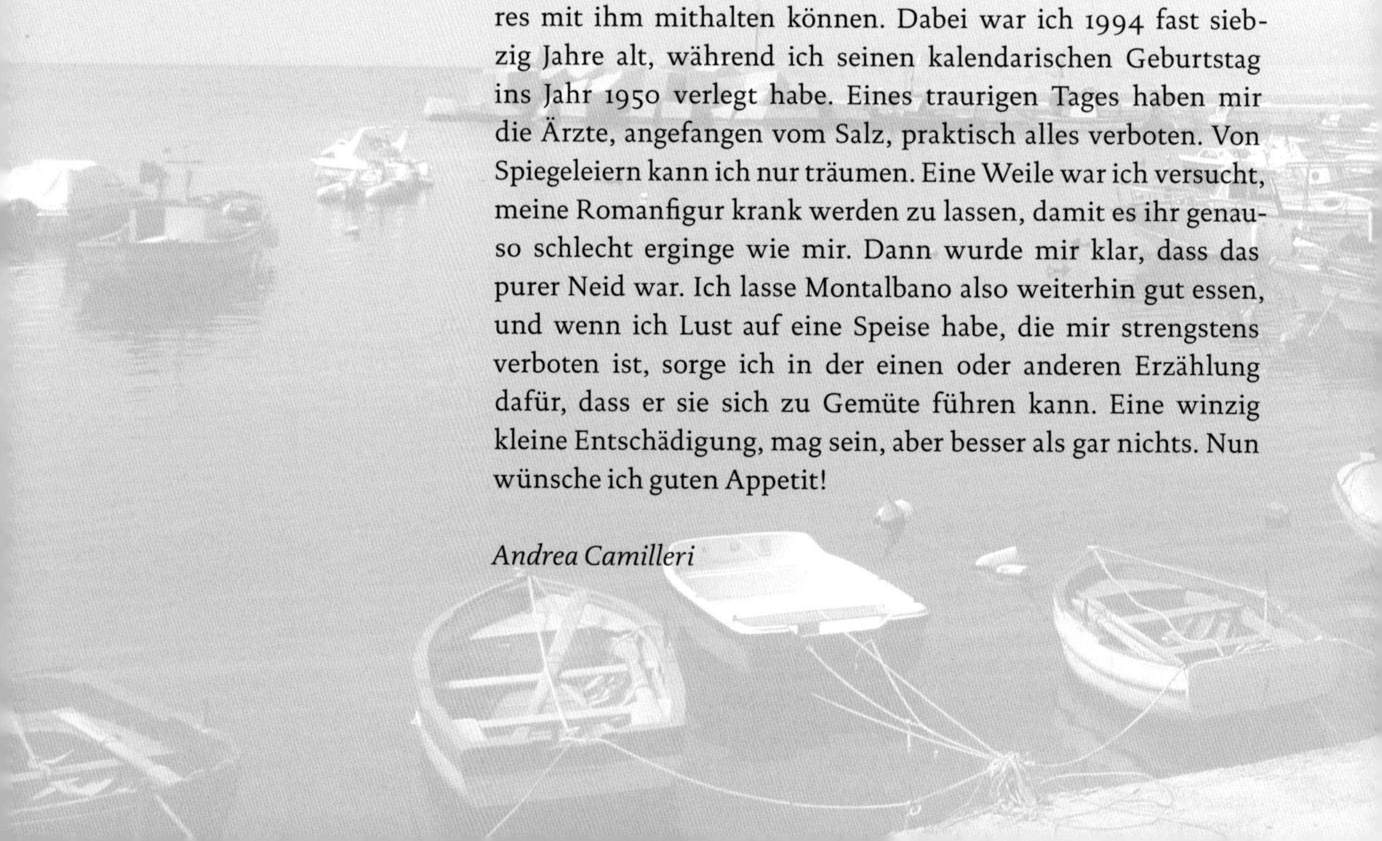

IRENE

Auf den Spuren des Geniessers

Andrea Camilleri, der in Rom lebende Autor und Schöpfer des sizilianischen Commissario Montalbano, hat uns erlaubt, seine Figuren für unser Buch zu verwenden: die Mitarbeiter, Kollegen und Vorgesetzten, die Lebensgefährtin Livia, Adelina, seine Haushälterin, die verführerischen Freundinnen und die wenigen Freunde, den Wirt und Koch Calogero, die ihn bekochenden Gemahlinnen der Vorgesetzten und Kollegen, all die anderen bunten und so wunderbar plastisch gezeichneten Gestalten seiner Romane und Geschichten.

Wir dürfen über die Orte und Lokalitäten verfügen und als Basis für uns unsere eigenen Gedanken zu den kulinarischen Passionen seines Helden nehmen, die von ihm angedeuteten Rezepte nicht nur ausprobieren und ausarbeiten, sondern sogar fortentwickeln.

Wir sind Fans von Camilleri und seinem Commissario, wie Millionen Menschen in aller Welt! Und so sind wir dankbar für die Ehre und das Vergnügen, den Küchenalltag seiner Romanfiguren erforschen zu dürfen, ihn nach Herzenslust auszugestalten und schließlich in ganz praktische Anleitungen zu verwandeln. Es hat uns viel Spaß gemacht, für dieses Buch auf Montalbanos Spuren durch Sizilien zu reisen – das wir schon seit langem gut kennen und lieben – und dabei Landschaft, Küche, Produkte und Menschen immer wieder mit ihm und seinen kulinarischen Leidenschaften in Verbindung zu setzen. Wir haben mit Freude gelernt, kritisch genossen und mit Lust das, was wir aus den Büchern erfahren haben, mit dem Sizilien von heute verglichen. Und wir haben dabei – Andrea Camilleri sei Dank! – wieder einmal erkennen können, dass erst in der Übertreibung so richtig klar und deutlich sichtbar wird, was wir Realität nennen.

Die Fangemeinde des Commissario geht davon aus, dass Vigàta Porto Empèdocle ist, der Hafen von Agrigento, früher Molo di Girgenti genannt: der Geburtsort von Andrea Camilleri. So steht das sogar inzwischen auf dem Ortsschild. Und Montelusa ist Agrigento. Aber bei allen Gemeinsamkeiten und immer wieder noch so deutlichen Hinweisen (die übrigens mitunter ganz hübsch in die Irre führen!) sind es dann doch nicht wirklich diese Städte – so viele Verbrechen wie in Vigàta werden Gott sei Dank in Porto Empèdocle nicht verübt! Listig schreibt Camilleri:

Es ist nützlich (und unnütz zugleich), zu wiederholen, dass Orte und Namen samt und sonders erfunden sind. Sollte sich jemand über die eine oder andere zufällige Übereinstimmung beschweren, so möchte ich daran erinnern, dass das Leben selbst (das der Fantasie in Sachen Erfindungsgabe weit überlegen ist) auch nur ein reiner Zufall ist.

Anmerkung des Autors Camilleri in: DAS PARADIES DER KLEINEN SÜNDER, S. 7

Mittlerweile heißen die Restaurants in Porto Empèdocle nach den Figuren in Camilleris Romanen oder führen die Bezeichnung Vigàta in ihrem Namen. Es gibt in Italien eine Camilleri-Fan-Homepage, unterdessen sogar einen regen Montalbano-Tourismus.

Natürlich tauchen in den Romanen die sizilianischen Städte Palermo, Catània, Siracusa, Tràpani, Mazàra del Vallo auf, wie sie in der Realität sind, ohne dass wir uns wundern. Nur eben Agrigento nicht. Fela mag Gela, Fiacca Sciàcca sein. Dann wieder lässt Camilleri einige Orte vorkommen, die in der Nähe von Porto Empèdocle/Vigàta tatsächlich existieren: Meint er mit Villaseta das reale Villaseta unterhalb von Agrigento? Ist sein Favara das Favara in der Nähe? Ein Ort Jòppolo Giancàxio existiert auch in echt, nicht weit von Agrigento/Porto Empèdocle – vielleicht wollte sich der Autor diesen wunderbar bizarren Ortsnamen nicht entgehen lassen? Die »Osteria del Cacciatore« findet man in einem Ort etwas weiter östlich, in Castrofilippo Torre. Und womöglich hat er dort gut gegessen? Wer? Camilleri? Montalbano?

Commissario Montalbano wohnt in einem Haus direkt am Meer, in Marinella. Ein Ortsteil mit diesem Namen gehört tatsächlich zu Porto Empèdocle, und es stehen dort die Häuser direkt am Strand. Welches ist das Montalbanos? Der ehemals bedeutende, heute viel zu ruhige Hafen wird von zwei Molen geschützt, der westlichen und der östlichen, genau wie der Hafen von Vigàta. Und von Marinella aus ist es nicht weit zur ebenfalls realen wie in den Büchern erwähnten Scala dei Turchi, der Türkentreppe, einem hell leuchtenden Kap aus Kalkmergel mit hoch aufragenden Stufen.

Ansonsten aber sind die Orte in Camilleris Geschichten »ideal«, also für Sizilien typisch. Die Landschaft der Insel, im Inneren wie an der Küste, wird eindringlich und so lebendig und farbig beschrieben, dass wir uns wie in der Realität fühlen – oder einem Film: Das ist Sizilien, kein bisschen anders! (Die Montalbano-Filme wurden übrigens anderswo gedreht, im Süden vorwiegend, vor allem in und bei Ragusa, Mòdica und Noto, an mehreren Küstenorten – nur weniges in Porto Empèdocle und Agrigento selbst.) Aber: Die scheinbar exakten Wegbeschreibungen führen nicht zu tatsächlichen Plätzen, den bezeichneten Bergen oder Buchten, schon gar nicht zu den Restaurants der Erzählungen.

Und doch ist alles eine Realität: nämlich die des Commissario Montalbano, der in ihr lebt, wie wir in der Wirklichkeit.

So, wie Camilleri seinen Heimatort und dessen Existenz als Basis für seine Romane und Geschichten nimmt, so haben wir uns der Geschehnisse in seinen Büchern bedient und mit unserer eigenen Realität verquickt: nicht nur mit Rezepten verbunden, sondern auch mit real existierenden Orten und Märkten, Trattorien und Restaurants.

Den Commissario selbst und seine Frauen haben wir in Ruhe gelassen – außer die für sein leibliches Wohl so eminent wichtige Haushälterin Adelina. Wir haben die für uns kulinarisch interessanten Figuren in dieses Buch geholt, wir haben mit ihnen gesprochen, lassen sie also für uns sprechen. Dabei haben wir das Spiel aufgegriffen und ebenfalls die Ebenen zwischen den Realitäten gewechselt.

Man wird es nicht als Zufall betrachten, dass in Caos, einem Ortsteil von Montelusa/Agrigento, keine zehn Kilometer von Vigàta/Porto Empèdocle entfernt, Luigi Pirandello lebte und schrieb. Sein bekanntestes Theaterstück heißt »Sechs Personen suchen einen Autor«. Der Nobelpreisträger schrieb freilich keine Krimis.

»Fantasie hast du ja«, meinte Mimì, der über Montalbanos Rekonstruktion des Falles nachgedacht hatte. »Wenn du in Pension bist, kannst du Romane schreiben.«

»Ich würde natürlich Krimis schreiben. Und das lohnt sich nicht.«

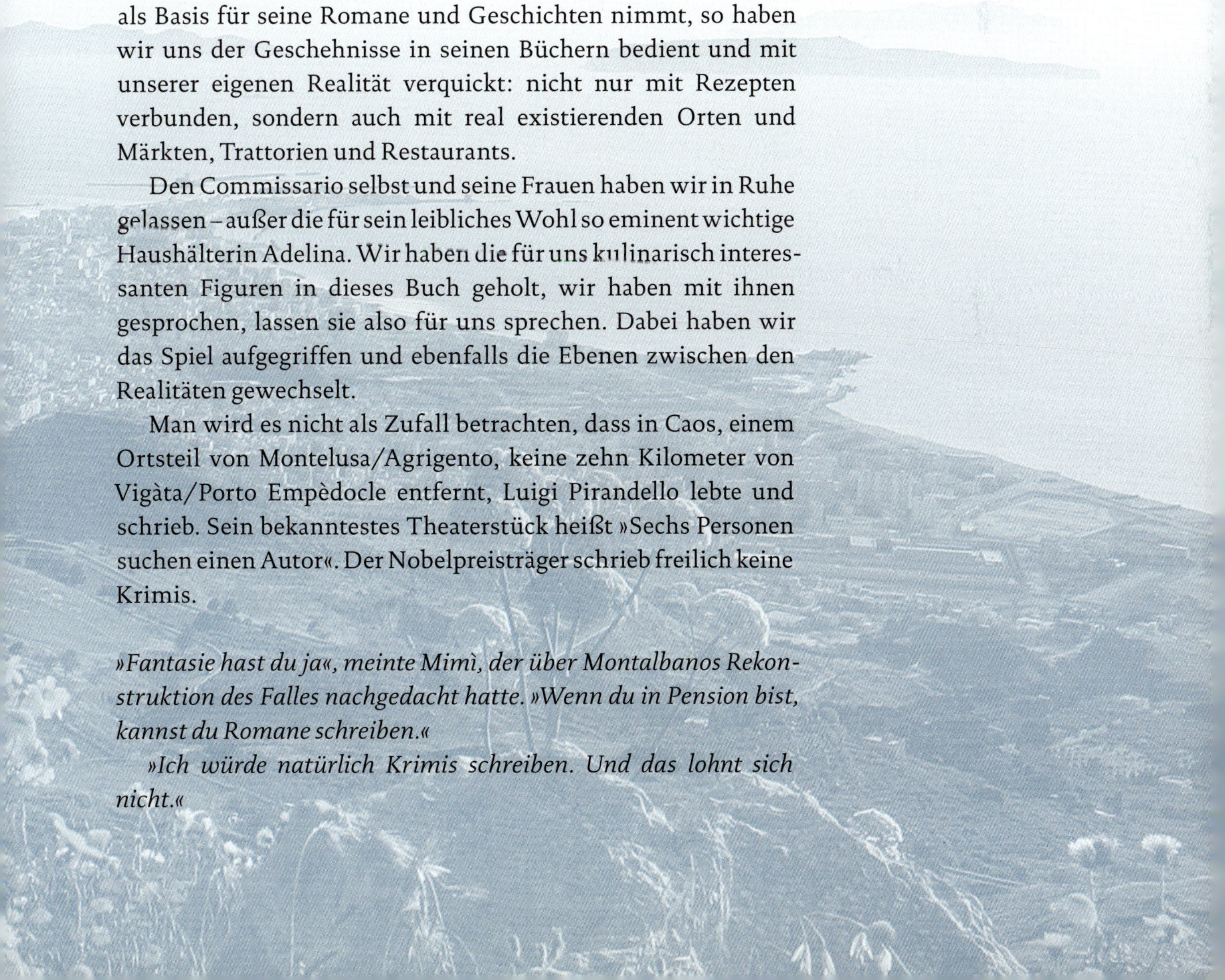

»Wieso nicht?«

»Krimis gelten bei manchen Kritikern und manchen Intellektuellen oder Leuten, die gerne welche wären, als minderwertiges Genre, in seriösen Büchern über Literatur werden sie ja nicht einmal erwähnt.« DAS SPIEL DES PATRIARCHEN, S. 278–279

Wie um der Bitterkeit, die aus diesen Worten spricht, keinen Raum zu geben, stattet der Intellektuelle Andrea Camilleri seinen Commissario bestens als Intellektuellen aus: Er ist ungemein belesen, macht gerne witzige literarische Anspielungen (auch auf das Vorbild zu seinem eigenen Namen, den spanischen Krimiautor Manuel Vasquez Montalbàn), kombiniert logisch und mit assoziativer Fantasie. Und manchmal haben auch die Randfiguren, obwohl aus einfachen Verhältnissen, eine überraschende Bildung und eine unerhörte Brillanz. Der Spaß an intellektuellen Spielereien ist auf hohem Niveau unterhaltsam – literarisch, politisch, zeitgeschichtlich, zwischenmenschlich, kulinarisch …

Wir zitieren Camilleri immer dann ausführlich, wenn es um kulinarische Details geht. Dass alles andere dabei zu kurz kommt, wissen wir, müssen es in Kauf nehmen – aber dieses Buch soll ja auch Lust machen, seine Bücher (noch mal) zu lesen.

Wir zitieren den Autor Camilleri, bedienen uns der von ihm erdachten Personen, interpretieren die literarische Person des Commissario Salvo Montalbano, erfinden Begegnungen und Dialoge mit erfundenen Personen, bereisen die aufregende, geschichtsträchtige, einfach unglaublich schöne Insel Sizilien – ein Kaleidoskop! Mit den von uns verwendeten unterschiedlichen Realitätsebenen machen wir eigentlich nichts anderes als Camilleri selbst: Als seinem Commissario eine Geschichte zu drastisch wurde (die möge jeder selbst lesen, wir wollen an dieser Stelle niemand den Appetit verderben), verweigert er sich schlicht und einfach:

Der siebzigjährige Mann, der in der römischen Nacht an der Schreibmaschine saß, sprang auf und ging besorgt ans Telefon. Wer konnte das so spät sein?

»Pronto! *Wer ist da?«*

»Hier ist Montalbano. Was machst du?«

»Du weißt doch, was ich mache. Ich schreibe die Erzählung, deren Protagonist du bist. Ich bin an der Stelle, an der du im Auto sitzt und durchgeladen hast. Von wo rufst du an?«

»Aus einer Telefonzelle.«

»Und wie bist du da hingekommen?«

»Sage ich dir nicht.«

»Warum wolltest du mich sprechen?«

»Weil mir diese Erzählung nicht gefällt. Ich will nicht darin vorkommen, das ist nichts für mich ... Meinetwegen kannst du weiter solche Geschichten schreiben, aber dann musst du einen neuen Protagonisten erfinden. Ist das klar?«

»Vollkommen. Aber wie soll diese Geschichte jetzt aufhören?«

»So«, sagte der Commissario.

Und hängte ein. DIE NACHT DES EINSAMEN TRÄUMERS, S. 184–185

Montalbano und das Essen

Essen oder nicht essen? Das war das Problem: War es klüger, den hinterhältig stechenden Hunger zu ertragen oder sich bei Enzo einfach den Bauch voll zu schlagen? Das shakespearesche Dilemma stellte sich ihm, als er bei einem Blick auf die Uhr feststellte, dass es fast acht war. Wenn er dem Hunger nachgab, konnte er dem Essen nur ein knappes Stündchen widmen: In dem Fall musste er seine Kaubewegungen mit einem Rhythmus à la Chaplin in »Moderne Zeiten« erledigen. Allerdings war eines klar, nämlich dass hastig essen nichts mit Essen zu tun hatte, höchstens mit Nahrungsaufnahme. Ein grundlegender Unterschied, denn er verspürte kein

Bedürfnis, sich wie ein Tier oder ein Baum zu ernähren. Er hatte Lust zu essen und dabei Bissen für Bissen zu genießen und alle Zeit der Welt zu haben. DAS KALTE LÄCHELN DES MEERES, S. 230

Aus diesem hamletischen Ansatz erklärt sich auch die Eigenart des Commissario, am liebsten schweigend zu genießen. Den Fernseher kann er zu Hause beim Essen gerade noch ertragen, manchmal unterhält er sich sogar mit einem Freund über das Essen selbst oder ähnliche gehabte Genüsse. Aber eigentlich gilt:

Er liebte es, allein zu essen, jeden Bissen schweigend zu genießen; zu den vielen Dingen, die ihn mit Livia verbanden, gehörte auch, dass sie akzeptierte, wenn er beim Essen kein Wort sagte.

DER HUND AUS TERRACOTTA, S. 47

»Dann treffen wir uns in einer halben Stunde in der Trattoria ›San Calogero‹.«

Die acht Männer und vier Frauen, die zu dieser Zeit in der Trattoria saßen, hielten, die einen eher, die anderen später, mit der Gabel auf halber Höhe inne und sahen die junge Frau an, die eben hereingekommen war. Eine wirkliche Schönheit, hoch gewachsen, blond, schlank, langes Haar, blaue Augen …

»Sie sind Commissario Montalbano, nicht wahr?«

Beatrice Dileo trug keine Spur von Schminke, sie war von Natur aus so. Vielleicht sahen die anwesenden Frauen sie deshalb ohne Neid an.

»Was nehmen Sie?«, fragte Calogero, als er zu ihnen kam. »Ich habe heute einen risotto al nìvuro di sìccia, *der wirklich speziell ist.«*

»Gut. Und Sie, Beatrice?«

»Ich auch.«

Montalbano stellte befriedigt fest, dass sie keinen typisch weiblichen Satz hinzugefügt hatte. Bringen Sie mir um Himmels willen nur wenig. Zwei Löffel. Einen Löffel. Dreizehn abgezählte Reiskörner. Gott, wie grässlich!

»Als zweiten Gang hätte ich Seebarsch, heute Nacht gefangen, oder ...«

»Gut, kein oder. Und Sie, Beatrice?«

»Seebarsch.«

»Für Sie, Commissario, wie immer Mineralwasser und Corvo bianco. *Und für Sie, Signorina?«*

»Ebenfalls.«

Waren sie etwa verheiratet?

»Hören Sie, Commissario«, sagte Beatrice lächelnd, »ich muss Ihnen etwas gestehen. Wenn ich esse, kann ich nicht reden. Befragen Sie mich also, bevor der Risotto kommt oder zwischen den Gängen.«

Großer Gott! Es stimmte also wirklich, irgendwann im Leben widerfährt einem das Wunder, dass man seiner Zwillingsseele begegnet! Schade, dass sie etwa fünfundzwanzig Jahre jünger war als er.

Beatrice erzählte, bis der Risotto kam.

Dann waren Nase, Gaumen, Hals vom wundervollen Duft des Risotto erfüllt, und sie schwiegen, wie ausgemacht.

Nachdem sie fertig gegessen hatten, sprach Beatrice weiter.

Die Seebarsche kamen, und es herrschte wieder Schweigen.

»Möchten Sie Obst? Einen Espresso?«, fragte Montalbano, als von den Seebarschen leider nur noch Kopf und Gräten übrig waren.

»Nein«, sagte Beatrice, »ich mag es, wenn ich noch den Geschmack vom Meer im Mund habe.«

Nicht nur Zwilling, sondern siamesischer Zwilling.

DAS SPIEL DES PATRIARCHEN, S. 90–95

Der Reiz des Weines

Nur selten lesen wir, wie hier, etwas über den Wein, den der Commissario trinkt. Gewiss, er liebt den Wein, den sein Vater am Ätna selbst anbaut (siehe S. 62). Im ersten Roman allerdings war das noch anders:

> *... während sie einen Weißwein schlürften, der eine wahre Wonne war. Sein Vater hatte ihn in der Nähe von Randazzo entdeckt.* DIE FORM DES WASSERS, S. 112

Ansonsten erfahren wir nicht einmal die Farbe, wenn er sich ein Glas einschenkt oder bringen lässt. Wein ist eben der alltägliche Begleiter, dem die meisten Italiener traditionell erstaunlich wenig Aufmerksamkeit widmen: Man trinkt den jungen Wein des Vorjahres, im Restaurant den offenen Hauswein – schließlich gibt sich jeder ordentliche Wirt Mühe, für wenig Geld seinen Gästen einen guten Tropfen anbieten zu können.

Klaus di Giovanna steckt seine Nase tief ins Glas und probiert seinen jungen Cabernet Sauvignon: Gerbino – di Giovanna *in Sambuca di Sicilia*

Dass sich auf Sizilien, fast noch mehr als in den übrigen Regionen Italiens, ein Weinwunder ereignet hat, bemerkt Salvo Montalbano nicht: Er bleibt beim einfachen Corvo, der in den Siebzigerjahren als mittlere Qualität allgegenwärtig war – und heute noch ist. Es ist eine Großkellerei, deren Weine von kleineren und großen Privatkellereien, aber auch Genossenschaften inzwischen weit überflügelt werden. In allen Ecken Siziliens wird heute Wein von hoher Qualität erzeugt – vor allem für die Weißen war die moderne Kellertechnik mit kontrollierter Gärführung bei niedrigen Temperaturen ein Schritt in neue Dimensionen. Aus den einheimischen Rebsorten Nero d'Avola und Nerello Mascalese, Cattaratto, Inzolia und Grillo werden nicht nur frische Alltagsweine, sondern auch teilweise anspruchsvolle und hochwertige Weine gekeltert. Cabernet Sauvignon, Syrah und Merlot werden vermehrt angebaut, Chardonnay, Sauvignon Blanc und Viognier ergänzen die einfacheren einheimischen Rebsorten. Man experimentiert mit verschiedenen Cuvées, geht vor allem mit den aus Frankreich stammenden Sorten auf die Höhen, um zwischen 400 und 900 Metern ein Klima auszunutzen, das die fruchtigen Komponenten der Trauben erhalten hilft. Ansonsten nutzt man das ausgleichende

Klima des Meeres, außerdem erntet man wesentlich zeitiger als in der Vergangenheit, um mehr fruchtige Säuren und mineralische Struktur zu erhalten – und begnügt sich pro Stock mit erheblich weniger Ertrag, um die Qualität der Trauben zu fördern. Die Lese findet dann meist nachts statt, wenn die Temperaturen erträglicher sind und die Trauben nicht gleich zu gären beginnen. Man pflanzt nicht mehr auf die fetten Äcker, die nur Massenware bringen, um damit in Norditalien einfache Weine zu verschneiden, sondern baut jetzt auf steinigen, steilen Weinbergen an, die mit kleinen Erträgen konzentrierte und aromatische, dank der modernen Anbaumethoden und Kellertechnik auch anregende und erfrischende Weine liefern.

Auf der ganzen Welt haben die sizilianischen Weine inzwischen Erfolg, auf der Insel selbst findet man sie in Enotheken und guten Trattorien oder Restaurants, in den Städten, Hotelrestaurants und Touristenorten. Die eigene Bevölkerung haben die sizilianischen Spitzen- und Kultweine (mit teilweise ziemlich saftigen Preisen) noch lange nicht erobert.

Apropos Preise: Die müssten, bliebe er konsequent, dem Commissario Montalbano eigentlich auch beim Wein egal sein – er isst, an den heutigen Preisen bemessen, teuer, sehr teuer, irrsinnig teuer! Ein Menü mit drei Gängen, dabei Meeresfrüchte und edle Fische, und in den Portionen, die er sich gönnt, kommt ihn leicht auf 60, 70 Euro (ohne Wein)! Das war freilich vor ein paar Jahren noch anders, da konnte man sich auf Sizilien mit Fisch tatsächlich noch billig und obendrein exzellent den Bauch voll schlagen … Insofern darf man davon ausgehen, dass der Commissario heute öfter mal einen Gemüse- oder Fleischgang einlegen müsste. Oder doch mit dem Hauswein vorlieb nimmt: Mit seinem sicherlich nicht allzu üppigen Beamtengehalt, das unter dem Einfluss des Euro natürlich auch geschrumpft ist, kann er sich anderes kaum leisten, zumal Adelina ja nicht gerade die preiswertesten Dinge einkauft.

Wirklich leiden müsste er freilich nicht, denn auch der einfache alltägliche Rote oder Weiße ist merklich besser geworden. Wein ist noch immer die Medizin des Alltags: Als Montalbano einmal mit einem Kollegen einen nicht enden wollenden Berg hinansteigt, kommen sie an einem Bauernhaus vorbei:

Marco Ascolese erwartet in der Tür seiner Enoteca die Gäste: Im Tempio di Vino *in Agrigento gibt's goße und kleine Weine, auch glasweise, zu kosten*

»Könnten wir ein Glas Wasser bekommen?«

»Wasser? Wasser ist zum Ertrinken da. Setzen Sie sich, ich bringe einen Wein, der sie wieder munter macht.«

DAS PARADIES DER KLEINEN SÜNDER, S. 317

RITUALE BEIM SPEISEN

Die Mahlzeiten sind für Montalbano ein Ritual – das selbstverständlich und unabdingbar an einer Tafel stattzufinden hat. Zu Hause deckt er auch für sich allein den Tisch stets sorgfältig; im Restaurant setzt er voraus, dass alles tadellos ist. Da gibt es im Allgemeinen in seiner Heimat ja kaum einen Grund zur Beanstandung, denn in jeder Trattoria gehören ordentliche Gläser und Besteck, eine saubere Tischdecke und natürlich Stoffservietten zur Standardausrüstung. Und in eine Pizzeria, wo man ihn mit Papier abspeist, würde er nie seinen Fuß setzen. Picknick kann er nicht leiden:

Die Aussicht, belegte panini *essen zu müssen, war ihm buchstäblich ein Horror, so etwas hatte er bisher nur in der höchsten Not gemacht ... Er konnte schon mit der Idee des Picknicks (manchmal sagte er, ohne sich des Fehlers bewusst zu sein, Pnickick) als solcher nichts anfangen.* DAS PARADIES DER KLEINEN SÜNDER, S. 341

Ein Notfall wäre natürlich ein polizeilicher Einsatz, etwa zur Nachtzeit. Da trinkt er auch schon mal mit mehr oder weniger großem Vergnügen Bier – auf jeden Fall hat er immer einen Vorrat Dosen im Kühlschrank. Deshalb muss er fünf verschiedene Flaschen kaufen, als er einmal in einem seltsamen Fall ermittelt, um die Kronkorken zu überprüfen:

Er konnte die Bierflaschen nicht im Kühlschrank lassen, weil sie geöffnet waren und das Bier schal werden würde, also beschloss er, es in aller Ruhe zu trinken. Das dauerte zwei Stunden ... Unterstützt vom Bier, das seinen Bauch aufblähte, konnte er leicht einschlafen. DIE NACHT DES EINSAMEN TRÄUMERS, S. 146

Ein Notfall wäre dagegen keineswegs, wenn er wegen zu viel Arbeit keine Zeit fände, in seine Trattoria zu gehen – nie kämen *panini* auf seinen Schreibtisch im Büro!

Und nun war er mit Livia, seiner Freundin, auf deren brennenden Wunsch hin – sozusagen gezwungenermaßen freiwillig – an einem paradiesisch schönen Strand:

Vor sich hinträllernd nahm Livia die Kühlbox und öffnete sie. Das Picknick! Montalbano schloss die Augen, um sich diesen grauenvollen Anblick zu ersparen.

»Fertig!«

Alles war da: die kleine karierte Tischdecke, die Plastikbecher, die Bierflaschen, die Papierservietten, die vier fertig belegten panini.

Montalbano setzte sich müde hin, der bittere Kelch musste bis zur Neige geleert werden. Und in diesem Augenblick beschloss der große und barmherzige Gott, voller Mitleid einzuschreiten. Ohne die geringste Vorwarnung, aus heiterem Himmel, kam ein heftiger Windstoß daher, ein einziger nur, der Tischdecke und Proviant in einem Sandwirbel fortfliegen ließ …

»Jetzt müssen wir zurück«, sagte Livia betrübt.

»Dio, *das tut mir aber Leid«, sagte Montalbano.*

DAS PARADIES DER KLEINEN SÜNDER, S. 348–349

Zum Genuss gehört für Montalbano ein gedeckter Tisch – er muss ja nicht immer so edel aussehen wie die Tafel bei Signora Lucia (siehe S. 100–105)

Montalbano ist nicht nur ein Gourmet, sondern auch ein Gourmand, ein Vielfraß also. Er kann Unmengen vertilgen – bis zur Unvernunft. Dabei hat er einen Waschbrettbauch, angeblich. Im Laufe der Zeit scheint er jedoch ein wenig zuzulegen, spürt das Alter in zunehmendem Maße, hat hier mal ein Stechen, dort ein Reißen, bekommt bei Anstrengung weniger Luft. Sein Autor übrigens, der in seiner Jugend geradezu dürr war, gedieh im Alter zu stattlicher Statur.

Ein wirklicher Genuss ist dem Commissario jedenfalls immer eine unruhige Nacht wert:

Er öffnete den Kühlschrank und wieherte vor lauter Glück. Seine Haushälterin Adelina hatte ihm zwei Stöcker mit süßsaurem Zwiebelgemüse bereitgestellt, ein Abendessen, mit dem er sicher die ganze Nacht würde ringen müssen, doch das war es wert. Vorsichtshalber wollte er sich vor dem Essen vergewissern, ob das Päckchen Natron, Retter in der Not, in der Küche war. Er setzte sich auf die Veranda und verputzte gewissenhaft alles, auf dem Teller blieben nur die Gräten und Köpfe der Fische übrig, sauber abgefieselt, so dass sie wie Fossilien aussahen.

DAS SPIEL DES PATRIARCHEN, S. 133

Ganz wichtig sind ihm nicht nur der Geschmack, sondern die Düfte. Wenn er den Geruch von gutem Essen wittert, wird er nervös, es wird ihm schwindlig, seine Augen trüben sich. Wenn er das Meer nur riecht, weiß er schon, welches Wetter ihn erwartet. Er behauptet auch, dass jeder Hafen einen anderen Geruch hat. Seine Autofahrten sind immer auch Beschreibungen der Düfte, die ihn umwehen. Und wenn der Aprikosenduft Ingrids, seiner mit ihrer Sexualität sehr frei umgehenden schwedischen Freundin, mit der er wohl nie ins Bett gegangen ist, ihn zu verführen droht, dann bleibt er seiner Livia verblüffend treu. (Das passt zwar in sein Persönlichkeitsbild, ist aber für einen sizilianischen Mann in seiner Situation eher bemerkenswert, wie das Verhalten seines Vize Mimì Augello zeigt, der nichts, aber auch gar nichts anbrennen lässt – selbst wenn er ein paar Tage später heiraten will.) Wenn also dieser Aprikosenduft schon den ganzen Tag in seine Nase steigt, dann regt ihn das durchaus auf. Eines Nachts wurde es für ihn wirklich schwer: Ingrid, »die Schwedin«, hatte nach einer strapaziösen Unternehmung nämlich nicht nach Hause fahren wollen und sich einfach auf sein Bett gelegt:

Es war Zeit, Ingrid zu wecken. Er ging ins Schlafzimmer. Ingrid hatte sich ausgezogen und war unter die Bettdecke geschlüpft. Sie schlief wie ein Kind. Montalbano brachte es nicht übers Herz, sie zu wecken. Er ging ins Bad und schlüpfte dann ebenfalls ganz vorsichtig unter die Bettdecke. Sofort wehte ihn der Aprikosenduft von Ingrids Haut so intensiv an, dass ihm schwindlig wurde. Er schloss die Augen. Ingrid bewegte sich im Schlaf, streckte ein Bein aus und legte ihren Unterschenkel auf Montalbanos Unterschenkel. Nach einer Weile legte sie sich bequemer zurecht: Jetzt lag ihr ganzes Bein auf ihm und hielt ihn gefangen. Da fiel ihm ein Satz ein, den er als Heranwachsender in einem Laienspiel gesprochen hatte: Es gibt ... gerade sehr gute Aprikosen ... Man spaltet sie mit zwei Fingern in zwei Hälften ... wie zwei saftige Lippen ...

Schweißgebadet zählte der Commissario bis zehn, dann befreite er sich mit ganz sachten Bewegungen, verließ das Bett und legte sich aufs Sofa.

Zum Kuckuck! Das hätte nicht mal der heilige Antonius geschafft! DAS KALTE LÄCHELN DES MEERES, S. 195

Dem Commissario fällt eben in jeder Lebenslage vor allem etwas zum Essen ein ...

Die verlockenden Früchte des Meeres

Die wahre Leidenschaft von Salvo Montalbano ist freilich Fisch. In allen Formen der Zubereitung. Klar: Vigàta, wo er in die Schule ging, ist eine Hafenstadt, in Catània ist er groß geworden, in Palermo hat er studiert – immer hat er sich in Meeresnähe aufgehalten! Damit ist er natürlich nicht allein, wie er einmal in wunderbarer Manier seinem Kollegen von der Spurensicherung erklärt, als dieser stolz seine Ergebnisse mitteilt:

»Und was weißt du über das Messer?«

»Ein abgenutztes Küchenmesser. Zwischen Klinge und Griff steckt eine Fischschuppe.«

»Ist das alles? War es die Schuppe einer Meerbarbe oder eines Kabeljaus? Bitte ermittle weiter, lass mich nicht so furchtbar im Ungewissen.«

»Was hast du eigentlich?«

»Jacomù, versuch doch mal, dein Hirn in Gang zu setzen. Stell dir vor, wir wären in der Sahara und du würdest mir erzählen, an einem Messer, mit dem ein Tourist ermordet wurde, wäre eine Fischschuppe, dann könnte – ich sage könnte *– die Sache wichtig sein. Aber, was zum Teufel, hat das in einer Stadt wie Vigàta zu bedeuten, wo von zwanzigtausend Einwohnern neunzehntausendneunhundertsiebzig Fisch essen?«*

»Und warum essen die restlichen dreißig keinen?«, fragte Jacomuzzi beeindruckt und neugierig.

»Weil sie noch gestillt werden.« DER DIEB DER SÜSSEN DINGE, S. 57

RISOTTO NERO DI SEPIA
TINTENFISCHRISOTTO

Für vier Personen:
1 Zwiebel
2 Knoblauchzehen
1 rote Chilischote (frisch oder getrocknet)
2 EL Olivenöl
400 g geputzter Tintenfisch (Sepia) mit seiner Tinte
300 g Risottoreis
1/4 l Weißwein
ca. 1,5 l Gemüsebrühe
50 g Pecorino (oder Parmesan)
30 g Butter
Petersilie
frisch abgeriebene Zitronenschale
ein Spritzer Zitronensaft

In der klassischen sizilianischen Küche hat der Risotto keine Tradition, als *primo* aß man Pasta, im Westen zur Abwechslung auch Couscous. Reis gab's als *arancini,* und das war's dann. Aber inzwischen sind *risotti* völlig selbstverständlich geworden. Und man liebt auch hier dafür den kleinkörnigen, feinen Carnaroli aus Norditalien.

Zwiebel, Knoblauch und Chili sehr fein würfeln, in Olivenöl andünsten. Den Tintenfisch in Stücke schneiden und kurz mitbraten. Bevor die Zwiebeln Farbe nehmen, den Reis zufügen, gut unterrühren und mit einem Glas Wein ablöschen. Salzen und pfeffern, leise köcheln lassen und nach und nach den restlichen Wein, dann, ebenfalls in kleinen Portionen, die heiße Brühe angießen.

Leise köcheln, erst dann den nächsten Schuss Brühe zufügen, wenn der vorige verkocht ist. Immer wieder rühren.

Nach gut 20 Minuten, sobald der Reis weich ist, aber noch angenehmen Biss hat, die Tinte aus ihrem Beutel drücken und den Risotto damit schwarz färben. Schließlich Käse, Butter und gehackte Petersilie untermischen und mit Zitronenschale und Zitronensaft abschmecken.

SPAGHETTI ALL' ASTICE
SPAGHETTI MIT LANGUSTE

Für zwei bis drei Personen:
- 1 Languste, ca. 800 g
- 3 EL Olivenöl
- 1 kleine Zwiebel
- 2 Knoblauchzehen
- 4 Petersilienzweige
- 2–3 Tassen gewürfeltes Tomatenfleisch
- Pfeffer
- 250 g Spaghetti
- Salz

Bei uns ist es Vorschrift, die Languste kurz in kochendes Wasser zu tauchen, um sicherzustellen, dass sie nicht mehr lebt, bevor sie nach folgendem Rezept weiterverarbeitet wird. In Italien ist es vollkommen normal, das Tier lebend zu verarbeiten. Nämlich einfach mit einem großen Messer längs halbieren – ein schneller, schmerzfreier Tod –, auch wenn das zart besaitete Gemüter entsetzen mag.

Die Languste längs halbieren, im heißen Öl in einer großen Pfanne einige Minuten vor allem auf der Schalenseite anrösten – das würzt das Bratöl und gibt der Sauce Geschmack! Die sehr fein gewürfelte Zwiebel zufügen, den ebenfalls gehackten Knoblauch und die Hälfte der Petersilie sowie das Tomatenfleisch. Fünf Minuten köcheln, dabei die Langustenhälften immer wieder drehen. Pfeffern. Zum Schluss den Schwanz auslösen, in Scheiben oder Stücke schneiden und zurück in die Pfanne geben.

Die Spaghetti schließlich in Salzwasser knapp al dente kochen, mit dem Pfanneninhalt vermischen und noch zwei Minuten mitköcheln, damit sie das Aroma aufnehmen können. Die restliche Petersilie darüber streuen und in der Pfanne mit der Karkasse servieren. Liebhaber können aus den Beinen und der Schale noch eine Menge heraussaugen!

LUPO DI MARE CON PATATE

SEEBARSCH MIT KARTOFFELN

Für zwei Personen:
3–4 dicke Kartoffeln
1 kleines Glas (ca. 4 EL) Olivenöl
Salz
Pfeffer
1 ganzer Seebarsch *(loup de mer)* von 400–500 g
Petersilie

Eine wunderbare Art, Fisch zuzubereiten, und so einfach! Zuerst kommen geschälte Kartoffeln in den Topf, sie werden in Wasser mit Olivenöl kurz vorgekocht, bevor der Fisch obenauf gelegt wird und ihnen sein Aroma schenkt.

Die Kartoffeln schälen, quer in zentimeterdicke Scheiben schneiden. In einem flachen, ausreichend langen Topf (er muss den ganzen Fisch aufnehmen können) möglichst nebeneinander ausbreiten, mit Wasser bedecken, das Öl darübergießen, außerdem salzen und pfeffern. Die Kartoffeln zugedeckt etwa fünf Minuten vorkochen. Inzwischen den Fisch reinigen, schuppen und ausnehmen, die Flanke auf beiden Seiten zwei, drei Mal tief, bis zur Mittelgräte einschneiden – so kann die Hitze gleichmäßig eindringen und den Fisch durchgaren. Innen und außen salzen und pfeffern. Auf die Kartof-

feln betten, mit etwas Öl beträufeln und mit gehackter Petersilie bestreuen.

Zugedeckt 20 Minuten kochen, dann sind die Kartoffeln weich und der Fisch gerade richtig: saftig und durch.

Das Paradies der süßen Sünden

Überhaupt lässt sich Montalbano gerne einladen – wenn die Hausfrau (bei Camilleri kochen zu Hause die Frauen, in den Restaurants sind es meist, aber nicht immer Männer) gut kocht. Und er wird natürlich als Junggeselle oft eingeladen – in Italien, besonders aber auf Sizilien sehr üblich. Vor allem sonntags ist das Mittagessen an der großen Tafel eine feste Einrichtung, der man sich mit viel Muße widmet. Die Gäste steuern stets etwas zur Mahlzeit bei, vorzugsweise Süßes:

Trotz geöffneter Seitenfenster staute sich im Inneren des Autos ein köstlicher Duft, der den Paketen und Päckchen entströmte, unter denen die Rückbank buchstäblich verschwand. Vor der Abreise war Montalbano noch zum Café Albanese gefahren, wo das beste Gebäck von ganz Vigàta hergestellt wurde, und hatte zwanzig frische cannole, *zehn Kilo* tetù, taralli, viscotti regina, mustazzoli *aus Palermo,* dolci di riposta *und* frutti di martorana *und als Krönung eine knallbunte, fünf Kilo schwere* cassata *gekauft.*

DIE STIMME DER VIOLINE, S. 116

Ja, der Commissario liebt, wie fast alle Sizilianer, diese süßen Sachen! Auch bei deren Genuss ist er maßlos, rechnet eben nicht in *etti,* also hundertgrammweise, sondern in *chili* – Kilos.

Sein etwas zweifelhafter Freund aus der Schulzeit, Gegè, der einen Straßenstrich betreibt und den Montalbano gerne mit deftigen Zoten frozzelt, lockt ihn mit *mustazzoli di vino cotto,* die seine Schwester Mariannina für den Commissario gebacken hat, zu einem Treffen. Er erhält einen heiklen Auftrag, nämlich die fingierte Festnahme eines der von den neuen

Methoden der Cosa Nostra müden Mafioso – und ist, wieder zu Hause, entsprechend aufgewühlt:

Er war schon an der Tür, als er sich noch ein mustazzolo di vino cotto *in den Mund stecken wollte. Sehr erstaunt stellte er fest, dass die Schachtel auf dem Tisch offen und kein einziges Stück mehr darin war. Vor lauter Nervosität hatte er gar nicht gemerkt, dass er alles aufgegessen hatte. Und das Schlimmste war: Er hatte es gar nicht genossen.* DER HUND AUS TERRACOTTA, S. 17

Er erinnerte sich, dass er schon als Kind ein Leckermaul und gefräßig gewesen war, so dass sein Vater ihn liccu cannarutu *nannte, und das heißt gefräßiges Leckermaul. Bei dieser Erinnerung wollte ihn schon Rührung überkommen, doch der gebot er mithilfe von etwas Whisky pur verwegen Einhalt.*

DER KAVALIER DER SPÄTEN STUNDE, S. 103

CANNOLI
GEBÄCKRÖLLCHEN MIT RICOTTACREME

Für ca. 15 Stück:
- 300 g Weizenmehl 405
- 1 Prise Salz
- 2 EL Zucker
- 3 EL Olivenöl
- 1 Eiweiß
- 1 Glas Marsala
- 1 EL Essig
- eventuell ein guter Schuss lauwarmes Wasser
- Olivenöl oder Schmalz zum Frittieren

Für diese unwiderstehlichen gefüllten Röllchen kann man kaum eine deutsche Bezeichnung finden, die auch nur annähernd deutlich macht, um welche Delikatesse es sich handelt! Mit Worten lässt sich eben nicht beschreiben, wie köstlich diese duftige, knusprige Gebäckhülle ist, in der die erfrischend saftige Quarkfülle steckt. Man ahnt es vielleicht, wenn man den leuchtenden Blick derjenigen sieht, die einem erklären, in welchem Café oder in welcher Konditorei sie am besten sind … Und dann muss man eben hinfahren und probieren. Oder versuchen, sie selbst zu machen. Das ist gar nicht so schwer.

Der Teig wird aus Weizenmehl zubereitet, man kann auch Kakaopulver einarbeiten, dann entstehen schokoladig dunkle Röhren. In jedem Fall braucht man eine Form, um die die *cannoli* gewickelt werden, damit sie ihre typische Rollenform bekommen und man auch tatsächlich etwas hineinfüllen kann. Das kann ein in Stücke gesägter Besenstiel sein, besser sind jedoch ungefähr zehn Zentimeter lange Röhren aus Aluminium oder Edelstahl, die man auch bei uns in guten Haushaltsgeschäften findet.

Alle Zutaten mit den Händen rasch zu einem geschmeidigen Teig kneten. Bei Zimmertemperatur eingepackt zwei Stunden ruhen lassen.

Unwiderstehliche cannoli: *In der knusprigen Teigröhre steckt eine duftige, luftige Ricottacreme. Damit sie auch tatsächlich knusprig bleiben, müssen sie stets frisch gefüllt werden, und man darf dann nicht mehr lange warten, bis man sie genießt*

Dann mit der Nudelmaschine messerrückendünne Teigblätter ausrollen. Kreise ausschneiden, etwa von der Größe einer Espresso-untertasse, um eine Rolle (etwa drei bis vier Zentimeter Durchmesser) wickeln, so dass sie in der Mitte übereinander liegen, wo man sie gut zusammendrücken kann. Mitsamt der Rollenform in heißem Öl oder Schmalz schwimmend ausbacken. Sofort auslösen und abkühlen lassen.

Die Rollen halten sich wochenlang, wenn man sie trocken, etwa in einer Blechdose, aufbewahrt. Erst unmittelbar vor dem Servieren füllen. Und zwar mit Ricottacreme:

CREMA DI RICOTTA
RICOTTACREME

Für 15 Stück:
- 500 g frische Ricotta
- 150 g Zucker
- 80 g Schokolinsen
- nach Belieben auch gehackte kandierte Früchte und/oder gehackte Pistazien
- frisch geriebene Zitronenschale

Je feiner die Ricotta (siehe S. 81) schmeckt, desto weniger braucht man, um sie für die Füllung der *cannoli* zu würzen. Für Puristen gilt: je klarer und unverfälschter, desto besser. Manche nehmen nur Zucker und allenfalls etwas Zitronen- oder Orangenschale.

Ricotta mit Zucker glatt rühren, die Schokolinsen und Früchte unterziehen, mit Zitronenschale würzen.

Zwei Topadressen für die besten cannoli *im Nordwesten der Insel: Die* Pasticceria – Gelateria Euro Bar *in Dattilo sowie die* Bar Erice *im nur wenige Kilometer entfernten Napola*

PASTICCERIE DI MANDORLE

MANDELGEBÄCK

Für ca. 50 Stück:
2 Eiweiß
1 Prise Salz
220 g geschälte, geriebene Mandeln
220 g Zucker
abgeriebene Schale von 2 Zitronen
2 EL Honig

Jedes Café, aber auch jede Familie hat ihr eifersüchtig gehütetes, ureigenes Hausrezept. Manches besteht einfach aus Marzipan, das geformt, ganz kurz gebacken und dann in Zucker gewälzt wird (auf dem Foto oben die gezuckerten Kugeln im Papierhütchen), andere füllen das Marzipan mit Fruchtgelee oder mit kandiertem grünen Kürbis (links daneben). Besonders begehrt sind stets die so genannten *brutti ma buoni*, das Gebäck mit dem wenig einladenden Namen »hässlich, aber gut«. (Das unregelmäßig geformte, mit Puderzucker bestäubte Gebäck ganz links.) Hier das Rezept dafür (übrigens immer dann ideal, wenn vom Nudelteigmachen jede Menge Eiweiß übrig ist):

Eiweiß mit der Salzprise steif schlagen. Mandeln und Zucker mischen, so viel Eiweiß unterrühren, bis eine formbare Masse entstanden ist. Mit Zitronenschale und Honig würzen.

Mit zwei Löffeln Häufchen auf ein mit Backpapier belegtes Blech setzen. Bei 160 Grad (Heißluft) etwa 15 Minuten hell backen.

PASTA REALE
MARZIPAN

Vorige Doppelseite: Wirken täuschend echt – die frutti della martorana

Alle wetteifern geradezu, wer die schönsten Marzipanfrüchte zaubern kann. Unten eine Konditorei in Palermo, ganz rechts eine Auswahl köstlicher Früchte der Pasticceria Maria Grammatico *in Erice*

Für ihr Marzipan sind die sizilianischen Konditoren berühmt. Und die bildschön geformten und geschminkten Früchte, die *frutti della martorana*, wirken auch wie kleine Kunstwerke, die anzubeißen man sich kaum traut. Einst war dieses Marzipanobst die Spezialität des Monastero della Martorana in Palermo. Heute wird der königliche Teig in ganz besonderen Konditoreien höchst aufwendig mit karamellisiertem Zucker und Glukose zubereitet, damit sich die süßen Früchte besser formen lassen und auch für längere Zeit eine gute Figur machen. Die alten Martorana-Frauen beherrschen perfekt die Kunst, aus der elfenbeinfarbenen Masse täuschend ähnliche Erdbeeren, Mandarinen, Zitronen usw. zu modellieren und mit pflanzlichen Substanzen zu färben.

Nach dem folgenden, wesentlich einfacheren Hausfrauenrezept schmeckt das Marzipan mandeliger und ist auch weniger süß. Wenn man diese Köstlichkeit gleich verspeisen will, formt

A. PASTICCERIA
DEL-CONVENTO

Für vier Personen:
500 g Mandeln
400 g Puderzucker
einige Tropfen Orangenblütenwasser
eine Spur abgeriebene Orangenschale
1 Prise Salz

man am besten einfach Kugeln daraus, die man dann in Kristall- oder Puderzucker oder in Kakaopulver wälzt.

Die Mandeln brühen, pellen, auf einem Blech ausbreiten und im Ofen bei etwa 180 Grad nur wenige Minuten trocknen. Sie sollen nicht bräunen, nur Duft entwickeln. Abkühlen, dann fein mahlen und mit dem Puderzucker innig vermengen, dabei das Blütenwasser, Orangenschale und die Salzprise einarbeiten und gut durchkneten.

Man kann alles partienweise im Mixer mischen, muss allerdings aufpassen: Wird die Masse dabei zu lange gemixt und dabei zu heiß, kann sich das Fett absetzen, und dann ist alles zu spät!

MAZARESI AL PISTACCHIO
PISTAZIENKÜCHLEIN

Für ca. 25 Stück:
6 Eigelb
150 g Zucker
2 EL Speisestärke
abgeriebene Schale einer Orange
200 g ausgelöste Pistazienkerne
1 Messerspitze Salz
4 Eiweiß
Butter für die Förmchen
Puderzucker zum Bestäuben

Sie sind locker und krumig und schmecken wunderbar. Statt Pistazien kann man auch Mandeln nehmen, besonders fein werden sie, wenn man die Mandeln vorher schält.

Die Eigelb dick und hell schlagen, dabei löffelweise den Zucker zufügen, schlagen, bis er nicht mehr knirscht. Dann die Stärke sowie die Orangenschale unterrühren.

Die Pistazien mit der Salzprise im Zerhacker zerkleinern. Unter die Eimasse rühren, den steif geschlagenen Eischnee unterziehen.

In ausgebutterte Muffinförmchen füllen (eventuell diese mit Papierförmchen auslegen). Bei 150 Grad etwa 25 bis 30 Minuten backen. Mit Puderzucker bestäuben.

Tipp: Ungeschälte Pistazien müssen zuvor geknackt und gehäutet werden. Die ausgelösten Kerne dann in kochendem Salzwasser blanchieren und anschließend die Haut mit einem Tuch abrubbeln. Das ist ein ziemlich mühsames Geschäft!

MUSTAZZOLI
ZIMTPLÄTZCHEN

Schon im 16. Jahrhundert soll man in Messina dieses Gebäck geschätzt haben – es wirkt in der Tat etwas archaisch. Warum Montalbano es liebt? Es erschließt sich nicht sofort. Aber es ist knusprig, und weil es nicht so süß ist, passt es gut zum Rotwein.

Für 80 Stück:
100 g Mandeln
250 g Honig
1/4 l Rotwein
ca. 500 g Mehl
je 1/2 TL gemahlener Zimt und Nelkenpulver
1 gestrichener TL Backpulver
3–4 EL weiße Sesamsaat
Butter und Mehl fürs Blech

Die Mandeln in der Schale im Ofen bei 180 Grad etwa zehn Minuten rösten, bis sie duften. Abkühlen, dann fein zermahlen.

Honig in einem Topf erhitzen, den Wein zufügen und alles gründlich mischen. So viel Mehl unterrühren, bis ein fester Teig entstanden ist. Die Gewürze und das Backpulver unterrühren. Rollen formen mit einem Durchmesser eines Zwei-Euro-Stücks. Fingerlange Stücke davon abschneiden, etwas flach drücken und in Sesam wälzen. Die Plätzchen auf ein gebuttertes, mit Mehl bestreutes oder einfach mit Backpapier ausgelegtes Blech setzen. Bei 200 Grad acht bis zehn Minuten braun backen.

Die Stunde der schlichten Genüsse

Als er das Kommissariat verließ, gelüstete es ihn ebenso plötzlich wie überwältigend nach einem Teller Pasta mit pesto alla trapanese, *einem Gericht, das zuzubereiten Adelina sich aus unerfindlichen Gründen weigerte. Als er am Supermarkt ankam, waren die Rollläden halb heruntergelassen. Er schlüpfte unten durch und stand Signor Aguglia, dem Geschäftsleiter, gegenüber.*

»Commissario! Sie wünschen?«

»Ich bräuchte ein Glas pesto alla trapanese.*«*

»Warten Sie, ich hole Ihnen eins.«

Die Lichter im Supermarkt waren zu drei Vierteln gelöscht, an den Kassen saß niemand mehr. Aguglia kam mit dem Glas zurück.

»Bitte sehr, Sie können nächstes Mal zahlen.«

DIE RACHE DES SCHÖNEN GESCHLECHTS, S. 43–44.

Pesto alla trapanese ist eine Sauce aus reifen Tomaten, die mit Mandeln cremig gebunden wird. Zunächst zerstößt man dafür im Mörser Knoblauch, Basilikum und Salz. Dann kommen gehäutete und von den Samen befreite Tomaten hinzu, schließlich die ebenfalls gehäuteten, gehackten Mandeln, außerdem viel Pfeffer und am Ende natürlich Olivenöl. Das Ganze wird so lange durchgearbeitet, bis eine glatte homogene Sauce entstanden ist – heute erledigt diese schweißtreibende Arbeit natürlich schnell und problemlos ein Mixer. Weil das nicht nur Montalbano, sondern auch vielen anderen Menschen immer noch zu viel Arbeit ist, gibt es die Sauce auch als (mehr oder weniger gutes) Fertigprodukt, das vor allem in den Souvenirgeschäften bei den Touristen reißenden Absatz findet.

Aber warum bereitet Adelina dem Commissario diese Sauce nicht zu? Die Antwort ist nicht schwierig: Weil sie aus Vigàta stammt und die Spezialität aus einem rund hundertfünfzig Kilometer entfernten Ort, der von einer völlig anderen kulinarischen Tradition geprägt ist, nicht versteht und nicht verstehen will. Womöglich denkt sie sogar an das geflügelte Wort, das in der Region von Montelusa/Vigàta beliebt ist und von Montalbano recht häufig benutzt wird:

Supra'a pasta, minulicchi! – *Mandeln auf den Nudeln: der Gipfel aller erdenklichen Katastrophen.*

DIE RACHE DES SCHÖNEN GESCHLECHTS, S. 98

Dass Adelina nicht sehr experimentierfreudig ist, wissen wir. Aber dass sie sich weigert, etwas zuzubereiten, was er sich wünscht, weil es ihm ein vertrautes Gericht ist, kann sich Montalbano, der zwar aus Vigàta stammt, aber in Catània und Palermo studiert hat und nun wieder in Vigàta lebt, seinerseits nicht vorstellen: Er ist geschmacklich in allen drei kulinarischen Provinzen Siziliens zu Hause: im Val Dèmone, der Region um Catània, mit seinen vielfältigen byzantinischen Einflüssen, im Val di Noto, dem Süden und der Mitte mit einer starken spanischen Prägung und im Val di Mazàra, dem westlichen Teil

Vorige Doppelseite:
crostini, *mit* pesto alla trapanese *bestrichen, sind ein hübscher Bissen zum Apéritif*

PCI

der Insel, wo seit den Zeiten Karthagos nordafrikanische und arabische Traditionen lebendig sind.

Der Commissario kocht selbst

Erstaunlich ist allerdings schon, dass er, der sonst so sehr auf Qualität achtet, ein Fertigprodukt kauft, weil er die Arbeit scheut, und anstandslos sogar offenbar mit Genuss vertilgt – das hängt vielleicht mit der Handlung der Geschichte zusammen: Camilleri brauchte den Kontakt zum Supermarkt. Wehe, in einem Restaurant käme ihm solches unter ... Aber vielleicht ist er in diesen Dingen gar nicht so wählerisch, wie er gerne tut, schließlich scheint er ja bei Signor Aguglia häufiger einzukaufen, wenn er dort anschreiben lassen kann.

Nudeln kann er wohl perfekt kochen – es gilt ja »nur«, das Wasser im richtigen Moment abzugießen! Aber genau das ist es ja:

»Sapiri quann'è u tempu di sculari a pasta è un'arti. *Zu wissen, wann man die Pasta abgießen muss, ist eine Kunst«, hatte Adelina eines Tages verkündet.* DAS SPIEL DES PATRIARCHEN, S. 42

Das hat er sich zu Herzen genommen. Er weiß auch, dass er nicht alles Wasser abgießen darf, die Nudeln sollten gut feucht bleiben, damit sie nicht zusammenkleben und anschließend die Sauce gut annehmen können. Und natürlich kommt er nicht – wie in deutschen Rezepten immer wieder empfohlen – auf den blödsinnigen Gedanken, die Nudeln in Öl (oder Butter) zu wenden oder etwas davon ins Kochwasser zu geben – dies würde ja nur die Oberfläche der Nudeln fettig und damit glitschig machen und so verhindern, dass sie sich mit der Sauce verbinden können. Nein, nein: Nudeln kochen, das kann er schon, der Commissario!

Zu Hause *kochte er Nudeln, goss sie ab, tat sie auf den Teller, kippte das ganze Glas Sauce darüber (»für vier Personen« stand darauf), setzte sich an den Küchentisch und ließ es sich schmecken. Im Kühlschrank fand er von Adelina zubereitete Meerbarben in*

Tomatensauce, er wärmte sie auf und führte sie sich zu Gemüte. Nach dem Essen spülte er sorgfältig ab, um die Spuren des pesto alla trapanese *zu verwischen, denn wenn Adelina am nächsten Tag etwas davon merkte, schimpfte sie womöglich. Gewissenhaft stopfte er sogar das leere Glas ganz unten in die Mülltüte. Dann setzte er sich vor den Fernseher, zufrieden wie ein Mörder, der sicher ist, alle Spuren seiner Tat beseitigt zu haben.*

DIE RACHE DES SCHÖNEN GESCHLECHTS, S. 45

Dies ist eines der seltenen Male, dass sich Montalbano selbst etwas kocht – trotz der perfekt abgepassten Nudeln nicht eben eine kulinarische Glanzleistung. In den Anfängen seiner Existenz hatte Camilleri ihn sich abends beim Nachhausekommen noch eher selbst etwas zubereiten lassen, mit der Zeit hatte Montalbano sich aber immer mehr auf Adelina verlassen, die ihm schnell und einfach zu vollendende oder nur aufzuwärmende Gerichte in den Kühlschrank oder den Backofen stellte.

Der frühe Montalbano hatte sich keineswegs nur auf die simple Zusammenstellung einer Fertigsauce mit Nudeln beschränkt, sondern war erst einmal ausgiebig im spiegelglatten Meer geschwommen:

Wieder daheim, bereitete er sich einen Teller Spaghetti mit Seeigelfleisch zu und schaltete den Fernseher ein.

DIE FORM DES WASSERS, S. 30

Wenn der Autor die Küchenfertigkeit seines Commissario auch im Dunkeln lässt, so muss man doch annehmen, dass Montalbano die Seeigel selbst öffnete und das Corail herauslöste, ehe er den Saucenansatz zubereitete und schließlich die Spaghetti kochte und mit den Zutaten vereinte. Denn woher sonst hätte er diese kostbare Zutat bekommen? Und trotz dieser Mühe genoss er sein Werk seinerseits nicht schweigend und in aller Konzentration, sondern ließ sich durchaus noch, zum Beispiel vom Fernseher, ablenken.

Einmal bewirtete der Commissario sogar seinen Freund, den Journalisten Zito von »Retelibera« – der hungrig war und sich dies ausdrücklich wünschte! –, dieses Mal allerdings bereits mit Hilfe von Adelina:

Ein paar spaghetti all'aglio e olio *waren schnell zubereitet. Er öffnete den Kühlschrank, Adelina hatte ihm einen üppigen Teller* gamberetti *vorgekocht. Das reichte für vier …*

Als er es an der Tür läuten hörte, goss er die Nudeln ab und ging hinüber, um aufzumachen.

»Was hast du mir gekocht?«, fragte Zito gleich beim Eintreten.

»Spaghetti all'aglio e olio *und* gamberetti *in Olivenöl und Zitrone.«*

»Ausgezeichnet.«

»Komm in die Küche, und hilf mir ein wenig.«

Was dann in der Küche geschieht, wer sich dabei wie anstellt, erfahren wir leider nicht – aber das Ergebnis wird kritisch gewürdigt:

Sie aßen, während sie über das Essen sprachen. Das war immer so. Nachdem Zito sich an traumhafte gamberetti *erinnert hatte, die er vor zehn Jahren in Fiacca gegessen hatte, kritisierte er die Garzeit und wies darauf hin, dass ein Hauch von Petersilie den Geschmack verbessert hätte.«* DIE FORM DES WASSERS, S. 107–112

PESTO ALLA TRAPANESE
PESTO NACH ART VON TRAPANI

Für vier Personen:
6 Knoblauchzehen
1 Bund Basilikum
1/2 TL Salz
6 reife Tomaten
50 g Mandeln
Pfeffer
3–4 EL Olivenöl

Selbst gemacht ist es tatsächlich eine ganz wundervolle Pastasauce, die sich – wie der berühmte *pesto alla genovese* – in ihrer hausgemachten Originalversion von jedem Industrieprodukt gleichen Namens um Welten unterscheidet.

Knoblauch, Basilikumblätter und Salz im Mörser (oder Mixer) zu einer Paste verarbeiten. Die Tomaten (gehäutet, entkernt und abgetropft) zufügen, ebenso die grob gehackten Mandeln. Alles zu einer Creme mixen (im Mörser die Mandeln glatt zu bekommen ist wirklich ein schweißtreibendes Geschäft), dabei pfeffern und das Olivenöl einarbeiten. Unter tropfnasse, heiße Spaghetti mischen – sofort servieren!

SPAGHETTI CON RICCI DI MARE

SPAGHETTI MIT SEEIGELROGEN

Man schneidet dafür die Seeigel mit einer Schere rund um den »Äquator« auf, schüttelt sie, so gut es geht, aus, um das darin enthaltene Wasser mitsamt den grünlichen oder schwarzen Verdauungsresten zu entfernen, und löst mit einem Löffelchen oder einer gerundeten Messerspitze die an der Wand haftenden orangefarbenen Rogen (Corail) aus. Sie werden unter die auf folgende Weise vorbereiteten Spaghetti gemischt:

Die Spaghetti in Salzwasser bissfest kochen. Unterdessen in einer Pfanne im Öl die gehackten Knoblauchzehen auf sehr mildem Feuer nur ganz wenig und sanft bräunen, die zerkrümelte Chilischote, etwas gehackte Petersilie und die Semmelbrösel zufügen und kurz mitrösten. Die tropfnassen Spaghetti darin wenden, erst jetzt die Rogen untermischen und sofort in tiefen, vorgewärmten Tellern anrichten.

Für zwei Personen:
250 g Spaghetti
Salz
3 EL Olivenöl
3–4 Knoblauchzehen
1 kleine oder auch nur halbe Chilischote
etwas glatte Petersilie
2 El Semmelbrösel
der ausgelöste Corail (Rogen) von 20–24 Seeigeln

SPAGHETTI ALL'AGLIO E OLIO
SPAGHETTI MIT KNOBLAUCH UND OLIVENÖL

Für vier Personen:
500 g Spaghetti
Salz
4–5 EL Olivenöl
4–5 Knoblauchzehen
schwarzer Pfeffer aus der Mühle
eventuell 1–2 Chilischoten (frisch oder getrocknet, nach Vorrat)
3–4 Sardellen (Anchovis)
Petersilie

Das berühmte Armeleuterezept ist unverwüstlich. Es ist der Retter in der Not, wenn nichts im Haus ist, denn eine Knoblauchknolle und Olivenöl findet sich doch hoffentlich immer. Wenn dann noch im Kühlschrank ein Glas mit Anchovis vor sich hin kümmert und eventuell sogar noch irgendwo eine getrocknete Chilischote liegt, dann lässt sich der Klassiker auch noch pikant variieren. Sollte man irgendwo noch ein bisschen Petersilie auftreiben können – dann ist's sogar die Luxusvariante eines delikaten Gerichts, das sich obendrein im Handumdrehen zubereiten lässt. Da hat jedes Fertiggericht trotz Mikrowelle in jeder Hinsicht das Nachsehen!

Die Spaghetti in reichlich Salzwasser bissfest kochen. Kurz bevor sie gar sind, in einer Pfanne das Öl sanft erhitzen, den gehackten Knoblauch darin schwenken und nur sanft bräunen. Herzhaft pfeffern, nach Belieben auch die gehackten Chilischoten (getrocknete zerkrümeln) und die mit der Gabel etwas zerdrückten Anchovisfilets zufügen. Wenn vorhanden, auch die gehackte Petersilie zugeben. Die heißen Spaghetti tropfnass darin wenden und sofort servieren.

Käse nach Belieben – wenn, dann aber unbedingt Pecorino, keinen Parmesan.

NASELLO AL FORNO
ÜBERBACKENER SEEHECHT

Für vier Personen:
4–5 getrocknete Tomaten
1 Zwiebel
4 EL Olivenöl
3–4 Knoblauchzehen
1 Bund Petersilie
70 g Semmelbrösel
2 EL Kapern
Saft von 2 Zitronen
Salz, Pfeffer
600 g Seehecht- oder Kabeljaufilets (möglichst gleich dicke Stücke)

Dass Montalbano nicht mehr zum Gelingen dieses Gerichts beigetragen hat, als schlicht den Ofen einzuschalten – was macht das schon?

Die Tomaten mit kochendem Wasser bedecken und einweichen. Zwiebel fein würfeln und im Öl andünsten, den gehackten Knoblauch zufügen, die gehackte Petersilie und auch die Brösel. Langsam durchrösten, bis alles duftet und zart gebräunt ist. Die gehackten, eingeweichten Tomaten zufügen, ebenso die Kapern und den Zitronensaft. Mit Salz und Pfeffer würzen.

Die Fischfilets in Portionsstücke schneiden und in einer feuerfesten Form nebeneinander auslegen. Den Pfanneninhalt darüber verteilen, dabei darauf achten, dass alles gleichmäßig bedeckt ist. Im Backofen bei 200 Grad etwa 20 Minuten backen, bis der Fisch durch ist und die Bröselschicht leise brutzelt.

ERBINO
ardonnay sicilia

Einfach köstlich

Solchen nicht eben befriedigenden Momenten mit Fertiggerichten setzt sich Montalbano später nicht mehr aus: Nur in Notfällen bereitet er sich selbst etwas sehr Einfaches zu, genau wie andere Junggesellen auch:

Er briet sich ein Spiegelei und aß anschließend ein paar Anchovis mit Öl, Essig und Origano.

DER KAVALIER DER SPÄTEN STUNDE, S. 135

Oder er belässt es bei einer frugalen kalten Mahlzeit:

Der Appetit von vorhin war ihm vergangen, er füllte ein Tellerchen mit grünen und schwarzen Oliven, schnitt sich eine Scheibe Brot ab und wählte, während er knabberte, Zitos Nummer.

DIE STIMME DER VIOLINE, S. 134

Bevor Montalbano heimfuhr, ging er in ein Lebensmittelgeschäft und holte zweihundert Gramm Pfefferkäse und einen Laib Weizenbrot. Er kaufte ein, weil er sicher war, dass er Livia nicht antreffen würde. Sie war in der Tat nicht da ... Er deckte den Tisch und schnitt eine dicke Scheibe Brot ab, als wieder das Telefon klingelte. Es war nicht Livia, wie er erhofft hatte, sondern Fazio ... Die Neuigkeiten, die ihm Fazio mitgeteilt hatte, ließen Montalbano den Pfefferkäse, der von Haus aus schon nicht von schlechten Eltern war, noch viel besser schmecken ... Als er fertig gegessen hatte, ließ Montalbano alle Spuren seiner Mahlzeit verschwinden und spülte sogar das Glas, aus dem er ein paar Schluck Wein getrunken hatte, sorgfältig ab ... Blitzschnell schlüpfte er unter die Decke, löschte das Licht und tat, als schliefe er tief und fest ... Montalbano wusste, dass Livia auf der Schwelle zum Schlafzimmer stand und zu ihm herübersah.

»Du bist vielleicht ein Kindskopf.«

Montalbano ergab sich und machte das Licht an.

»Woran hast du gemerkt, dass ich nur so tue?«

»An deinem Atem. Weißt du, wie du atmest, wenn du schläfst? Nein. Aber ich.«

»Wo warst du?«

»In Eraclea Minoa und in Selinunt.«

»Allein?«

»Signor Commissario, ich sage alles, ich gebe alles zu, aber hören Sie, bitte schön, mit diesem Kreuzverhör auf! Mimì Augello hat mich begleitet.«

»Ich warne dich, Livia: Augello hat schon meinen Schreibtisch okkupiert, ich will nicht, dass er noch etwas von mir besetzt.«

Livia erstarrte.

»Ich stelle mich lieber begriffsstutzig, das ist für uns beide besser. Ich zähle mich jedenfalls nicht zu deinen Besitztümern, du Scheißsizilianer.« DER HUND AUS TERRACOTTA, S. 270 – 275

Nachdem sich der Commissario an Augello gerächt und nach einigen Stunden auch mit der anhaltend wütenden Livia wieder versöhnt hatte, hielt sie den Augenblick dennoch nicht für günstig, ihm von einem kulinarischen Erlebnis zu berichten, das sie mit Augello hatte. Sie war ohnehin mit Mimì übereingekommen, dass sie diesen Teil ihres gemeinsamen Ausflugs nur dann gestehen würden, wenn Montalbano allerbester Laune wäre. In diesem Augenblick war gar nicht daran zu denken, ihm zu erzählen, dass sie in einem Restaurant direkt am Meer gegessen hatten, das sich zwar nicht durch übermäßige Schönheit, dafür aber eine sensationell gute Küche auszeichnete: So frisch und zart hatte sie Meeresschnecken, Fisch und Meeresfrüchte nur selten gegessen! Dabei ist der Chef des Hauses, Vittorio, noch nicht einmal Sizilianer, sondern kommt aus Bergamo – der Liebe wegen ist er hier gelandet.

Immer bereit, ein einfaches, aber großartiges Essen zu servieren: Vittorio (ganz rechts) mit seiner Mannschaft im Hotel Ristorante Vittorio *in Porto Palò di Menfi*

ATTUPPATEDDRI ODER LUMACHE DI MARE

MEERESSCHNECKEN

Für vier Personen:
1–1,5 kg Meeresschnecken
Salz
3–4 EL Olivenöl
Petersilie
Pfeffer
1 Zitrone

Man isst diese Schnecken mit der Hand: mit einem Bambusstäbchen, einem kleinen Spießchen oder einem Zahnstocher das Fleisch aus dem Häuschen ziehen und verspeisen. Ein unterhaltsamer Genuss, der eine ganze Weile andauert!

Einfacher geht's nicht: Die Schnecken werden einmal in Wasser durchgespült, dann in kochendes Salzwasser geworfen. Vom Herd nehmen und ein wenig abkühlen lassen. Die Schnecken am besten eben noch warm anmachen, dann können sie bis zum Essen marinieren: abtropfen, in einer Schüssel mit Olivenöl übergießen, reichlich gehackte Petersilie zufügen, pfeffern. Den Saft einer Zitrone zufügen, eventuell etwas abgeriebene Zitronenschale. Immer wieder gründlich mischen.

FRITTATA DI PATATE

KARTOFFELOMELETT

Diese *frittate* sind eine fabelhafte Idee: Darin kann man nämlich alles Mögliche verschwinden und zu einer neuen Delikatesse werden lassen: Übrig gebliebene Kartoffeln, aber auch Pasta- oder Gemüsereste lassen sich so zu einer neuen Mahlzeit verarbeiten. Wenn die *frittata* frisch angesetzt wird, müssen die darin verarbeiteten Zutaten zuvor gegart werden. Vittorios Küchenchef Ignazio hat dafür die Kartoffelscheiben und Zwiebelringe zunächst in Olivenöl frittiert, bis sie weich und zart gebräunt sind. Der Röstgeschmack und der Duft vom Olivenöl tut ihnen obendrein gut!

Für vier Personen:
800 g Kartoffeln
Olivenöl zum Frittieren und zum Backen
2 große, rote Zwiebeln
Salz
Pfeffer
5 Eier
50 g geriebener Pecorino oder Parmesan

Die Kartoffeln schälen, in dünne Scheiben hobeln und in Öl schwimmend langsam golden ausbacken. Inzwischen auch die Zwiebeln schälen, in Ringe hobeln, ebenfalls ausbacken, bis sie weich sind. Kartoffeln und Zwiebeln in einer großen Pfanne mischen, dabei salzen und pfeffern.

In einer Schüssel die Eier mit dem Käse verquirlen. Mit Salz und Pfeffer abschmecken. Über die Kartoffeln in die Pfanne gießen und auf kleiner Hitze langsam stocken lassen. Mit einem kleinen Ölkännchen immer wieder rundum ein paar Tropfen Öl angießen, damit die *frittata* gleichmäßig bräunt.

Wenn das Ei gestockt ist, die *frittata* wenden, am besten mit Hilfe eines großen Deckels: auflegen, mit Schwung umdrehen, die nunmehr auf dem Deckel liegende *frittata* mit der rohen Seite zurück in die Pfanne gleiten lassen und auch dort bräunen lassen.

In Tortenstücke aufschneiden, als Beilage, als Imbiss oder als Happen für den Hunger zwischendurch servieren.

FRUTTI DI MARE IN UMIDO

MEERESFRÜCHTE IM SUD

Für vier Personen:
1 Zwiebel
3–4 EL Olivenöl
2–3 Knoblauchzehen
1–2 Stängel Bleichsellerie
2–3 eingelegte Anchovis
einige Petersilienstängel
2–3 reife Tomaten
Pfeffer
ca. 1 Flasche Weißwein (3/4 l)
ca. 1 kg gemischte Meeresfrüchte und Fischstücke: z.B. Meeresschnecken, Muscheln, Garnelen, Scampi, Seehecht, Silberfisch

Dieses Gericht wird in tiefen Tellern serviert, mit einem Löffel, damit man die köstliche Brühe auslöffeln kann. Das Meeresgetier wird natürlich mit den Fingern verspeist.

Die Zwiebel fein würfeln und in einem ausreichend weiten und hohen Topf im Olivenöl andünsten. Den gehackten Knoblauch, den fein geschnittenen Bleichsellerie mitsamt Grün und die ebenfalls zerkleinerten Anchovis zufügen. Die Hälfte der gehackten Petersilie mitdünsten und schließlich die gehäuteten und gewürfelten Tomaten in den Topf füllen. Alles gut pfeffern und einige Minuten leise köcheln. Erst jetzt den Wein angießen, und wenn alles schön brodelt, nacheinander die Meeresfrüchte zufügen: zuerst die Schnecken, dann Muscheln und so weiter, ganz zum Schluss das empfindliche Fischfilet. Zugedeckt etwa zehn Minuten leise köcheln. Sollte nicht genügend Flüssigkeit im Topf sein, einen zusätzlichen Schuss Wein, Brühe oder auch nur Wasser hinzufügen. Restliche Petersilie fein hacken und unterrühren. In einer Terrine zu Tisch bringen.

Das eigene Kochen gab Montalbano (oder war es Camilleri, der keine Lust hatte, Rezepte zu schreiben?) bald gänzlich auf, er träufelte sich höchstens noch Zitronensaft und Olivenöl über einen Fisch oder Gemüse. Ansonsten wärmte er die von Adelina vorgekochten Gerichte auf, die er allein verspeiste; nur noch in Ausnahmefällen ließ er Livia, Ingrid oder in diesem Fall Anna daran teilhaben:

Als würde sie das Haus schon lange kennen, war Anna in die Veranda hinausgegangen und hatte sich auf die Bank gesetzt, um aufs nahe Meer hinauszuschauen. Montalbano stellte ihr den Klapptisch und einen Aschenbecher hin. Er ging in die Küche. Adelina hatte eine große Portion nasello *in den Backofen gestellt, und im Kühlschrank stand die dazugehörige Sauce aus Sardellen und Essig bereit …*

»Möchten Sie ein bisschen nasello al forno*?«*

»Commissario, seien Sie mir nicht böse, aber mein Magen ist wie zugeschnürt. Ich trinke einfach ein Glas Wein, während Sie essen.«

In einer halben Stunde hatte der Commissario die Dreierportion nasello *verdrückt, und Anna hatte zwei Gläser Wein getrunken.*

»Er ist wirklich gut«, sagte Anna und goss sich noch ein Glas ein.

»Mein Vater macht … machte ihn selber. Möchten Sie einen Kaffee?«

»Da sage ich nicht nein.«

Der Commissario öffnete eine Dose Yaucono, bereitete die napoletana *vor und stellte sie aufs Gas. Dann ging er in die Veranda zurück.*

»Bitte nehmen Sie diese Flasche weg. Sonst trinke ich sie noch ganz aus«, sagte Anna.

Montalbano gehorchte. Der Kaffee war fertig, und er servierte ihn. Anna trank genüsslich in kleinen Schlucken.

»Er ist stark und vorzüglich. Wo kaufen Sie ihn?«

»Ich kaufe ihn nicht. Ein Freund schickt mir ab und zu eine Dose aus Puerto Rico.« DIE STIMME DER VIOLINE, S. 88

Montalbano zeigt sich hier als erstaunlich aufmerksamer und einfühlsamer Gastgeber – er macht es seinem Besuch bequem und damit leicht, sich wohl zu fühlen. Mit der typisch italienischen Kaffeekanne, der *napoletana*, versteht er gut umzugehen: Schlafwandlerisch selbstverständlich ist ihm die allmorgend-

Montalbano liebt seinen Espresso aus der runden, eher plump wirkenden napoletana, *die im Prinzip wie ein Kaffeefilter funktioniert: Sobald das Wasser im unteren Behälter kocht, dreht man die* caffettiera *auf den Kopf, damit es durch den Kaffee in der Mitte laufen kann. Dieses Modell wurde inzwischen in den meisten italienischen Haushalten von dieser achtkantigen* caffettiera milanese *verdrängt.*

liche Bereitung seines *caffè*. So pur wie möglich, keinen oder kaum Zucker. Wenn er sieht, wie Augello seine Espressotasse halb mit Zucker füllt, wird dem Commissario *speiübel, der trank ja keinen Kaffee, sondern aß ihn als Marmelade.*

DER KAVALIER DER SPÄTEN STUNDE, S. 108

In der Bar nimmt Montalbano stets einen Espresso, er ist kein großer Liebhaber von Latte macchiato oder Cappucino, aber er liebt manchmal ein Cassata-Eis oder eine *granita di menta* oder *di limone*, jenes herrlich kruschelige Wassereis, das von Minze oder Zitronensaft seinen Duft und von Zuckersirup seine Süße erhält, und das man eher trinkt als löffelt.

Interessant der Wein: Er stammt von den Hängen des Ätna, wo sein gerade verstorbener Vater lebte. Im Laufe der Jahre hatte er sich sehr von ihm entfremdet:

Und so kam es allmählich, dass sie sich nur noch ein- oder zweimal im Jahr sahen. Sein Vater kam für gewöhnlich mit ein paar Kisten Wein von seinem Weingut, blieb einen halben Tag und fuhr dann wieder ab. Montalbano schmeckte der Wein ausgezeichnet, und stolz bot er ihn seinen Freunden mit den Worten an, sein Vater habe ihn gemacht. Aber hatte er ihm selbst, seinem Vater, jemals gesagt, dass der Wein ausgezeichnet war? Er strengte sein Gedächtnis an: Nie. DER DIEB DER SÜSSEN DINGE, S. 253

Am Ätna gedeihen rote wie weiße Rebsorten – früher waren die Roten begehrter, heute haben die Weißweine stark aufgeholt: Seit die Gärung kühl und kontrolliert verläuft, sind sie nicht mehr üppig-oxidativ, dunkel und braungelb, sondern elegant-reduktiv, hellgelb mit grünlichen Reflexen, duften nach Mandeln, Ginster und Macchia und passen ausgezeichnet zu Fischgerichten. Die besten Weine kommen aber nicht aus der Umgebung von Randazzo auf der nordwestlichen Seite des Ätna, sondern von dessen Osthang.

Das kulinarische Leben Montalbanos verlagert sich immer mehr in die Trattoria »San Calogero« und in andere Restaurants, findet zwischendurch hier regelmäßige, dort sporadische Höhepunkte bei den Gemahlinnen von Vorgesetzten, den Frauen von Mitarbeitern oder sonstigen Hausfrauen, zu denen ihn im Rahmen seiner beruflichen Untersuchungen der Weg, wenn er Glück hat, gerade zur rechten, nämlich zur Essenszeit führt.

CAFE` ELISIR
GELATERIA
VENDITA
BIGLIETTI

GAMBERONE
EXTRA
10.00
GAMBERONE
£ 10.0

Der Commissario speist zu Hause

Dass ein Hauptkommissar wie Montalbano eine Haushälterin beschäftigt, ist für seinen deutschen Kollegen kaum denkbar. Wenn's hoch kommt, hat der eine Putzfrau, die ihm zweimal die Woche in der Wohnung staubwischt oder den Fußboden feudelt und einigermaßen regelmäßig die Bettwäsche wechselt. Aber eine Perle wie Adelina, die den Haushalt ihres Arbeitgebers umsorgt, als sei es ihr eigener, und darüber hinaus auch noch fortwährend für ihn kocht, ist hierzulande so selten wie ein weißer Tiger. Auf Sizilien sind derartige Dienstleistungen noch

immer nahezu selbstverständlich. Für einen allein lebenden Junggesellen, der also nicht mehr (wie laut Statistik mehr als die Hälfte seiner Artgenossen) bei der *mamma* wohnt, die ihm die Unbilden des Alltags vom Leib hält, ist es normal, dass er sich nicht selbst um Dinge kümmert, die eigentlich Frauensache sind.

Allerdings haben es die Lebensgefährtinnen schwer, die ahnungslos in diesen klar umgrenzten Aufgabenbereich eindringen, vor allem wenn sie die Vorrangstellung der Hüterin des Herdes nicht gleich erkennen und entsprechend akzeptieren. So hat Montalbano nur allzu häufig unter Eifersüchteleien zu leiden zwischen Livia, seiner Freundin, die – gottlob! – weit weg bei Genua lebt, also selten genug in Vigàta Adelinas Kreise stört, und ebendieser Adelina, die stets von neuem um ihre Herrschaft in seinem Haushalt fürchtet, wann immer Livia zu Besuch ist. Als ob sie Livias Reaktion mitbekommen hätte, als Montalbano ihr erzählte, dass er selber es gewesen war, der einen von Adelinas beiden missratenen Söhnen, den jüngeren, ins Gefängnis gebracht hatte – wo er noch immer saß!

»Spinnst du?«, hatte Livia entsetzt gefragt. *»Die wird sich doch bestimmt rächen und dir Gift ins Süppchen streuen«*, und ihn angefleht, er müsse sie entlassen. Natürlich hatte er davon partout nichts wissen wollen: *»... Wer hält dann mein Haus in Ordnung, wer wäscht, wer bügelt und kocht für mich?«* Denn nichts scheut Montalbano so sehr wie Änderungen im vertrauten Alltag, und außerdem war ihm klar: *»Jemand, der so tüchtig ist wie Adelina, findet sich so schnell nicht wieder.«* Selbst in Sizilien nicht. DIE FORM DES WASSERS, S. 108

Adelina jedenfalls spürt Livias ablehnende Haltung und legt von Anfang an, wann immer diese im Haus ist oder auch nur erwartet wird und ihre Kreise zu stören droht, eine geradezu störrische Widerspenstigkeit an den Tag:

Die beiden Frauen konnten sich nicht ausstehen; auf gewisse Äußerungen Livias hatte Adelina einmal alles stehen und liegen lassen und war erst wieder gekommen, als sie sicher wusste, dass die Rivalin abgereist war. DER DIEB DER SÜSSEN DINGE, S. 143

Am nächsten Morgen freute er sich, dass Adelina, seine Haushälterin, wieder da war.

»Warum bist du nicht mehr gekommen?«

»Warum, warum! Weil die Signorina es nicht mag, dass ich im Haus bin, wenn sie da ist.«

»Woher wusstest du, das Livia wieder weg ist?«

»Ich hab's im Ort gehört.«

In Vigàta wusste jeder über jeden Bescheid.

»Was hast du eingekauft?«

»Es gibt pasta con le sarde *und als zweiten Gang* purpi alla carrettera.«

Köstlich, aber mörderisch. Montalbano umarmte sie.

DER HUND AUS TERRACOTTA, S. 293

Alles ist wieder gut, Adelina putzt sich die Seele aus dem Leib, um sämtliche Spuren Livias auszulöschen, und Montalbano bekommt seine Lieblingspasta.

Wenn sie ihn strafen will, lässt Adelina Montalbano in einen trostlos leeren Kühlschrank blicken. Wo sich normalerweise die Köstlichkeiten befinden, die Adelina tagsüber vorbereitet hat, damit Montalbano am Abend nicht ins Restaurant gehen und trotzdem nicht Hunger leiden muss.

Ihr Repertoire trifft genau Montalbanos Geschmack: keine raffinierten, verwegenen Kompositionen in gespreizten Anrichtungen und überschaubaren Portionen, wie man sie heutzutage sogar in simplen Trattorien immer öfter findet, sondern handfeste Sachen, wie sie die *mamma* oder *nonna* immer gekocht hatten – *antipasti*, vorzugsweise aus Meeresfrüchten, *sughi* für eine Pasta, die er nur noch ins Wasser werfen muss, das im Topf bereits parat steht und nur noch zum Kochen gebracht werden muss, herzhafte Aufläufe und üppige Gratins oder mit Olivenöl, Zitronensaft und reichlich Petersilie marinierte Fische – von denen er geradezu unglaubliche Mengen verspeisen kann, wie Adelina immer wieder staunend feststellt, wenn die Portion, die sie eigentlich für zwei Mahlzeiten vorbereitet hatte, bereits an einem Abend restlos vertilgt wurde. Dinge, die Montalbano schon lächeln machen, wenn er sie sich nur vorstellt und von denen er schon im Voraus weiß, wie sie schmecken werden. Er liebt nun mal keine Überraschungen, schon gar nicht auf diesem Gebiet.

Einmal hatte Livia ihn drangekriegt: Sie hatten sich gestritten (er war wieder mal eifersüchtig auf François, den kleinen tunesischen Jungen, den Livia so gern adoptieren wollte, wenn Montal-

bano sie nur endlich geheiratet hätte), und Montalbano tröstet sich mit dem köstlichen *tortino di triglie e patate*, den er im Ofen gefunden hat. Er ist begeistert. Livia, die schon mit François gegessen hat, kommt hinzu, beobachtet zufrieden, wie er vor Wonne bei jedem Bissen stöhnt, und streicht ihm versöhnlich über den Kopf: *»Schmeckt's dir?«*

»Ausgezeichnet. Du musst Adelina sagen …«

»Adelina ist heute Morgen gekommen, hat mich gesehen, gesagt ›non voglio dari distrubbo‹, *ich will nicht stören, hat auf dem Absatz kehrtgemacht und ist wieder verschwunden.«*

»Willst du damit sagen, dass du diesen tortino *gemacht hast?«*

»Klar.«

Ganz kurz, aber wirklich nur ganz kurz, blieb ihm der tortino *im Halse stecken … Aber dann gewann der Essensgenuss die Oberhand.* DER DIEB DER SÜSSEN DINGE, S. 186

Er hatte ja keine Ahnung, dass Livia so gut kochen konnte. Wann immer er sie in Boccadasse bei Genua besucht hatte, waren sie essen gegangen, nicht immer zu seinem ungetrübten Vergnügen. Schau an, so dachte er jetzt, was Rivalität zwischen Frauen alles bewirkt!

Trotz solcher kleinen Scharmützel, in denen die Leser ab und zu etwas Genaueres über Livia erfahren, bleibt sie als Frau an der Seite des Commissario erstaunlich blass. Sie telefonieren viel und geraten dabei oft über Kleinigkeiten in Streit, dann werden hier wie dort wütend die Telefonhörer auf die Gabel geknallt (auch wenn dieses Bild in unserer Zeit ein wenig aus der Mode gekommen ist – Montalbano lebt noch nicht im Zeitalter des Handys) – doch nirgends wird Livia so geschildert, dass man sich von ihr ein klares Bild machen kann. Montalbano achtet seine Freundin und hört auf sie, er findet Trost und mitunter Rat in politischen, manchmal sogar in beruflichen Fragen. Und er ist ihr selbst bei schärfsten Anfechtungen treu. Aber beim Thema Hochzeit, das sie immer wieder mal anschneidet, reagiert er mehr als zögerlich. Darüber hinaus erfährt der Leser nicht, wie sie aussieht, ob dick, dünn, groß und klein, nicht ihre Augen- oder Haarfarbe, nicht einmal ihren Beruf. (Ein Trick Camilleris, damit sich möglichst viele Leserinnen mit ihr identifizieren können.) Zwar muss sie immer wieder um Urlaub bitten, um ihn besuchen zu können, ob sie aber ihre Arbeit gern tut und worum es sich dabei handelt, wird nicht mitgeteilt. Sicher ist nur: Es kommt Montalbano sehr zupass, dass Livia weit weg wohnt und nicht ohne Voranmeldung vor der Tür stehen kann …

TORTINO DI PESCE E PATATE
KARTOFFELAUFLAUF MIT FISCH

Es sind vor allem diese Aufläufe, die die Hausfrauenküche ausmachen – und damit zu etwas, was andernorts nicht zu bekommen ist: Denn sie müssen möglichst von einer großen Familienrunde verspeist werden, können nicht à la minute im Restaurant für jeden Gast einzeln zubereitet werden. Sie liefern einen aus den besonderen Lebensumständen und Zwängen des Mikrokosmos eines Haushalts geborenen Geschmack, der seine Berechtigung nur aus sich selbst ableitet und deshalb unter anderen Bedingungen nicht reproduzierbar ist. Schon gar nicht in einem auf einen bestimmten Zeitplan ausgerichteten Restaurant, in dem das Gericht ja verfügbar sein muss, wenn der Gast kommt und es wünscht.

Für die familiäre Küche werden die Zutaten vorbereitet, in eine feuerfeste Form geschichtet und dann ins Backrohr geschoben. Wenn erst später serviert werden soll, darf das Gericht natürlich zunächst nur zur Hälfte vorgebacken werden, damit es nicht völlig zerkocht, wenn man zum Aufwärmen nochmals den Ofen anstellt.

Man kann einen solchen Auflauf als *tortino di triglie,* aber natürlich auch mit anderen Fischen zubereiten, mit Sardinen etwa, mit Seehechtfilets oder wie hier mit Stücken vom gründlich gewässerten Stockfisch (etwa drei Tage lang in immer wieder gewechseltem Wasser!). Und man kann auch zusätzlich andere Gemüse einarbeiten, zum Beispiel Artischocken.

Für vier bis sechs Personen (je nachdem, ob es Antipasti und ein primo *zuvor gibt – oder ob jemand mit dem Heißhunger Montalbanos mitisst):*
1 kg Kartoffeln
1 Zwiebel
2–3 Artischocken,
4 EL Olivenöl
3–4 Knoblauchzehen
1 Bund Petersilie oder Basilikum
200 g Semmelbrösel (möglichst aus Hartweizenbrot)
Salz
Pfeffer
1 kg Stockfisch oder Kabeljau
100 g geriebener Pecorino

Übrigens nennt ein Sizilianer diese Art von Auflauf *gattò* (darin steckt das französische Wort *gateau*, Kuchen) – wahrscheinlich hat Camilleri der ligurischen Livia zuliebe den italienischen Begriff dafür gebraucht.

Die Kartoffeln gar kochen und etwas abkühlen lassen, dann pellen und in Scheiben schneiden. Inzwischen die fein gehackte Zwiebel in etwas Öl andünsten, die geputzten, in Scheiben geschnittenen Artischockenherzen mitbraten. Sobald sie nahezu weich sind, den zerdrückten oder gehackten Knoblauch zufügen, die Semmelbrösel sowie einige fein gehackte Petersilien- oder Basilikumblätter. Salzen und pfeffern. Den gewässerten Stockfisch oder frischen Kabeljau entgräten, häuten und in Portionsstücke schneiden.

Eine flache Auflaufform mit Öl ausstreichen, eine Schicht Kartoffelscheiben darin verteilen, darauf eine Schicht Fisch betten, ihn salzen und pfeffern, Zwiebel-Brösel darauf verteilen und benetzen. Darüber eine zweite Schicht Kartoffelscheiben, Fisch, Käse und Bröselgemisch. Jede Schicht ordentlich pfeffern, aber nur sparsam salzen (Salz liefert der Käse genügend!).

Schließlich alles mit Olivenöl beträufeln und bei 180 Grad im vorgeheizten Ofen etwa eine halbe Stunde backen.

PASTA CON LE SARDE
PASTA MIT SARDINEN

Zutaten für vier Personen:
1 Bund wilder Fenchel (oder 1 Fenchelknolle mit Grün)
Salz
1 Zwiebel
400 g Spaghetti/Maccheroni
3 Knoblauchzehen
3–4 EL Olivenöl
4–5 Anchovis
400 g frische Sardinen
50 g Pinienkerne
50 g Korinthen
2 EL Marsala
50 g Semmelbrösel
reichlich Petersilie

Darin stecken neben der Pasta die wichtigsten Zutaten, sozusagen die Grundpfeiler der sizilianische Küche: Sardinen, Korinthen, Pinienkerne, wilder Fenchel sowie geröstete Semmelbrösel – und zwar werden hier Letztere traditionellerweise aus Hartweizenbrot hergestellt. Sie geben vielen Gerichten ihren eindeutigen und unverwechselbaren, eben sizilianischen Charakter. Fenchel wächst in Sizilien überall wild, an Wegrändern, auf Feldern. Bei uns ist er höchst selten zu bekommen und muss dann – leider nur unzureichend – mit dem Grün von Fenchelgemüse ersetzt werden. In diesem Fall sollte man wenigstens mit getrocknetem wilden Fenchelgrün den Geschmack verstärken. Übrigens schwört Adelina bei den Mengen darauf: etwa so viele Sardinen wie Pasta!

Einen Nudeltopf voll Wasser aufsetzen, vom wilden Fenchel die Stiele und das dicke untere Ende (das zarte Grün samt den etwas störrischen unteren Blättern aufheben) sowie Salz zufügen. Eine Weile kochen, damit das Wasser den Geschmack annimmt. (Den

Gemüsefenchel vierteln und 20 Minuten auskochen – man kann ihn anschließend herausfischen und mit Olivenöl beträufelt als Gemüse verspeisen.) Die Pasta darin bissfest kochen.

Die Zwiebel und zwei Knoblauchzehen fein hacken und in einer großen Pfanne in etwas Olivenöl andünsten. Die Anchovis grob gehackt zufügen und darin etwas verschmurgeln lassen.

Unterdessen die Sardinen gründlich waschen, Köpfe und Schwänze entfernen, die Filets von der Mittelgräte lösen. In die Pfanne geben und sehr behutsam durch Schwenken untermischen. Salzen, pfeffern. Die Pinienkerne mitbraten. Jetzt die in Marsala eingeweichten Korinthen mitsamt der Flüssigkeit zufügen, schließlich auch die bissfest gekochte Pasta.

Die Semmelbrösel im restlichen Olivenöl golden rösten, dabei eine fein geriebene Knoblauchzehe mitbraten und ihren Duft mitteilen lassen, ebenso das klein geschnittene Fenchelgrün. Nach einer Minute die ebenfalls fein gehackte Petersilie untermischen. Statt Käse über die auf Portionsteller verteilte Pasta streuen.

Adelina kauft ein

Natürlich ist Adelina bei den Händlern in Vigàta als anspruchsvolle und wichtige Kundin geschätzt. Nur das Beste sucht sie für ihren Commissario aus und darf dann in ihre geräumige Einkaufstasche aus abgeschabtem Bast wandern – selbstverständlich stets zum guten, also angemessenen Preis. Immer achtet sie auf die rechte Relation und würde niemals das ihr anvertraute Geld verschwenden. Das hat freilich nichts mit jenem grässlichen Geiz-ist-geil-Gefühl zu tun, das Mode geworden ist, sondern mit dem Wissen um Qualität, um Anspruch und Angemessensein. Was seinen Preis wert ist, kauft sie, und zwar ohne Feilschen, aber ein Produkt, das nichts taugt, würde sie niemals akzeptieren.

Gemüse kauft sie bei Filippo, gleich am Anfang der Hauptstraße links. Er hält auf gute und frische Ware und präsentiert sie nicht nur in den Kisten, die beiderseits der Ladentür auf einem Eisengestell ruhen, dessen grüne Farbe längst verwittert und abgeblättert ist, sondern einen Gutteil davon auch auf der Ladefläche seines winzigen, dreirädrigen Transporters, den er davor geparkt hat. Das soll Fülle signalisieren, außerdem: frisch eingetroffen und günstig! Filippo Arnone, den man mit seiner Nickelbrille auf der Nase, über die er verschmitzt hinwegblickt, eher für einen Notar oder Rechtsanwalt hält als für den Gemüsehändler, lobt seine Kundin, auf die wir ihn ansprechen: »Aah, Signora Adelina weiß, worauf's ankommt, der kann man nichts unterjubeln!« Im Gegenteil, wenn er zum Beispiel im Sommer wirklich reife Flaschentomaten hat, beispielsweise die besonders betörend duftenden San Marzano, die Adelina am liebsten für ihren *sugo* verwendet, dann legt er für sie natürlich genügend zurück. Und im Winter, wenn der hellgrüne Blumenkohl Saison hat, den sie hier auch *broccoli* nennen, sucht sie sich immer einen Kopf aus, der noch von den gewaltigen Blättern nahezu umschlossen und dadurch geschützt ist. »Wie können die Händler bloß diese Blätter wegschneiden, nur um Platz zu sparen!«, schimpft sie dann lauthals und würdigt die »nackten« Köpfe mit ihren Schlagschäden und schwarzen Flecken keines Blickes.

Gemüse – immer ist es strotzend und frisch, ob auf der Ladefläche des dreirädrigen Mini-Lieferwägelchens, genannt ape *(Biene), oder auf dem Markt (unten rechts die* Vucciria *in Palermo). Der rosa Knoblauch gilt als der beste und die herrlichen, rot-lila Zwiebeln,* cipolle di Tropea, *gibt es hier sogar im Winter*

Filippo zeigt auf eine Kiste mit herrlichen Zwiebelbündeln, bildschön und appetitlich, strotzend grünes Laub mit den länglichen, zart ins lila spielenden jungen Zwiebeln, die als *cipolle di Tropea* im ganzen Land geschätzt sind.

»Heute gibt's beim Commissario *spatola con cipolla agrodolce*, gebratenen (oder gebackenen) Degenfisch mit süßsauren Zwiebeln. Wenn Sie sich sputen, erwischen Sie die Signora beim Fischhändler.«

Wir kaufen uns eine große Tüte Puffbohnen und machen uns auf den von ihm beschriebenen Weg. Dabei können wir es natürlich nicht lassen und zupfen eine Schote nach der anderen aus der Tüte; im Gehen lösen wir zuerst die herrlich knackigen Puffbohnenkerne aus ihrer dicken Schale (die natürlich, sobald sie leer ist, zurück in die Tüte kommt), aber die ledrig dünne Haut, aus denen wir die zarten Kerne dann noch auslösen, fällt auf die Straße und legt eine frühlingsgrüne Spur.

Adelina, die gerade den Fischladen verlässt, bleibt tatsächlich stehen, als wir sie ansprechen. Sie lächelt mit Blick auf die Bohnenkerne in unserer Hand: »Die mag der Commissario auch!«

Eine Riesenschüssel hatte sie ihm kürzlich hingestellt, zusammen mit einem kleinen Laib jungen Pecorino. Davon hatte Montalbano so viel gegessen, dass er nachts schweißgebadet aufgewacht war. Bis er endlich wieder einschlief, gingen ihm diese Gedanken durch den Kopf:

Das Schöne am Frische-Saubohnen-Essen besteht auch in dem Vergnügen, dass man sie zweimal aufknackt und man dabei schon in Gedanken schmeckt, was kurz darauf Zunge und Gaumen erfreuen wird.

Das ist nämlich so: Du knackst zuerst die Hülse der Saubohne, die innen und außen ein bisschen haarig ist und sich angenehm anfühlt, dann knackst du jede einzelne Bohne, die, während du die Haut abziehst, einen frischen Duft ausströmt, der dein Herz belebt. Und beim Aufknacken denkst du. Und dann kann es sein, dass dir für jedes Problem eine Lösung einfällt: beispielsweise wie ein Zank mit Livia beizulegen wäre oder warum jemand ermordet wurde.

DIE RACHE DES SCHÖNEN GESCHLECHTS, S. 111–112

»Was haben Sie eingekauft?«, wollen wir von Adelina wissen. »Was kriegt der Commissario heute zu essen?« Sie zögert, überlegt mit sichtbarem Unbehagen, ob sie derartige Intimitäten überhaupt erzählen darf, aber der Fischhändler, der seine Kundin zur Tür begleitet hat und neugierig stehen geblieben ist, um zu erfahren, was die beiden Fremden wollen, platzt heraus:

»So frisch, wie heute die *triglie* waren – da musste sie ja zugreifen!« Und weil Adelina, starr vor Schrecken, noch immer kein Wort sagt, fügt er triumphierend hinzu: *»Triglie di scoglio!«* Er ist geradezu außer sich vor Begeisterung über die vortreffliche Qualität dieser inzwischen ziemlich rar gewordenen Spielart der Meerbarben, die er Adelina soeben verkauft hat.

»Was ist der Unterschied zwischen normalen *triglie* und *triglie di scoglio*?«, wollen wir wissen. »Also«, hebt der Fischhändler an und stellt sich in Positur, um den lehrreichen Worten, die er nun zu verkünden hat, die rechte Bedeutung zu verleihen. »Schauen Sie, diese hier ist eine ganz normale *triglia*«, er wiegt einen intensiv roten Fisch in seiner Hand, »man nennt sie auch *triglia di fondo*, weil sie am Sandboden schwimmt – man kann auch sagen *di fango*, im Schlamm.« Das klingt fast schon verächtlich: »Man erkennt sie sofort, ihr Kopf gleicht dem einer Meeräsche, die Stirn ist fliehend. Natürlich ist das ein guter Fisch! Manche ziehen ihn sogar den *triglie di scoglio* vor, ihr Fleisch sei *piu dolce*, süßer, milder!« Er lässt keinen Zweifel daran, dass er diese Meinung nicht teilt – anders als die meisten Kollegen an der südwestlichen Küste Siziliens, wo man mehr *triglie di fondo* als *di scoglio* fängt.

»Sehen Sie, das hier sind *triglie di scoglio.*« Behutsam, geradezu zärtlich greift er nach einem ganz ähnlichen Fisch, es hätte ein Zwilling sein können, würden nicht gerade noch erkennbare gelbgrünliche Streifen durch das Rot schimmern, und hält ihn daneben: »Dies hier sind die würzigeren, die ›echten‹ Meerbarben. Sie haben einen steiler ansteigenden Kopf, eine fast römische Nase«, lacht er. »Sie leben an Felsenküsten, sind meist etwas kleiner, ihr Fleisch ist zart und fest zugleich, und sie haben den charakteristischen, jodigen Geschmack nach Meer, den die Liebhaber so schätzen – und der sie so unwiderstehlich macht.«

Er blickt Adelina nach, die inzwischen ihre Einkäufe gerafft hat und einfach davongelaufen ist. Vermutlich ging ihr diese Indiskretion des Fischhändlers doch zu weit: Unglaublich, wildfremden Menschen zu erzählen, was der Commissario gerne isst!

Wir sind traurig, der Fischhändler allerdings ist jetzt in Fahrt und nicht mehr zu bremsen: »Natürlich biete ich ihr niemals *triglie* aus der Zucht an, das wäre einfach entsetzlich! Das würde der Commissario niemals essen!«

Er zerfurcht seine Stirn auf der Suche nach weiteren Genüssen, die er Montalbano zu vermitteln in der Lage ist: »Besonders glücklich ist der Commissario, wenn Adelina ihm *polipetti al sughetto* kocht, da suche ich ihr immer möglichst kleine heraus, denn die sind die besten.« Er küsst seine zusammengelegten Fingerspitzen und ein verklärtes Lächeln besonnt sein Gesicht: »So zart! – Ach so«, fügt er hinzu, »und dann hat die Signora noch *alici* mitgenommen. Ich vermute mal, dass sie ihm die schon vorbereitet, dann kann der Commissario sie sich selber anmachen, wenn er Lust darauf hat.«

ALICI ALL'AGRETTO
ANCHOVIS IN ESSIGMARINADE

Für vier bis sechs Personen:
500 g frische Anchovis (Sardellen)
1 gehäufter EL Salz
ca. 3–4 EL Weißweinessig

Zum Servieren:
Pfeffer aus der Mühle
3–4 EL Olivenöl
Petersilie

Auf diese Weise vorbereitet und eingelegt lassen sich Anchovis (beziehungsweise Sardellen – es sind nur zwei unterschiedliche Namen für denselben kleinen Fisch) länger, sogar über Tage hinweg aufbewahren. Man kann sie übrigens so auch häufig im Glas als Halbkonserve kaufen. Aber die würde Adelina ihrem Commissario natürlich niemals vorsetzen! Zum Servieren braucht man die gebeizten Anchovis nur noch gründlich abzutropfen, mit frisch gehackter Petersilie zu bestreuen und mit einem erstklassigen Olivenöl zu begießen. Ein Stück Weißbrot dazu und natürlich ein Glas Wein – und schon steht eine fabelhafte Vorspeise auf dem Tisch.

Die Anchovis filieren: Das geht sehr einfach, sogar ohne Messer, indem man die Köpfe mit dem Daumen und Zeigefinger abknipst und zugleich die Mittelgräte auslöst. Man braucht nur mit dem Daumen etwas nachhelfen, dann sind beide Filets säuberlich getrennt. Gründlich unter fließendem Wasser abspülen. In einer flachen Schale ausbreiten und mit Salz bestreuen. Eine halbe Stunde stehen lassen, dann nochmal gründlich waschen und auf einer dicken Schicht Küchenpapier abtrocknen. Die Anchovis jetzt mit Essig übergießen und in den Kühlschrank stellen. (Zum längeren Aufbewahren in ein Schraubglas füllen.)

Zum Servieren erneut kurz unter fließendem Wasser abspülen, abtrocknen und auf einem Teller ausbreiten. Aus der Mühle pfeffern.

Mit Olivenöl begießen und großzügig mit gehackter Petersilie bestreuen.

SPATOLA CON CIPOLLA AGRODOLCE

GEBRATENER DEGENFISCH MIT SÜSSSAUREN ZWIEBELN

Für vier bis sechs Personen:
500 g frisches Fischfilet
Salz
Mehl
Olivenöl zum Frittieren

Zwiebelgemüse:
4 Zwiebeln
50 g Rosinen
1 Tasse Wasser (200 ml)
3 EL Olivenöl
3 EL Essig
3 EL Zucker
Salz

Die süßsauren Zwiebeln sind eine Art Beilage auf dem Antipasti-Teller. Man kann sie im Einmachglas verschlossen, zusätzlich mit Olivenöl bedeckt und so vor Oxydation geschützt, im Kühlschrank ein bis zwei Wochen gut aufbewahren. *Spatola* heißt jener bildschöne, silbern glänzende Fisch, den man häufig auf sizilianischen Märkten findet, auf Deutsch Degen- oder Bandfisch – man kann aber natürlich jedes andere Fischfilet hierfür verwenden.

Die Filets in Portionsstücke schneiden, waschen, abtrocknen, salzen. In Mehl wenden, überschüssiges Mehl abschütteln. In reichlich Olivenöl eine Minute fritieren. Gut abtropfen.

Für das Gemüse die Zwiebeln würfeln, mit den Rosinen in eine Kasserolle füllen, Wasser angießen und ohne Deckel ganz leise köcheln, bis alle Flüssigkeit verkocht ist. Jetzt mit Öl beträufeln, die Zwiebeln nunmehr bräteln, bis sie sanft golden bräunen. Essig und Zucker zufügen und alles behutsam mischen.

Weitere fünf Minuten köcheln, schließlich mit Salz abschmecken. Die süßsauren Zwiebeln als Bett auf einer Platte verteilen, die gebackenen Fischstücke darauf anrichten.

Silbrig glänzen die Degenfische, die eine stattliche Größe erreichen können.

TRIGLIE AL OLIO E LIMONE

ROTBARBEN MIT OLIVENÖL UND ZITRONE

Für vier Personen:
1 kg kleine Rotbarben
Mehl
Salz
Pfeffer
Olivenöl zum Braten
frisches Öl und Zitronensaft zum Beträufeln

In einem feinen Restaurant würden dem Gast die Fischchen natürlich sorgfältig filiert, zugeschnitten und dekorativ angerichtet. Auf Hausfrauenart kommen sie mit Kopf und Gräten auf den Teller – das setzt allerdings Gäste voraus, die wissen, wie man das zarte Fleisch von Gräten löst. Der Commissario ist darin Meister!

Die Fischchen nicht ausnehmen, nur schuppen, waschen, gründlich abtropfen, in Mehl wenden, dabei salzen und pfeffern. Portionsweise im heißen Öl ganz kurz anbraten – kleine Exemplare sind im Handumdrehen gar. Etwas auskühlen lassen, dann das Fleisch von den Gräten heben und hübsch auf Tellern anrichten. Mit Olivenöl und Zitronensaft beträufeln. Lauwarm oder auch kalt servieren.

PURPITEDDRI IN SALSETTA

TINTENFISCHCHEN IN TOMATENSAUCE

Für vier bis sechs Personen:
750 g kleinste Oktopusse
1 Zwiebel
2–3 EL Olivenöl
1–2 Knoblauchzehen
2 reife Tomaten oder 1 Tasse passiertes Tomatenfleisch
Salz
Pfeffer
Origano
ein Spritzer Weißwein

Je kleiner die Tintenfischchen für diese Zubereitung sind (*in salsetta* heißt nichts anderes als »in kleinem Sößchen«, man nennt sie auch oft *affogati*, gedünstet), desto delikater. Es sind winzige *polipi*, also Oktopusse, auch *polipetti* genannt, sizilianisch *purpiteddri*. Livia, die ja aus Ligurien kommt, sagt dazu *moscardini*. In dieser Sauce kann man die Tintenfischchen wunderbar auch bis zum nächsten Tag aufbewahren. Man isst sie ohnehin lieber abgekühlt oder zimmerwarm.

Die Tintenfischchen gründlich waschen, Augen und den Mund herausschneiden (was man auf Sizilien häufig einfach sein lässt, weil man sich nicht so viel Arbeit machen will), gut abtropfen.

Zwiebel fein hacken und im heißen Öl golden dünsten. Den fein gehackten Knoblauch zufügen, erst dann die Tintenfischchen. Die gewürfelten Tomaten (gehäutet und entkernt!) beziehungsweise das Tomatenfleisch (aus Dose, Glas oder Tetrapack) zufügen. Salzen, pfeffern, mit zwischen den Handflächen zerrebbeltem Origano sowie einem Spritzer Weißwein würzen.

Eine gute Viertelstunde leise ziehen lassen, nicht kochen! Dann erst zudecken und abkühlen lassen.

POLIPO LESSO
GEKOCHTER OKTOPUS

Für vier bis sechs Personen:
- 1–2 mittelgroße Tintenfische (450–500 g sind ideal)
- ca. 1,5 l Wasser
- 2 El grobes Meersalz
- 1 Rosmarinzweig
- 2 Lorbeerblätter
- 1 TL Pfefferkörner

»Schlagen oder klopfen soll man den Tintenfisch, hört und liest man immer wieder.« Adelina schüttelt den Kopf und macht eine wegwerfende Handbewegung. Sie kann sich gar nicht beruhigen: »Nur so wird er angeblich zart. So ein ausgemachter Blödsinn!«

Er wird ohne diese martialische Behandlung ganz wunderbar, wenn man ihn so zubereitet, wie im folgenden Rezept beschrieben. Dann hat er zugleich genau jenen saftigen Biss, den man sich wünscht. Das Geheimnis: Er darf eben niemals wirklich kochen! Aber das gilt ja im Prinzip für jeden Fisch. Und eines nimmt der Oktopus besonders übel, mehr als jedes andere Meeresgetier: Er will nicht eingefroren werden. Danach ist er zäh und fest und wird auch durch Klopfen, Schlagen oder sonst eine Extrabehandlung nie mehr zum Vergnügen! Für Adelina sowieso eine undenkbare Vorstellung.

Die Tintenfische unter fließendem Wasser abspülen. In einem passenden Topf (der sie eben gerade gut aufnehmen kann) das Wasser aufkochen, Salz und alle anderen Gewürze zufügen und fünf Minuten kräftig kochen. Die Tintenfische in das aufwallende Wasser gleiten lassen, die Hitze herunterschalten und die Tintenfische je nach Größe 10 bis 15 Minuten leise ziehen lassen. Dann den Herd ausschalten und die Oktopusse im Sud auskühlen. Je nach Rezept weiterverwenden. Zum Beispiel für einen Salat:

INSALATA DI POLIPO
TINTENFISCHSALAT

Dies ist nur eine von unzähligen Möglichkeiten, wie man den gekochten Tintenfisch zu einem herrlichen Salat umarbeitet. Nach diesem Vorbild lässt sich die Idee vielfältig abwandeln – ganz nach Lust, Laune und Vorräten.

Den Oktopus in kleine Stücke schneiden, Paprika und Selleriestangen in Würfel oder Scheibchen. Zwiebel und Knoblauch sehr fein hacken. Alles in einer Schüssel mischen, die gehackte Petersilie zufügen. Den Salat mit Salz, Pfeffer, Zitronensaft und Olivenöl anmachen und kräftig abschmecken.

Für vier Personen:
1 mittelgroßer gekochter Oktopus (siehe voriges Rezept)
1 rote Paprikaschote
2 Stängel Bleichsellerie
1 kleine Zwiebel
1–2 Knoblauchzehen
glatte Petersilie
Salz
Pfeffer
3–4 EL Zitronensaft
3–4 EL Olivenöl

PASTA CON BRUCCULI E RICOTTA
PASTA MIT BROCCOLI UND RICOTTA

Zwei von Montalbanos Lieblingsarten für Pasta sind in diesem Rezept zu einem Gericht vereint: *pasta con brucculi* und *pasta con ricotta*. Wie immer kommt es auf die Güte der verwendeten Zutaten an: Der Blumenkohl (oder Broccoli, auch Romanescu mit seinen hübschen Türmchen ist geeignet) muss makellos frisch sein, damit er nicht das unangenehme Kohl-Odeur im Haus verbreitet, das auch in Italien Armeleutegeruch heißt. Und die Ricotta sollte erstklassig sein – am liebsten von einem Schäfer, der sie am selben Tag frisch zubereitet hat (noch »warm vom Morgen!«, sagt man dann). Ricotta ist nämlich nichts anderes als die Molke von Schafsmilch, die nach dem Käsen übrig bleibt, einmal aufgekocht, damit sie gerinnt und ausflockt, alsdann langsam abgetropft. Gute Ricotta (wie man sie auch für *cannoli* braucht – man kann sie also süß wie salzig verwenden!) schmeckt klar, frisch und duftig, rund, aber nicht fett; eine leichte Säuerlichkeit macht den Mund sauber – kurz: Sie ist eigent-

Für vier Personen:
1 Blumenkohlkopf (oder Broccoli)
Salz
500 g dicke, kurze Pasta (Penne, Ditalini o. Ä.)
1 Zwiebel
3 EL Olivenöl
3–4 Knoblauchzehen
nach Belieben Petersilie oder Basilikum
50–100 g Salami in dicken Scheiben oder Speck oder gekochten Schinken
300 g frische Ricotta
schwarzer Pfeffer

lich kaum durch ein bei uns erhältliches Milchprodukt zu ersetzen. Vielleicht am ehesten, indem man saure Sahne mit Magerquark verrührt. Es wird aber natürlich niemals dasselbe sein …

Den Blumenkohl in sehr kleine Röschen schneiden, in reichlich Salzwasser einige Minuten ungefähr drei Viertel gar kochen. Mit einer Schaumkelle herausheben und in einer Schüssel beiseite stellen. In das erneut aufwallende Kochwasser jetzt die Pasta werfen und nach Vorschrift bissfest garen.

Inzwischen die Zwiebel sehr fein würfeln, in einer großen Pfanne in etwas heißem Öl weich dünsten, den gehackten Knoblauch zufügen und etwas fein gehackte Petersilie oder Basilikum. Wurst oder Schinken würfeln und kurz mitdünsten. Die Blumenkohlröschen untermischen und einige Minuten leise schmurgeln lassen.

In einer großen Schüssel die Ricotta mit einer kleinen Schöpfkelle Kochwasser glatt rühren, großzügig mit Pfeffer würzen. Die Pasta abgießen und darin umwenden. Erst jetzt den Blumenkohl darüberkippen. Gründlich mischen, dabei die restliche Petersilie oder das Basilikum fein geschnitten zufügen. Sofort servieren!

Am Hafen von Vigàta

Ein Vormittag ist immer schnell vorbei, und zur Mittagszeit schließen die Geschäfte nach und nach. Die Händler räumen ihre Waren von der Straße in ihr Ladengeschäft zurück, der Gemüsemann breitet nur eine riesige Plane über seine wohlgefüllten Kisten. Einer nach dem anderen zieht mit lautem Scheppern den Rollladen vor seiner Tür herab; innerhalb von wenigen Minuten liegt die bis einen Augenblick zuvor noch von Leben erfüllte Straße wie ausgestorben da.

Küchendüfte wehen aus den geöffneten Fenstern, aus denen neben dem Topfgeklapper mitunter heftiges Keifen oder Kindergeplärr zu hören ist. Auch wir gehen zu Tisch, in das vom Fischhändler gepriesene Lokal (siehe S. 126).

Unser Verdauungsspaziergang führt uns zum Hafen und zur Mole, wo eine deutliche Spur von Erdnussschalen und ausgespuckten Kürbiskernresten uns beweist, dass hier vor nicht allzu langer Zeit der Commissario entlanggegangen sein muss.

Wenn Montalbano richtig über ein Problem nachdenken oder einfach nur ein bisschen frische Luft schnappen wollte, pflegte er sich eine Tüte cália e simenza *zu kaufen, geröstete Kichererbsen und Kürbiskerne, und einen langen Spaziergang bis zum Leuchtturm ganz vorn an der östlichen Mole zu machen. Einen Verdauungsspaziergang für den Magen wie für das Gehirn.*

DAS PARADIES DER KLEINEN SÜNDER, S. 276

Wir bummeln also auf des Commissario Spur die Mole entlang, vorbei an den Freizeitfischern, die – mit deutlichem Abstand voneinander – auf ihren Klappstühlchen auf der Hafenmauer hocken. Die beiden, deren Stühle eng beieinander stehen, fallen richtig aus dem Rahmen. Manche haben gleich mehrere Angeln ausgeworfen und mit Hilfe abenteuerlichster Konstruktionen neben sich befestigt, so dass sie ihre Hände frei haben, in die sie ihr Kinn stützen, und ergeben vor sich hin in das trübe Wasser des Hafenbeckens blicken. Als wir am Leuchtturm angekommen sind, ganz vorn an der einen sanften Bogen bildenden Spitze der Mole, entdecken wir ein Schiff, das sich rasch nähert. Mit hoch aufragendem Bug, weiß schäumend von Wasser umgischtet. Dahinter tauchen weitere Boote auf, die eilig dem Hafen zustreben: Die Fischer kehren heim!

Wir sputen uns, um sie nicht zu verpassen. Hasten immer schneller die mehr als zwei Kilometer lange Mole zurück. Tatsächlich haben alle angelegt, bis wir eintreffen, und sind dabei, ihren Fang abzuladen. Mit großem Geschrei – »heeh hooh« (Fischersprache ist wohl international) – räumen sie ihre Kisten aus den Bootsbäuchen und werfen sie »heeh hopp!« ihren Kollegen auf der Kaimauer zu. Dort haben sich Neugierige versammelt. Die Alten, die schon lange nicht mehr rausfahren, stehen in Grüppchen herum, begutachten jeden Fang, bewerten lautstark diskutierend die Qualität. Hausfrauen mit ihren Einkaufsbeuteln beugen sich über Kistenstapel, suchen aus und feilschen um den Preis. Kinder rennen kreischend im Kreis herum und spielen Fangen. Es geht lebhaft zu, laut und fröhlich.

Da entdecken wir Adelina, die mit vor Konzentration gerunzelter Stirn in jede Kiste blickt. »Oh, Sie sind auch hier?«, fragen wir, wenig intelligent.

»Sie meinen, ich kaufe immer nur beim Fischhändler ein, nur weil Sie mich dort neulich getroffen haben?« Sie lacht: »Na, hören Sie mal – der Laden in Vigàta ist doch nur für den Notfall! Wenn ich es nicht geschafft habe, pünktlich am Nachmittag zur Heimkehr der Fischer da zu sein. Halt!!« – sie erwischt gerade noch einen Fischer am Arm, der mit seiner Kiste vorbeihetzt.

Jetzt ist sie dran, die gute Kundin: In aller Ruhe untersucht sie die schlanken, silbrigen Fischchen, die sorgfältig nebeneinander darin eingeschichtet sind.

»*Naselli* – davon geben Sie mir bitte ein gutes Kilo.« Und sie erklärt, dass der Commissario diese kleinen Seehechte so gerne isst, dass er davon nie genug kriegen kann. Ein Kilo – davon würden ja normalerweise drei bis vier Personen satt. Sie wird sie für ihn nur kurz in Meerwasser ziehen lassen. So schlank wie diese, sind sie in wenigen Minuten gar. Danach hebt sie sie aus dem Wasser und stellt sie auf einer Platte kalt. Und wenn dann am Abend der Commissario hungrig in den Kühlschrank blickt, leuchten seine Augen auf, das weiß Adelina. Dann deckt er sich den Tisch, stellt die Flasche mit dem duftenden, dunkelgrünen, noch trüben Olivenöl in Griffweite, schneidet eine Zitrone in zwei Hälften und beginnt die Fischchen sorgfältig zu zerlegen. Die papierdünne Haut streift er ab, das weiße, noch glasige, unglaublich saftige Fleisch löst sich fast von allein von der Mittelgräte. Er muss nur aufpassen, dass er die winzigen Gräten der

Bauch- und Rückenflossen in einem Stück entfernt, dann ist der Genuss ungetrübt und unendlich …

Oder wenn sie ihre berühmte *salsa corallina* machen möchte, die Spaghettisauce aus Langusteneiern, die mit einem Hauch *strattù* (siehe S. 88) zart gefärbt ist und die Pasta mit einer rosa Creme umhüllt: Dafür braucht sie natürlich die Languste so frisch aus dem Wasser, dass sie nicht mal ihrem Händler traut! Und wenn der Fischer ihr beispielsweise einen schönen Petersfisch mit seinem Rogen liefert (die wissen ja, für wen sie kocht …), dann greift sie natürlich zu, für den *sugo al uova di pesce*. Oder, wenn die *seppie* wie schwarz verschmiert in der Kiste liegen, dann ist sie glücklich, endlich mal wieder *sugo al nero di seppie* zubereiten zu können, den Montalbano so liebt. Sie verstehen sich eben ohne viele Worte:

Es konnte vorkommen, dass Montalbano und Adelina sich wochenlang überhaupt nicht sahen. Er legte jede Woche das Haushaltsgeld und jeden Monat ihren Lohn auf den Küchentisch. Doch hatte sich zwischen ihnen von selbst eine eigene Kommunikation entwickelt – wenn Adelina mehr Geld zum Einkaufen brauchte, stellte sie die Sparbüchse aus Ton auf den Tisch, die er auf dem Jahrmarkt gekauft hatte und schön fand; wenn sie einen Nachschub an Socken oder Unterhosen für nötig befand, legte sie welche aufs Bett. Natürlich funktionierte das System nicht nur in seiner Richtung, auch Montalbano konnte Adelina mit den merkwürdigsten Hilfsmitteln etwas sagen, und sie verstand es. Vor einiger Zeit hatte Montalbano festgestellt, dass Adelina daran, wie er morgens das Haus verließ, merkte, ob er angespannt, nervös, unruhig war, und dann bereitete sie ihm besondere Gerichte zu, die seine Laune wieder hoben. Auch an diesem Tag hatte Adelina eingegriffen, denn Montalbano fand in seinem Kühlschrank sugo di seppie, *dick und schwarz, wie er ihn mochte. War da nun ein Hauch Origano dran oder nicht? Er schnupperte lange an dem* sugo, *bevor er ihn warm machte, kam aber zu keinem Schluss.*

DER HUND AUS TERRACOTTA, S. 177

Auch kauft sie die kleinen *gamberetti*, die doch so rasch verderben können, am allerliebsten direkt von den Fischern, weil sie so sicher sein kann, dass sie wirklich frisch sind. Dann nämlich kann man sie sogar roh essen. Dafür allerdings nimmt sie die etwas größeren *gamberi*, und zwar die feineren, dunkelroten *gamberi di nassa*, die aus der Tiefe stammen. Am liebsten serviert

Adelina sie so: einfach den Schwanz ausgelöst, den Kopf jedoch ruhig noch dran, den man genüsslich aussaugt, mit Zitronensaft und Olivenöl beträufelt. Allerdings muss sie zugeben, dass ihr die Garnelen auf diese Weise lieber sind als dem Commissario. Für ihn taucht sie sie deshalb ganz kurz in kochendes Meerwasser, und wenn sie ihm davon eine große Schüssel hinstellt, dann ist sie am nächsten Morgen garantiert leer, selbst wenn es eigentlich genug für vier Personen war …

GAMBERI CRUDI AL LIMONE
ROHE GARNELEN MIT ZITRONE

Für zwei Personen:
10–12 absolut frische Garnelen
2–3 EL Olivenöl
Salz
Pfeffer
3 EL Zitronensaft
Basilikum

Natürlich schmecken sie nur, wenn sie makellos frisch sind – dann aber sind sie so einfach umwerfend: roh, nur mit etwas Zitronensaft, Salz und Olivenöl gewürzt! Sie schmelzen auf der Zunge, süß und zart und herrlich jodig wie das Meer.

Die Garnelenschwänze schälen, den Kopf jedoch dranlassen – den auszulutschen ist für Fans das größte Vergnügen bei diesem Gericht! Dekorativ auf einem Teller anrichten. Mit Zitronensaft begießen und fünf Minuten ziehen lassen. Saft abgießen. Garnelen mit Olivenöl beträufeln, dann erst salzen und pfeffern. Mit fein geschnittenem Basilikum bestreuen und dekorieren.

PASTA AL NÌVURO DI SÌCCIA ODER PASTA NERA DI SEPPIA

SCHWARZE SPAGHETTI

Schwarz werden die Spaghetti durch Sepiatinte. Der kleine Beutel mit der rabenschwarzen Flüssigkeit ist in den frischen Sepie noch vorhanden. Weitab von solch paradiesischen Märkten wie in Sizilien muss man konservierte Tinte verwenden, die man bei guten Fischhändlern oder besser noch über Delikatessversandhändler beziehen kann.

Für vier Personen:
3–4 schöne Sepia mit ihrer Tinte
4 Knoblauchzehen
1 kleine Zwiebel
2 EL Olivenöl
1 große Fleischtomate
1/2 TL Origano
1 EL Essig
1 guter Spritzer Weißwein
Salz
Pfeffer
400 g Spaghetti

Die Sepie ausnehmen, den Kalkschild entfernen, das Tintenbeutelchen vorsichtig herauslösen und beiseite tun. Die Sepie auswaschen und quer in Streifen schneiden.

Knoblauchzehen und Zwiebel hacken und im heißen Öl andünsten, die Sepiastücke zufügen und einige Minuten mitbraten. Die gehäutete, entkernte und gewürfelte Tomate zufügen, mit dem zwischen den Fingern zerriebenen Origano würzen. Die Tinte erst ganz zum Schluss unterrühren. Jetzt alles gründlich mischen, dabei mit Essig würzen und mit einem Spritzer Wein anfeuchten. Salzen und pfeffern. Die bissfest gekochten Spaghetti damit anmachen und sofort servieren.

Sepie mitsamt dem Tintenbeutel gelangen kaum auf unsere Märkte. Aber man kann die konservierte Tinte in guten Fischgeschäften vakuumverpackt kaufen; oder sie sich vom Delikatessenversand zuschicken lassen

SPAGHETTI ALL' UOVA DI PESCE

SPAGHETTI MIT FISCHEIERN

Für vier Personen:
3–4 EL Olivenöl
4–5 Knoblauchzehen
1/2 Tasse frisch passierte Tomaten
1 EL *strattù*
Salz
reichlich Pfeffer aus der Mühle
Petersilie
250 g Fischrogen
500 g Spaghetti oder Spaghettini

Der Sugo wird hier mit einem bisschen *strattù* eingefärbt. Diese Basiszutat der sizilianischen Küche ist mit Tomatenextrakt nicht nur unzureichend, sondern sogar irreführend übersetzt. Auf den Märkten Palermos gibt es *strattù*, genauer *estrattu* (das *e* fällt im Dialekt weg), noch zu gewaltigen Kegeln aufgetürmt: leuchtend rote Berge aus fester, duftender Tomatenpaste. Früher hatte man sie auf dem Land natürlich in den Familien überall selber produziert, aber heute macht sich kaum einer mehr die Mühe. Diese Paste liefert den konzentrierten Geschmack reifer, frischer Tomaten – im Gegensatz zum üblichen Tomatenkonzentrat, das durch Einkochen entstanden ist und deshalb karamellisiert und eingedampft schmeckt.

Bis die Paste fertig ist, kann eine Woche vergehen: Reife Tomaten werden durch die Gemüsemühle passiert, das Püree abgetropft, gewürzt und dann auf einem großen Tisch ausgebreitet. Dieser muss schief stehen, damit der Saft ablaufen und die Masse leichter trocknen kann. Zweimal am Tag wird sie mit einem großen Holzspatel durchgerührt, um die unterste

Schicht nach oben zu wenden. Am Abend wird der Tisch nach drinnen geholt, damit der morgendliche Tau die Masse nicht wieder anfeuchtet. Viele Tage lang, bis das leuchtend rote, duftende Püree endlich die richtige, feste, aber noch streichfähige Konsistenz hat. Jetzt kann der *strattù* in Schraubgläser gefüllt werden, er hält sich jahrelang und gibt Suppen und Saucen Kraft, Farbe und Würze.

In einer Pfanne das Öl erhitzen, den gehackten Knoblauch darin andünsten. Sobald er golden ist, Tomatenfleisch und Tomatenextrakt zufügen. Heftig kochen, damit alles emulgiert, eventuell mit einem Schuss Nudelkochwasser verdünnen. Salzen, sehr großzügig aus der Mühle pfeffern, fein gehackte Petersilie zufügen und ganz zum Schluss – dafür die Pfanne vom Feuer ziehen! – die aus der sie umhüllenden Haut gestreiften Fischeier. Die unterdessen bissfest gekochten Spaghetti darin gründlich wenden. Sofort in vorgewärmten Tellern servieren.

NASELLI LESSI CON OLIO E LIMONE
GESOTTENE SEEHECHTE MIT OLIVENÖL UND ZITRONE

Für zwei Personen:
6–8 kleine Seehechte
1 Lorbeerblatt
3 Petersilienstängel
grobes Meersalz
Olivenöl
Zitronensaft
Pfeffer aus der Mühle

Entweder lässt man die kleinen, schlanken Fischchen mit der dünnen, silbrig schimmernden Haut tatsächlich einfach in Meerwasser ziehen, wie Adelina das macht – man kann es sich selber herstellen, indem man normales Leitungswasser mit Meersalz in Meerwasserkonzentration salzt: Man braucht dafür 30 bis 33 Gramm auf einen Liter – oder man bereitet einen Sud, wie im folgenden Rezept beschrieben.

Sizilianische Fischhändler lösen aus den *naselli* – auch *merluzzi* genannt –, die unausgenommen verkauft werden, nur die Kiemen samt Magen und Därmen aus, die köstliche Leber bleibt drin. Das geht natürlich nur, wenn sie ganz frisch sind, am besten noch steif (oder noch nicht einmal das)! Dann bleibt natürlich auch die Haut drin, man braucht die Fische gar nicht weiter zu bearbeiten. Die Leber schmeckt übrigens sensationell gut!

Die Fische unter fließendem Wasser innen und außen säubern, die schwarze Haut aus der Bauchhöhle entfernen, die Kiemen auslösen. Lorbeerblatt und Petersilienstiele in einem breiten Topf, der die Fische aufnehmen kann, handbreit mit Wasser bedecken. Fünf Minuten köcheln, dann salzen und die Fische einlegen. Unterhalb des Siedepunkts etwa fünf bis acht Minuten ziehen lassen (je nach Dicke der Fische).

Wenn die Gäste die Fische selber filieren, Öl und Zitrone sowie die Pfeffermühle auf den Tisch stellen. Sollen die *naselli* als feine Vorspeise gereicht werden, die Filets von den Gräten heben, auf einer Platte anrichten, mit Öl, Zitrone und Pfeffer würzen. Zum Schluss mit gehackter Petersilie bestreuen.

Einmal war Adelina mehr als ärgerlich. Montalbano war, was er ja nie sonst tat, Hals über Kopf verreist. Er musste sich von der Schlechtigkeit der Menschen erholen und hatte ihr lediglich einen Zettel hingelegt, dass er in einer Woche wieder da sei. Kein weiteres Wort, weder wohin er fuhr noch wann er genau wieder zurück sein würde. Es war eine selige Woche Ruhe, die er in einer kleinen Pension bei Mazàra del Vallo verbrachte (siehe Seite 212). Als er, gestärkt an Leib und Seele, wieder nach Hause kam, *hatte er großen Hunger, ein richtiges Loch im Bauch. Was sollte er jetzt tun?* Er stand vor einem Dilemma, weil er das Glück, das ihm Tanino, der Koch in Mazàra, *der direkt von der Muttergottes inspiriert wurde, nicht entweihen* wollte, indem er sozusagen ohne Umweg von ihm zu Calogero in die Trattoria wechselte. *Der Treuebruch sollte durch eine vorherige Abstinenz wenigstens ein bisschen gerechtfertigt werden …*

Wenn er aber von Tanino zu Adelina wechselte, dann war das etwas ganz anderes, das konnte man sogar als Rückkehr in die Familie nach einem Seitensprung betrachten. Der Backofen war leer, im Kühlschrank waren ein Dutzend Oliven, drei Sardinen, ein bisschen Thunfisch aus Lampedusa in einem Glas. Das Brot lag eingewickelt auf dem Küchentisch neben einem Zettel, den seine Haushälterin ihm geschrieben hatte: Doppo che vossia nonni mi ffa sapriri quanno che tonna, iu priparo e doppo sonno obligatta a gittari nilla munnizza la grazzia di Diu. Non pripara cchiù nenti. *Sie sagen mir nie, wann Sie wiederkommen, und ich koche und koche, und dann muss ich diese Gottesgaben in den Müll werfen. Ich koche gar nichts mehr.*

Das war arg! Aber es war Montalbano sofort klar, dass es weniger die Verschwendung war, *wahrscheinlich war sie vor allem beleidigt, weil er ihr nicht gesagt hatte, wo er hinfuhr. (*»E va beni ca iu sugnu una cammerera, ma vossia certi voti mi tratta comu una cammerera! *Ich weiß schon, dass ich eine Haushälterin bin, aber deswegen müssen Sie mich noch lange nicht so behandeln!«)* DER DIEB DER SÜSSEN DINGE, S. 296–297

Ein Segen, dass Adelina ihm nicht lange gram ist, denn es ist auszuschließen, dass Montalbano sich und sein Verhalten ändert – feinfühlige Rücksichtnahme ist seine Sache nun mal nicht. So beginnt der nächste Roman gleich mit *von seiner Haushälterin gekauften frischen Sardinen, die er im Kühlschrank vorgefunden hatte, sie als Salat mit viel Zitronensaft, Olivenöl und frisch gemahlenem Pfeffer zubereitet und mit großem Appetit verdrückt.* DIE STIMME DER VIOLINE, S. 5

Dass es heißt, Montalbano habe die Sardinen als Salat zubereitet, klingt aufwändiger, als es war: Denn Adelina hat diese Sardinen nicht nur *frisch eingekauft*, sondern sie auch fein säuberlich filiert, bevor sie sie in den Kühlschrank legte. An den ganzen Fischen, und wären sie noch so frisch eingekauft gewesen, hätte Montalbano gewiss keine Freude gehabt. Es ist nämlich ganz schön mühsam, sie zu filieren, ihre Köpfe und Mittelgräten sowie die Flossen zu entfernen – vor allem, wenn man keine Übung hat –, die geputzten Filets dann säuberlich zu waschen und schließlich auf Küchenpapier sorgfältig trockenzutupfen. Eine Geduldsarbeit, die Montalbano vermutlich ungern erledigt hätte, wenn er überhaupt gewusst hätte, wie um alles in der Welt man so etwas macht. »Salat« sind die Filets dann so schnell, dass von Aufwand keine Rede sein kann: Salzen, mit Zitronensaft und Olivenöl beträufeln – die Petersilie zu hacken, die man zum Schluss darüberstreuen kann (nicht muss!), ist dabei die größte Mühe.

Dass sie vollends versöhnt ist, zeigt Adelina bereits wenige Tage später: Sie *hatte ihm eine wahre Delikatesse in den Kühlschrank gestellt:* salsa corallina, *eine Sauce aus Langusteneiern und Seeigeln, mit der man Spaghetti anrichtet.*

DIE STIMME DER VIOLINE, S. 37

SPAGHETTI ALLA SALSA CORALLINA
SPAGHETTI MIT SEEIGEL- UND LANGUSTENEIERN

Für vier Personen:
ca. 20 Seeigel
100 g Langustenrogen
3–4 EL Olivenöl
4–5 Knoblauchzehen
1/2 Tasse frisch passierte Tomaten
Salz
reichlich Pfeffer aus der Mühle
etwas Petersilie
500 g dünne Spaghetti

Wann bekommt man schon mal Langustenrogen? Die sind ja noch seltener als Seeigel. Aber wenn, dann sind diese Spaghetti der Himmel auf Erden!

Die Seeigelcorail (siehe S. 53) mit dem Langustenrogen in einer Schüssel verrühren. In einer Pfanne das Öl erhitzen, den gehackten Knoblauch darin andünsten. Sobald er golden ist, das Tomatenfleisch zufügen. Heftig kochen, damit alles emulgiert, eventuell mit einem Schuss Nudelkochwasser verdünnen. Salzen, großzügig aus der Mühle pfeffern und die fein gehackte Petersilie zufügen. Die unterdessen bissfest gekochten Spaghetti in diesem so genannten Sofritto wenden und sofort mit den Seeigel- und Langustenrogen mischen. Die hitzeempfindlichen Rogen bleiben natürlich roh: Sie ziehen in den heißen Spaghetti ausreichend gar, nur kurz in der Pfanne lassen. Käse dazu käme einem Sakrileg gleich!

Montalbano stellt also Wasser auf, lässt es zum Kochen kommen:

Er warf die Pasta hinein. Das Telefon klingelte, er zögerte einen Augenblick, unschlüssig, ob er abnehmen sollte oder nicht. Er befürchtete ein langes Gespräch, das er vielleicht nicht einfach abbrechen konnte und das die richtige Konsistenz der Pasta gefährden würde. Es wäre katastrophal gewesen, die salsa corallina *an einen Teller zerkochter Spaghetti zu vergeuden. Er beschloss, nicht dranzugehen. Und damit das Geklingel nicht die innere Unbeschwertheit störte, die unabdingbar war, um die* salsa corallina *mit allen Sinnen zu genießen, zog er sogar den Telefonstecker aus der Wand.*

Eine Stunde später steckte er, mit sich zufrieden und bereit, es mit der ganzen Welt aufzunehmen, das Telefon wieder ein.

DIE STIMME DER VIOLINE, S. 38

Montalbano nimmt sich nicht nur gebührend Zeit, um Adelinas Künste zu würdigen, er versäumt es auch nie, den Tisch zu decken, also die Kulturleistung seiner Haushälterin nicht nur fortzusetzen, sondern auch seinen Teil dazu beizutragen.

Die triglie al sugo, *die Adelina zubereitet hatte, stellte er zum Aufwärmen in den Ofen, deckte den Tisch …*

und er lässt sich außerdem die nötige Zeit, ihr die gebührende Ehrerbietung zu erweisen:

Montalbano brauchte eine gute halbe Stunde, um die triglie *zu essen. Denn er wollte sie genießen, wie sie es verdienten.*

DER DIEB DER SÜSSEN DINGE, S. 260

Nie hält er für selbstverständlich, dass sie ihn so verwöhnt. Im Gegenteil:

Immer, wenn er den Ofen oder den Kühlschrank öffnete, spürte er genau jenes Herzklopfen wie damals, als er noch Kind war und in der Morgenfrühe des zweiten November den Weidenkorb suchte, in den die Toten nachts ihre Geschenke gelegt hatten. Dieses Fest, am Tag nach Allerheiligen, gab es längst nicht mehr, es war der Banalität der Geschenke unter dem Weihnachtsbaum gewichen, so wie jetzt das Andenken der Toten erlosch.

DER HUND AUS TERRACOTTA, S. 47

Klingt da ein wenig die Bitterkeit des Alters heraus? Es kann ja keine Rede davon sein, dass dieses fröhliche Kinderfest, das in Italien auf den Allerheiligentag folgt und von dem Camilleri hier erzählt, abgeschafft worden sei. Die Geschenke unterm Weihnachtsbaum haben das Fest der *Omnisanti* nicht abgelöst, sondern sind hinzugekommen. Wir haben immer wieder diese bunte Feier auf Sizilien miterlebt. Schon wochenlang vorher quellen die Schaufenster der Spielzeugläden über von den abenteuerlichsten Vorschlägen, was die Ahnen ihren Nachkommen schenken könnten, und die Kinder drücken sich daran die Nase platt. Und nie sind sie eifriger willens, brav und folgsam die Gräber der verstorbenen Tanten und Großeltern zu besuchen, als an jenem Tag, nach dem, wie sie nur zu gut wissen, sie morgens in ihren Schuhen (wie unsere Kinder am Nikolaustag) oder, wie Camilleri es beschreibt, in einem Weidenkorb vor der Zimmertür hoffentlich das vorfinden, was sie sich schon seit Tagen fieberhaft gewünscht haben.

Mit derselben Spannung und Vorfreude öffnet also Montalbano jedes Mal den Backofen, wo dann hoffentlich die große Portion *nasello al forno* darauf wartet, aufgewärmt zu werden, und die, obwohl sie für drei Personen reichen könnte, von ihm in einem Rutsch vertilgt wird. Oder er blickt in den Kühlschrank, wo er *polipetti alla Luciana* findet, die Adelina ihm heute als Vorspeise zugedacht hat. Selbst wenn daneben nichts weiter steht als die *simple Sauce aus frischen Tomaten. Anscheinend hat die Haushälterin Adelina keine Zeit oder keine Lust gehabt*, tröstet er sich dann und setzt brav sein Spaghettiwasser auf.

DIE STIMME DER VIOLINE, S. 164

Meist aber kann Montalbano *sich auf Adelinas kulinarische, obwohl schmackhaft einfache Fantasie verlassen*, er ist rundum glücklich, wenn er zum Beispiel im Kühlschrank simple *pasta fredda* findet, *con pomodoro, vasalicò e passaluna – mit Basilikum und schwarzen Oliven – deren Duft einen Toten zum Leben hätte erwecken können.* DER HUND AUS TERRACOTTA, S. 46

Das ist Hausfrauenküche *at its best:* Kalte Pasta ist an einem heißen sizilianischen Sommertag genau das Richtige, und Montalbano muss wirklich nichts mehr dafür tun. Mehr noch: Die

Zeit im Kühlschrank hat dem Gericht nur gut getan, die Pasta konnte langsam durchziehen und so den Duft der Zutaten aufnehmen und ist jetzt ein Gedicht!

Allerdings könnte man sich auch vorstellen, dass frisch gekochte Spaghetti mit der kalten Sauce umgewendet werden …

POLIPETTI ALLA LUCIANA
TINTENFISCH MIT ZITRONE UND OLIVENÖL

Für vier bis sechs Personen:
2–3 Tintenfische (Oktopusse à 350 g)
Salz
1 Möhre
1 Stück Sellerieknolle
glatte Petersilie
2 Zitronen
Salz
Pfeffer
3–4 EL Olivenöl

Hierfür werden die geputzten Tintenfischchen nicht einfach in Salzwasser gekocht, sondern in einem irdenen Geschirr mit gut gesalzenem Wasser bedeckt im Backofen gegart, bis sie schön weich sind – erstaunlich, der Unterschied im Geschmack!

Die Tintenfische putzen, in eine feuerfeste Form betten und mit gut gesalzenem Wasser knapp bedecken. Die in feinste Streifen gehobelte Möhre und Sellerie zufügen. Bei 180 Grad im Backofen etwa eine Stunde gar ziehen lassen. Ein Messer sollte sich jetzt an der dicksten Stelle mühelos hineinstechen lassen. Die Tintenfische abtropfen, in Stückchen schneiden, mit den Gemüsestreifen und reichlich gehackter Petersilie mischen. Eine Zitrone auspressen, mit dem Saft sowie mit Salz, Pfeffer und Olivenöl den Tintenfisch würzen. Die zweite Zitrone in Scheiben schneiden und den Rand einer Platte damit auslegen. Den Salat nochmals gründlich mischen, abschmecken und in die Mitte häufen (Bild links).

PASTA FREDDA CON POMODORO, VASALICÒ E PASSALUNA
PASTA MIT TOMATEN, BASILIKUM UND SCHWARZEN OLIVEN

Für vier Personen:
350 g dünne Spaghetti
Salz
4–5 reife Tomaten
4–5 Knoblauchzehen
4–5 EL Olivenöl
1 Bund Basilikum
Pfeffer
100 g schwarze Oliven

Dafür müssen es unbedingt die festfleischigen, reifen Sommertomaten sein, die wenig Saft haben, sonst ertrinkt die Pasta in zu viel Tomatenwasser. Die länglichen Flaschentomaten sind gut geeignet oder auch die kleinen süßen Kirschtomaten. Und außerdem gehören dazu die würzigen schwarzen, fetten Oliven, die im Rohr gebacken wurden und dadurch besonders intensiv schmecken.

Die Spaghetti in Salzwasser bissfest kochen. Die Tomaten kurz auf einer Schaumkelle hineintauchen, kalt abschrecken, dann häuten und entkernen. Die Knoblauchzehen häuten, in einem Mörser mit knapp einem halben Teelöffel Salz zerreiben, die gewürfelten Tomaten zufügen und zerstoßen, auch die Basilikumblätter mit zerkleinern,

dabei immer wieder einen Löffel Olivenöl zufügen, am Ende auch einen Schuss Kochwasser. Schließlich großzügig pfeffern, die tropfnassen, heißen Spaghetti und die Oliven damit mischen. Gut durchziehen und abkühlen lassen.

TRIGLIE AL SUGO

ROTBARBEN IN TOMATENSAUCE

Für vier Personen:
1 weiße Zwiebel
2 EL Olivenöl
3 Knoblauchzehen
3 Petersilienstängel
800 g reife Tomaten (am besten Flaschen- beziehungsweise Eiertomaten, auch ausgereifte Fleischtomaten)
Salz
Pfeffer
8–10 Rotbarben (à ca. 150 g)

Die Fischchen dürfen in einer federleichten, fruchtigen Sauce aus frischen Tomaten baden und schmecken danach einfach wundervoll!

Die Zwiebel sehr fein würfeln und im heißen Öl andünsten, den durchgepressten Knoblauch und die fein gehackte Petersilie zufügen.

Die klein geschnittenen Tomaten (nach Belieben zuvor häuten und entkernen) mitschmurgeln lassen. Salzen und pfeffern, schließlich die geputzten und geschuppten Rotbarben in dieser Sauce etwa acht bis zehn Minuten garen.

Montalbanos Lieblingsgerichte

Sie haben ihren Ursprung tief in der Kindheit, meist sind es ganz einfache Dinge, für die man eine Vorliebe entwickelte, weil sich mit ihrem Duft oder Geschmack angenehme Erinnerungen verknüpft haben. Montalbano, dessen Mutter bereits starb, als er ein kleiner Junge war, hat von Camilleri in den Mund gelegt bekommen, was diesem selbst am besten schmeckt. Und er lässt Adelina ihm all jene Köstlichkeiten der *cucina casalinga* zubereiten, die man in Gasthäusern meist vergeblich sucht.

Montalbano saß auf der Veranda und ließ sich pappanozza *schmecken, die er sich schon lange gewünscht hatte. Ein einfaches Gericht, Kartoffeln und Zwiebeln werden lange gekocht, mit der Rückseite der Gabel zu Brei zerdrückt und mit reichlich Öl, kräftigem Essig, frisch gemahlenem Pfeffer und Salz angemacht. Vorzugsweise mit einer Blechgabel zu essen (er hatte ein paar, die er eifersüchtig hütete), wobei man sich Zunge und Gaumen verbrannte und folglich bei jedem Bissen fluchte.*

DAS SPIEL DES PATRIARCHEN, S. 44

Wir fragen Elio di Giovanna, den Winzer aus Sambuca di Sicilia, unseren sizilianischen Gewährsmann in Sachen Lieblingsgerichte aus der Kindheit. Der hat von *pappanozza* noch nie gehört. »*Pappa* – wie?« Er verzieht das Gesicht, unter diesem Begriff versammeln sich in der italienischen Küche weiche, breiartige Sachen, die, wie er behauptet, eher für zahnlose Greise als für gestandene Männer wie ihn geeignet sind. Dabei kann, wie wir einwenden, eine *pappa di pomodoro* beispielsweise herrlich sein, jene eher klare Suppe aus frischen Tomaten, die man in der Toscana liebt, mit viel Basilikum gewürzt und ganz leicht mit etwas eingeweichtem Brot gedickt.

»Möglich«, räumt er ein, »aber meistens ist eine *pappa* doch ein scheußlich dicker Papp, wie der Name schon sagt!«

Nein, das sind keine Gerichte nach Elios Geschmack. Wir können uns dagegen gut vorstellen, dass Kartoffeln zusammen mit Zwiebeln in Brühe weich gekocht werden, dann zu Brei zerdrückt, mit duftendem Olivenöl cremig verrührt und mit einem guten Schuss Weinessig gewürzt – mit den richtigen Zutaten schmeckt das bestimmt sehr gut. Solange die Kartoffeln jung sind und schön mehlig zerfallen, damit sie sich mit den schmelzend weichen Zwiebeln gut verbinden. Wir können sogar nachvollziehen, warum Montalbano das Gericht unbedingt mit einer Blechgabel essen will: Die Zwiebel würde mit ihrem schwefligen Duft eine Silbergabel sofort scheußlich anlaufen lassen, was sich für sensible Gaumen, über den unser Montalbano ja verfügt, natürlich auch auf den Geschmack auswirken kann.

Überhaupt Gemüse: Wann gibt es je in einem Gasthaus ein gutes Gemüsegericht, als *primo piatto* etwa? Montalbano meint, dass Calogero kein begabter Gemüsekoch sei, was Calogero selbst natürlich mit Nachdruck zurückweist. Aber es ist schon so, dass in den meisten Trattorien und Restaurants das Gemüseangebot

eher ärmlich und im Allgemeinen recht fantasielos ist. Da quellen die Märkte über von den schönsten Gemüsen der Saison und in den Gasthäusern gibt es gerade mal schlicht (und meist zu lang) gekochten Spinat oder Salzkartoffeln pur. Etwas wie *patati cunsati*, die der geliebten *pappanozza* ganz ähnlich sind, jedoch zusätzlich mit Kapern und Oliven vermischt, das bekommt Montalbano eben nur bei Adelina. Oder ihre gegrillten Peperoni! Unglaublich, wie viel Montalbano davon vertilgen kann. Er weiß natürlich, dass er sie eine Weile in der Küche Raumtemperatur annehmen lassen muss, damit sie ihren Geschmack voll entwickeln. Deshalb holt er gleich beim Heimkommen die Platte aus dem Kühlschrank, noch bevor er nach der Post schaut und sich unter die Dusche stellt. Dann kann das in der Kälte erstarrte Olivenöl, mit dem die Paprika mariniert sind, wieder flüssig werden und seinen Duft entfalten. Den Knoblauch, mit dem die Paprikastreifen gewürzt werden, hackt er lieber selber ganz kurz vor dem Essen klein, damit er ja nicht einen Moment zu lange an der Luft ist und einen metallischen Geschmack annimmt. Zum Knoblauchhacken hat ihm Adelina einmal den praktischen Trick der sizilianischen Hausfrauen verraten: Die Zehe auf einem Arbeitsbrett mit der Breitseite des großen Fleischmessers flach klopfen, dabei schält sie sich fast von alleine und man braucht jetzt nur noch drei, vier Mal darauf herumhacken, schon ist sie klein und kann über den Paprika gestreut werden.

Ein anderes Lieblingsgericht ist die sagenhafte *pasta 'ncasciata*! Hier verbindet sich die magentröstende Pasta mit geschmacksintensivem Fleisch und Gemüse – eine rundum perfekte Kombination. Montalbano ist völlig aus dem Häuschen, wenn er sie – viel zu selten! – im Backofen findet.

Eine Portion für vier! Er verspeiste sie langsam und beharrlich. Dann setzte er sich, weil der Tag es erlaubte, auf die Veranda. Er musste nachdenken. Aber er dachte nicht nach. Bald nickte er beim Geräusch der Brandung sanft ein. Gott sei Dank bin ich kein Krokodil, sonst würde ich in meinen Tränen ertrinken. Das war das letzte Sinnige oder Unsinnige, das ihm durch den Kopf ging.

DER KAVALIER DER SPÄTEN STUNDE, S. 194

Wir haben es nicht geschafft, dass uns Adelina diese Lieblingsgerichte zubereitet, es hat sich einfach nie ergeben. Lange haben wir deshalb jemanden gesucht, der uns eine *pasta 'ncasciata* zeigt, denn in keinem Restaurant war sie auf der Karte zu finden, und wen immer wir fragten, der hob die Augenbrauen mitsamt den Schultern: »*Ah, pasta ’ncasciata*!« Dann, die Augen und Hände zum Himmel hebend: »*Ah, si, favoloso*, großartig!« Aber keiner konnte – oder wollte? – sie beschreiben, geschweige denn für uns zubereiten. Bis wir Signora Lucia kennen lernten, eine überaus liebenswürdige, kultivierte Dame in Castelvetrano. Natürlich kenne sie *pasta ’ncasciata*, gern werde sie dieses Gericht für uns kochen, wenn uns das freue.

Sie lud uns ein in ihr gepflegtes Haus. »Wissen Sie«, lachte sie, als wir in ihrem Speisezimmer mit den pompeianisch roten Wänden saßen, an ihrer stilvoll mit Leinen gedeckten Tafel vor wunderschönen Keramiktellern aus Caltagirone mit dem klassischen Muster im traditionellen Grün, »normalerweise koche ich derart schwere Gerichte nicht mehr. So wurde früher auf-

getischt, bei meiner Großmutter. Diese *pasta 'ncasciata* gab es nur zu großen, festlichen Anlässen. Es ist ein aufwändiges Gericht und mächtig, mit dem vielen Käse, der den Auflauf nachher zusammenhält, wenn er gestürzt wird.«

»Gestürzt?«

»Ja, natürlich«, erklärte Signora Lucia, »*incasciata* heißt die Pasta nicht, wie oft in Rezepten behauptet, weil sie mit Käse – also *cacio* – überbacken wird, sondern, weil sie in einem *cascio*, einer Form – eigentlich Kiste – sitzt.«

Wir blickten ziemlich verständnislos.

»Kommen Sie mit!«, forderte sie uns auf. Wir folgten ihr in die Küche, wo im Ofen ein prachtvolles Kunstwerk zu sehen war: dicke, gerippte, kurze Pasta, vermischt mit allen Zutaten, dem Gemüse, dem Fleisch, dem Sugo und vor allem reichlich Käse. Die ganze Sache war bereits auf eine Platte gestürzt, der Boden der Form entfernt, aber noch wurde alles vom Rand einer gut zehn Zentimeter hohen Springform gehalten. Dass diese großzügig mit Bröseln ausgestreut worden war, bewies die glatte, bräunliche Oberfläche, bereits mit einer Broccolirose und murmelkleinen Fleischkügelchen garniert. Jetzt öffnete Signora Lucia vorsichtig den Ring und zog ihn, ein Stoßgebet gen Himmel schickend, »*Aiuto, Dio mio!* Lieber Gott, hilf mir!«, behutsam nach oben ab – voilà, es präsentierte sich, spektakulär und eindrucksvoll, die legendäre *pasta 'ncasciata*. Und wir begriffen endlich, warum Montalbano davon so begeistert ist, aber auch, warum Adelina sie ihm nur alle Jubeljahre einmal macht.

PASTA 'NCASCIATA
SIZILIANISCHER NUDELGRATIN

Natürlich gibt es auch für dieses Gericht etwa so viele Rezepte wie Familien auf Sizilien. Camilleri beschreibt einen Gratin von Maccheroni mit Auberginen, Kalbfleisch, Hühnerleber, Erbsen und hart gekochten Eiern, der auch in einer normalen Gratinform gebacken und ungestürzt serviert werden kann. Signora Lucia hat uns ihre Version gezeigt. Statt Auberginen nimmt sie natürlich Gemüse nach Saison: im Winter Broccoli oder Blumenkohl, im Frühjahr *fave* (Puffbohnen).

Broccoli in Röschen teilen, die Stiele in Scheiben schneiden. In Salzwasser blanchieren – damit das Gemüse schön grün leuchtet –, eiskalt abschrecken.

Für vier bis sechs Personen (wenn Montalbano mitisst, nur für zwei bis drei Personen):
ca. 1 kg Broccoli
Salz
4–5 Knoblauchzehen
Olivenöl
1 Bund Basilikum
500 g Kalbfleisch (Schnitzel)
1 kg reife Tomaten
Pfeffer
1 Zweig Rosmarin
500 g Maccaroni oder dicke, kurze Pasta
250 g Caciocavallo (mittelalter Schnittkäse)
200 g Semmelbrösel
4 hart gekochte Eier
250 g frisch geriebener Pecorino

Den fein gehackten Knoblauch in zwei bis drei Esslöffeln Öl andünsten, die Hälfte der fein geschnittenen Basilikumblätter zufügen, auch das in kleine Würfel geschnittene Kalbfleisch. Einige Minuten im eigenen Saft schmurgeln, dann die zerkleinerten und durch die Gemüsemühle passierten Tomaten zufügen. Salzen, pfeffern, einen Rosmarinzweig einlegen und alles eine halbe Stunde leise köcheln lassen.

Unterdessen die Pasta bissfest kochen. Kurz abtropfen, mit dem klein gewürfelten Caciocavallo-Käse in einer Schüssel mischen, auch die festen Bestandteile aus der Sauce untermischen, die man am besten mit einer Schaumkelle herausfischt, und das fein geschnittene Basilikum.

Schließlich eine Springform mit Olivenöl ausstreichen – damit ihr Rand gegebenenfalls noch höher wird, einen dreifach gefalteten Alustreifen rund um den Rand entlang anlegen, mit Olivenöl einpinseln.

Die Semmelbrösel in etwas Öl anrösten, bis sie duften, nach Gusto auch gehackten Knoblauch mitrösten. Die Hälfte davon auf dem Boden der Form verteilen. Darauf eine Lage Pasta sehr ordentlich anordnen, daran denken, dass dieser Boden nachher die Oberfläche sein wird. Mit etwas geriebenem Pecorino bestreuen und mit etwas Sauce benetzen. Darauf eine Schicht Broccoli geben, dazwischen Eierhälften setzen. Wieder Pasta, Käse, Brösel und Sauce, erneut Broccoli und Eierhälften. Den Käse stets möglichst gleichmäßig verteilen, er wird die Sache nachher zusammenhalten.

Am Ende mit restlicher Pasta zudecken und wieder mit Käse und Bröseln bestreuen. Alles mit Öl beträufeln und im 180 Grad heißen Ofen etwa 45 Minuten backen, bis der Auflauf durch und durch heiß ist und der Käse bindet. Vor dem Servieren noch einmal kurz ruhen lassen, dann stürzen und servieren.

Jene winzigen Fleischkügelchen, mit denen Signora Lucia die gestürzte *pasta 'ncasciata* verschwenderisch dekoriert, hat sie natürlich eigens dafür angefertigt – ganz im Sinne der Pracht und Üppigkeit, die an der Tafel ihrer Eltern herrschte. Da saßen zusammen mit ihren acht Geschwistern, den Eltern, Tanten, Gästen und Großeltern fast immer fünfundzwanzig bis dreißig Menschen am Tisch. Der Teig dafür besteht aus durchgedrehtem Kalbfleisch, aufgelockert mit reichlich Bröseln, gewürzt mit gehackter Petersilie, Knoblauch, Zwiebel. Die daumennagelkleinen Kügelchen daraus werden nur ganz sanft gebraten. Auch ein herrlicher Happen zum Aperitif!

COSTI 'MBRIACHI

BESCHWIPSTE KOTELETTS

Für vier bis sechs Personen:
6 Schweinekoteletts
(ca. 2 cm dick)
Salz
Pfeffer
ca. 1/4 l Wasser
1/2 l Rotwein
2–3 EL *strattù*
(oder 4–5 EL Tomatenmark)

Ein Segen, dass Signora Lucia für uns gleich ein weiteres Lieblingsrezept Montalbanos zubereitete, dem wir bis dahin genauso vergeblich nachgespürt hatten. Sie konnte allerdings nicht verstehen, warum wir uns ausgerechnet dieses Gericht wünschten. Denn, so meinte sie, Schweinekoteletts kann man weiß Gott interessanter und schmackhafter zubereiten. Aber das Originalrezept sei nun mal so:

Die Koteletts nebeneinander in einer großen tiefen Pfanne auslegen, salzen und pfeffern und mit Wasser knapp bedecken. Auf mittlerem Feuer langsam köcheln, bis das Wasser fast verdampft ist, dabei mehrmals drehen. Den Wein mit Tomatenextrakt verrühren, über die Koteletts gießen und köcheln, bis der Wein zu einer Sauce eingekocht ist, dabei die Koteletts immer wieder drehen und wenden, damit sie vom tomatisierten Wein durchtränkt werden.

Signora Lucia servierte dazu gedünstete Möhren und liebevoll zurechtgeschnitzte Champignonköpfe – und so wurde doch noch ein elegantes Essen daraus.

Wir mussten Signora Lucia beipflichten. Tatsächlich geraten die Koteletts, die wir heute bekommen, auf diese Weise zu trocken – früher, als die Schweine fetter waren und die Koteletts

marmorartig durchzogen, mag das anders gewesen sein. Mit dem mageren Fleisch moderner Schweine muss man einfach anders umgehen. Klassisch braten oder grillen und dann in einer Weinmarinade baden lassen, um sie betrunken zu machen, wäre vielleicht eher angeraten.

CARCIOFI RIPIENI

GEFÜLLTE ARTISCHOCKEN

Für vier bis sechs Personen:
8 mittelgroße Artischocken
1 Zwiebel
5–6 EL Olivenöl
3–5 Knoblauchzehen
Petersilie
200 g Semmelbrösel
200 g frisch geriebener Pecorino
Salz
Pfeffer

Das sei, so meinte Signora Lucia, eher ihre Art von Küche. Sie könne sich vorstellen, dass ein solches Gemüse durchaus auch Montalbano schmecken könne. Wir jedenfalls fanden es wunderbar!

Die Artischocken putzen: Den Stiel abschneiden, die äußeren Blätter entfernen, von den inneren die Spitzen abschneiden und, sofern nötig, auch das Heu aus der Mitte auslösen. Die Artischocken einzeln kopfüber auf die Arbeitsplatte klopfen und dabei die Blätter etwas auseinander drücken. Zwischen die Blätter die Füllung praktizieren: Dafür die Zwiebel fein hacken und in etwas Öl andünsten. Den fein gehackten Knoblauch zufügen, die gehackte Petersilie und die Brösel. Alles mischen und anrösten, schließlich den Käse

untermischen, mit Salz (sparsam) und Pfeffer (großzügig) würzen. Zwischen die Blätter füllen. Die Artischocken nebeneinander in eine flache Form setzen. Mit Öl beträufeln und im Ofen bei 175 Grad etwa eine Dreiviertelstunde backen, bis sich die Blätter leicht herauszupfen lassen. Lauwarm servieren.

GELATO DI VANIGLIA CON SALSA DI MANDARINE
VANILLE-EIS MIT MANDARINENSAUCE

Signora Lucia hat es sich nicht nehmen lassen, zum Abschluss ein Dessert aufzutischen. Die Sauce zum Vanille-Eis ist tatsächlich etwas Besonderes, die süßen Mandarinen bekommen durch Schale und Saft von Bitterorangen eine herbe Würze, die wunderbar zur Eiscreme passt.

Für vier Personen:
2 Vanillestangen
1/2 l Milch
4 Eigelb
100 g Zucker

Mandarinensauce:
2 Bitterorangen (Pomeranzen)
100 g Zucker
4–6 Mandarinen

Die Vanillestangen in die einmal aufgekochte Milch legen und zehn Minuten ziehen lassen. Dann aufschlitzen, auskratzen und das Mark in die Milch rühren. Eigelb und Zucker so lange mit dem Schneebesen oder Handrührer schlagen, bis der Zucker nicht mehr knirscht. Die heiße Milch zufügen, alles nochmals erhitzen, einmal aufwallen, aber auf keinen Fall kochen lassen, weil sonst das Ei gerinnt. Abkühlen und schließlich in der Eismaschine gefrieren lassen.

Für die Sauce die Bitterorangen halbieren und in feine Streifen schneiden, dabei die Kerne und, so gut es geht, das Weiße entfernen. Mit dem Zucker vermischen und stehen lassen, bis sich Saft bildet. Die Mandarinen schälen, das Fleisch aus ihrer Haut lösen, soweit möglich, und die Kerne entfernen. Alles in einem Topf mischen und zum Kochen bringen. Einige Minuten köcheln, dabei ständig rühren. Abgekühlt zum Vanille-Eis servieren.

Es ist durchaus nicht so, dass Montalbano immer lieber Fisch als Fleisch isst. Er hat das Glück, an der Küste zu leben, wo frischer Fisch eine Selbstverständlichkeit ist. Und deshalb ist er natürlich meist die erste Wahl. Aber er ist als sehr bewusster und kritischer Esser heikel – das wissen alle in seiner Umgebung:

»Am Sonntagabend feiern wir unsere Silberhochzeit. Die Freunde und Kollegen kommen alle. Ich und meine Frau wären sehr geehrt«, sagte Fazio sein Sprüchlein auf.

»Natürlich komme ich«, sagte Montalbano.

»Fleisch oder Fisch?«, fragte Fazio, denn er wusste, wie heikel sein Chef war, wenn es ums Essen ging.

Montalbano überlegte hin und her, es war bekannt, dass Signora Fazio wusste, was sie in der Küche zu tun hatte. Aber sie war in einem winzigen Dorf im Inselinneren geboren und aufgewachsen, wo die Fische noch nie heimisch gewesen waren.

»Fleisch, Fleisch.«

Seine Überlegungen werden von Erfolg gekrönt:

Signora Fazio übertraf sich selbst, die pasta 'ncasciata *war zum Fingerabschlecken, der* brusciuluni *verschwand restlos …*

DAS PARADIES DER KLEINEN SÜNDER, S. 126

BRUSCIULUNI ODER FARSU MAGRU
GEFÜLLTER ROLLBRATEN

Für vier bis sechs Personen:

- 2–3 große, knapp zentimeterdünne Scheiben aus der Rinderkeule (Rouladenfleisch), insgesamt ca. 800 g
- Pfeffer
- 150 g hauchdünne Scheiben durchwachsener Speck
- 400 g Hackfleisch
- 2 altbackene Brötchen
- 5 Eier
- 100 g frisch geriebener Caciocavallo (halbfester sizilianischer Schnittkäse) oder Pecorino
- 100 g gekochter Schinken (in 3 mm dicken Scheiben)
- 2 Zwiebeln
- 3–4 Knoblauchzehen
- 4 EL Olivenöl
- glatte Petersilie
- 1 EL Origano
- Salz
- 1 kleine Möhre
- 2 Selleriestängel
- 2 EL konzentriertes Tomatenmark
- 1/2 l Weißwein (ein kräftiger aus Sizilien)
- 1–2 EL Olivenöl für die Sauce

Farsu magru bedeutet in etwa »gefüllt und mager«, wobei die Magerkeit nicht wörtlich zu nehmen ist, sondern eher übertragen »ärmlich« meint. Das klingt zwar wenig einladend, ist aber auf dem Teller unwiderstehlich! Der *brusciuluni* ist eine Säule der häuslichen sizilianischen Küche, der *cucina casalinga* – man bekommt ihn nur noch ganz selten, und deshalb wird dem Commissario fast schwindlig, wenn er endlich wieder mal seinen Duft auch nur wittert.

Die Fleischscheiben nebeneinander auf der Arbeitsfläche ausbreiten und mit dem Fleischklopfer (glatte Seite!) behutsam, aber energisch noch flacher klopfen. Sie dann so übereinander legen, dass eine große, rechteckige Fläche entsteht. Die Hälfte der hauchdünnen Speckscheiben darauf auslegen und mit Pfeffer bestreuen.

Für die Farce das Hackfleisch mit den eingeweichten, gut ausgedrückten Brötchen vermengen, zwei Eier, Käse und gewürfelten Schinken untermischen. Eine Zwiebel fein hacken, mit dem ebenfalls gehackten Knoblauch in zwei Löffeln Öl weich dünsten, die gehackte Petersilie damit vermischen und mit dem Origano unter den Fleischteig arbeiten. Mit Salz und Pfeffer kräftig abschmecken. Diese Farce auf der Fleischfläche verteilen, rundum jedoch einen schmalen Rand lassen. In die Mitte drei hart gekochte, längs halbierte Eier betten. Das Fleisch darüberschlagen und von der Längsseite her aufrollen, nicht zu fest wickeln, damit sich die Füllung ausdehnen kann und der Fleischmantel nicht reißt. Die Rolle mit Küchenzwirn wie ein Paket verschnüren.

In einem Schmortopf das restliche Öl erhitzen, den restlichen Speck in feine Streifen schneiden und darin auslassen, die Rolle in dieser Mischung langsam und geduldig rundum anbraten. Wenn sie

überall schöne, goldene Bratspuren zeigt, die restliche gewürfelte Zwiebel und Knoblauch sowie die ebenso fein gewürfelte Möhre und Sellerie rundum streuen und mitrösten. Schließlich das Tomatenmark zufügen und kräftig anrösten, bevor mit Wein abgelöscht wird.

Den Schmortopf verschließen, den Braten entweder auf der Herdplatte auf kleinster Stufe oder in dem auf 110 Grad vorgeheizten Backofen knapp zwei Stunden schmoren lassen. Nach der halben Zeit ab und zu überprüfen, und wenn zu viel Flüssigkeit verschmurgelt ist, mit einem Schuss Brühe loskochen. Den Bratenfond samt dem Schmorgemüse mit einem Schuss Olivenöl verrühren und abschmecken.

Montalbano liebt den *brusciuluni* fast noch mehr am nächsten Tag, wenn er kalt aufgeschnitten und mit einer frischen Tomatensauce oder mit einer Tomatenvinaigrette serviert wird.

Auch Adelina kann dem Commissario nicht jedes Fleischgericht vorsetzen:

Er ging in die Küche und sah in den Kühlschrank. Aus unerfindlichen Gründen hatte Adelina involtini di carne, *Fleischröllchen gemacht. Das war nichts. Er setzte sich ins Auto und fuhr zur Trattoria »Da Enzo«.* DAS KALTE LÄCHELN DES MEERES, S. 120

Dabei ist nun wirklich nicht zu verstehen, was er gegen *involtini di carne* hat, Fleischröllchen können schließlich durchaus delikat sein. Leider erklärt Camilleri uns das nicht näher. Aber bereits wenige Seiten später würdigt und rehabilitiert Montalbano Adelinas Fleischtöpfe:

Zu Hause entdeckte er mit einer gewissen Rührung, was Adelina in einer ihrer Anwandlungen für ihn gekocht hatte: Im Ofen lag ein ebenso unerwartetes wie heiß ersehntes coniglio alla cacciatora. DAS KALTE LÄCHELN DES MEERES, S. 169

CONIGLIO ALLA CACCIATORA
KANINCHEN NACH ART DER JÄGERSFRAU

Für vier Personen:
1 schönes Kaninchen (ca. 1,8 kg)
2 EL Mehl
3 EL Olivenöl
Salz
Pfeffer
1 Zwiebel
2 Selleriestängel
2 Knoblauchzehen
1 Tasse passiertes Tomatenfleisch
1 Tasse entsteinte Oliven
1–2 EL Kapern
2–3 EL Rotweinessig
1 TL Honig
ca. 1 Tasse Brühe
Petersilie

Eines jener herrlichen Schmorgerichte, deren Duft schon während der Zubereitung das Haus durchzieht, so dass man doppelt lange genießen kann. Und wofür Montalbano »besonders schwärmt, wenn es wieder aufgewärmt«. Da wird dann der kleinste Saucenrest noch mit einem Stückchen Brot aufgetupft.

Das Kaninchen in möglichst gleich große Stücke schneiden. In Mehl wenden, so dass sie hauchzart davon überzogen sind. In einem Schmortopf im heißen Öl rundum langsam schön golden anbraten. Möglichst portionsweise, damit sie überall appetitliche Bratspuren bekommen. Salzen und pfeffern. Die fein gewürfelte Zwiebel, die ebenso fein gehackten Selleriestangen sowie den gehackten Knoblauch mitrösten, bevor sie jedoch bräunen, das Tomatenpüree zufügen und damit den Bratensatz loskochen. Oliven und Kapern in den Topf geben. Den Essig angießen, mit Honig für Ausgleich und mit der Brühe für genügend Feuchtigkeit sorgen. Zugedeckt etwa 20 bis 30 Minuten leise schmurgeln lassen. Vor dem Servieren etwas gehackte Petersilie unterrühren.

PEPERONATA

GEGRILLTE PAPRIKA

Die sizilianischen Paprika, voll der südlichen Sonne, sind etwas Großartiges! Stattliche Exemplare, strotzend und knackig, solange sie unreif sind, dunkelgrün; mit zunehmender Reife färben sie sich leuchtend gelb oder rot. Unter dem Grill (auch auf dem Gartengrill) oder im Backofen entwickeln sie einen wunderbar intensiv-würzigen Geschmack. Außerdem lässt sich danach mühelos die Haut abziehen, die den Genuss trüben würde. Man kann die gegrillten Paprika auf Vorrat zubereiten – sie bleiben unter einer Ölschicht im Kühlschrank tagelang frisch. Sie sind ein Antipasto, aber auch gut als *contorno*, als Beilage, zum Beispiel zu Lammkoteletts oder zu gegrilltem Fisch. Und man nimmt sie als Basis für eine sommerliche Pasta: Einfach in Würfel oder Streifen geschnitten mit frisch gekochter Pasta vermischen, mit geriebenem Pecorino und viel Pfeffer würzen!

Für vier bis sechs Personen:
4 große, reife Paprikaschoten – je 2 rote und gelbe
Salz
Pfeffer
5 EL Olivenöl
3–5 Knoblauchzehen
1 Händchen voll Basilikum

Die Paprika auf einem Blatt Alufolie in den auf 220 Grad vorgeheizten Ofen legen, etwa 20 bis 25 Minuten rösten – den Grill einschalten! –, dabei immer wieder drehen, damit die Haut rundum schwarz wird und Blasen wirft. Herausholen, etwas auskühlen lassen, dann die Haut abziehen, die Kerne entfernen und das Fleisch in zwei Finger breite Streifen schneiden. In eine flache Schale schichten, dabei salzen und pfeffern. Mit Olivenöl beträufeln. Gehackten Knoblauch dazwischen verteilen und mit fein geschnittenem Basilikum (oder Petersilie) bestreuen.

FUNGHI PORCINI €35,00
POMODORO SECCO
ESTRATTO DI POMODORO
CAPPERI DI PANTELLERIA
FARINA DI MANDORLE
MANDARINI CINESI
FILETTI DI ACCIUGHE €5,50
TUTONE
Kalia
NOCE MOSCATA
CHIODI DI GAROFANO
DRAGONCELLO ESTRAGON
BERBERE
CUMINO
CARDAMOMO
FUNGHI PORCINI €1,50
SENAPE
PINOLI
ZAFFERANO A FILI €3,50
ZAFFERANO IN POLVERE
CURCUMA
CURRY
PEPE ROSA
PEPE CREOLA

ACCIUGHE
E
SARDINE
DI
SCIACCA
€5.00
PESTO
DI
PISTACCHIO
€6.00
TONNO
POMODORO

Die legendären *sarde a beccafico* – sie sind ja wohl das Lieblingsgericht aller Sizilianer! »Sardinen nach Art der Feigendrossel« bekommt man deshalb überall – sie gehören auch in den meisten Trattorien und Restaurants ins Vorspeisenrepertoire. Aber leider sind sie nur selten wirklich gut. Es werden ja oft gerade die einfachen Dinge, weil sie angeblich so einfach sind, schlicht verhunzt: Da sind die Sardinen nicht wirklich frisch und verströmen bereits jene strenge Müffelnote, die Blaufische sehr rasch entwickeln, sobald sie ihre natürliche Umgebung, das Meer, verlassen haben. Und meist ist die Füllung, die aus geriebenem Weißbrot besteht, nicht duftig, würzig und locker, sondern zu fest, langweilig oder gar matschig. Ersteres wird sie, wenn man sie lange knetet, statt die Bestandteile rasch und locker zu mischen. Schlimm, wenn man nicht mutig in die Tüte mit Korinthen greift (und womöglich stattdessen Sultaninen nimmt – nicht auszudenken!), überhaupt nicht beherzt genug würzt. Und wenn man für die Semmelbrösel kein gutes Brot zur Verfügung hat oder gar industriell hergestellte nimmt, dann gerät die Füllung banal und dumm.

Am besten geeignet ist dieses wunderbare Brot aus zweimal gemahlenem Hartweizen *(farina di grano duro rimacinata)*, das für Sizilien typisch ist, mit seiner gelben, dichten und gleichzeitig lockeren Krume! Es ist anders als jedes andere Weißbrot, das ja meist bereits am Abend desselben Tages altbacken ist, noch nach einer Woche ein Genuss, weil Hartweizenmehl Feuchtigkeit besser aufnehmen und speichern kann. Und die frisch geriebenen Brösel aus dem gänzlich getrockneten Brot haben einen knackigen Biss, wie ihn normale Semmelbrösel (schon gar nicht das Industrieprodukt) niemals liefern können. Nicht umsonst streut man sich diese Brösel gern über so manches Pastagericht, wegen der Knusprigkeit, aber auch als Parfum. In etwas Olivenöl geröstet und mit zerdrücktem Knoblauch, eventuell auch mit gehackter Petersilie gewürzt, steht es auf dem Tisch, und man streut sich davon nach Gusto über seinen Teller.

Wenn sie jedoch gelungen sind, die *sarde a beccafico*, dann kann es passieren, dass Montalbano davon zu viel isst und ihn nachts Albträume plagen:

Schlecht gelaunt und schweißgebadet wachte Montalbano auf. Wegen der anderthalb Kilo sarde a beccafico, *die er am Abend zuvor vertilgt hatte, hatte er schlecht geschlafen ...*

DER DIEB DER SÜSSEN DINGE, S. 5

Wunderbares Brot, vor allem das herzhafte aus Hartweizen mit seiner gelben Krume kann man in diesen Bäckereien kaufen: Paneficio Bonventre e Asta *in Alcamo,* Panificio Bufera *in Sambuca di Sicilia und* Antico Forno San Leonardo *in Corleone*

SARDE A BECCAFICO

GEFÜLLTE SARDINEN

Man kann sie wunderbar vorbereiten, und sie machen auf jedem Vorspeisenbuffet eine gute Figur.

Die Sardinen (oder Sardellen) putzen: den Kopf abtrennen, am Bauch aufschlitzen, die Innereien und die Mittelgräte herausstreifen, die beiden Filets nicht trennen. Waschen und auf Küchenpapier abtrocknen.

Für die Füllung das trockene Weißbrot im Mixer zu Bröseln zerkleinern, mit heißer Milch beträufeln und einweichen. Die Zwiebel fein hacken und in etwas Olivenöl weich dünsten. Den Knoblauch fein gehackt untermischen, ebenso die fein gehackte Petersilie (gut passt auch Minze!).

Die Pinienkerne in der trockenen Pfanne rösten und unter die Füllung mischen. Die Korinthen in heißem Orangensaft (eventuell vermischt mit Marsala) einweichen und ebenfalls unter die Masse geben. Die harten Eier von Hand fein würfeln und mit dem frischen Ei in die Masse arbeiten. Zu einer Farce mischen, mit Salz und Pfeffer würzen.

Die Füllung auf die Sardinen verteilen, dabei länglich formen und die Fischfilets um die Füllung so schließen, dass sie wieder ihre ursprüngliche Form bekommen. Große Fische in Filets teilen und die Füllung in ein Filet hüllen.

Nebeneinander in eine feuerfeste, mit Öl ausgestrichene Form betten. Dabei immer wieder Lorbeerblätter und eventuell Zitronen-

Für sechs Personen:

- 500 g Sardinen (oder besser noch die kleineren Sardellen, die feiner im Geschmack sind)
- ca. 150 g Semmelbrösel
- 1/8 l Milch
- 1 Zwiebel
- Olivenöl
- 1 Knoblauchzehe
- glatte Petersilie
- 50 g Pinienkerne
- 2 EL Korinthen
- je 2 EL Orangensaft und/oder Marsala
- 2 hart gekochte Eier
- 1 frisches Ei
- Salz
- Pfeffer
- frische Lorbeerblätter
- Zitronen

schale oder Zitronenstücke dazwischen stecken. Mit Olivenöl und Zitronensaft beträufeln und bei 180 Grad im vorgeheizten Ofen etwa 15 Minuten backen.

Die *sarde a beccafico* schmecken am besten kalt beziehungsweise bei Zimmertemperatur.

Einen Tag vor Silvester, Montalbano hatte bereits diverse Einladungen zum letzten, meist mit allerlei geselligem Drumherum ausgeschmückten und damit für ihn »belasteten« Abendessen des Jahres ausgeschlagen, findet er in der Küche einen Zettel von Adelina:

Verzeien Sie, bin so frei, aber morgen Abend ist Silvester und meine beiden Söhne sind grad nich im Gefengnis, und ich mach arancini, *die esen Sie doch so gern. Wenn Sie mir die Ere machen un komen wolen, sie wisen ja die Adrese.*

Herrgott, die arancini *von Adelina! Er hatte sie nur einmal gegessen: eine Erinnerung, die bestimmt in seine* DNS, *sein genetisches Erbe, eingegangen war.*

Adelina brauchte zwei Tage, um sie zuzubereiten. Das Rezept wusste sie auswendig. Tags zuvor brät man Kalb- und Schweine-

fleisch zu gleichen Teilen, das mit Zwiebeln, Sellerie, Petersilie und Basilikum stundenlang auf kleinster Flamme schmoren muss. Am nächsten Tag bereitet man einen Risotto zu, jenen Risotto, den man all milanìsa *nennt (aber ja ohne Safran!), kippt ihn auf die Tischplatte, mischt die Eier darunter und lässt ihn abkühlen. Unterdessen kocht man Erbsen, rührt eine Bechamel an, schneidet ein paar Scheiben Salami in kleine Stückchen und vermischt alles mit dem Schmorfleisch, das mit dem Wiegemesser (um Gottes willen nicht mit dem Mixer!) zerkleinert wurde. Der Fleischsaft wird mit dem Risotto verrührt. Dann nimmt man etwas Risotto, drückt ihn in die Mulde der Handfläche, gibt einen Löffel Füllung hinein, bedeckt sie mit Reis und formt sorgfältig eine Kugel. Die Kugeln einzeln in Mehl, dann in Eiweiß und in Semmelbröseln wälzen. Sodann legt man alle* arancini *in eine Pfanne mit siedendem Öl und backt sie aus, bis sie dunkel goldenfarben sind. Auf Papier abtropfen lassen. Und dann, Gott sei Lob, isst man sie!*

Montalbano hatte keinen Zweifel, mit wem er an Silvester essen würde. Nur eine Frage quälte ihn, bevor er einschlief: Würden es die beiden missratenen Söhne Adelinas schaffen, bis zum folgenden Tag in Freiheit zu bleiben?

DIE NACHT DES EINSAMEN TRÄUMERS, S. 365–366

Arancini, die so aussehen, wie sie heißen, nämlich wie Orangen, waren also einmal ein besonderer Festtagsgenuss. Etwa zum Silvesterabend hat man sich solch unglaubliche Mühe gemacht: erst einen Risotto kochen, dann das Ragout für die Füllung, schließlich die Orangen formen, panieren und frittieren, bis sie tatsächlich golden leuchten. Alle Bestandteile müssen frisch zubereitet sein, man darf nicht einfach irgendwelche Reste dafür verarbeiten.

Im Laufe der Zeit ist die arbeitsintensive Spezialität aus der Mode gekommen. Und dann hat sich die Fertigküche ihrer bemächtigt. Weil man sie gut vorbereiten und auch eine Weile vorrätig halten kann und sie in großen Mengen immer besser herzurichten sind als in einer den kleiner gewordenen Familien gerecht werdenden schmalen Portion, haben sie als Fertiggericht in den Bars, Cafés und Imbissstätten Einzug gehalten. Mittags wirft man sich rasch in der Bar eine dicke, große »Orange« ein, die in der Mikrowelle heiß gemacht wurde. Wenn man Glück hat und der Barbesitzer auf eine gute Küche hält, was hier häufiger vorkommt als bei uns, dann können sie sogar einigermaßen gut

Wo man ziemlich gute arancini *bekommt: im* Café da Giglio *in Sambuca di Sicilia*

schmecken ... Und weil es ein wirklich origineller und hübscher Leckerbissen ist, bekommt man sie mitunter in sehr gepflegten Häusern als *amuse bouche* oder als Häppchen aus der Hand zum Aperitif. Dann allerdings klein und zierlich, damit man sie mit zwei Bissen schicklich auch aus der Hand verspeisen kann.

Adelina bereitet natürlich die *arancini* in ihrer traditionellen Größe zu. Um sie auszubacken braucht sie einen großen Topf mit Olivenöl, damit die Kugeln auch richtig darin schwimmen. Und, wie gesagt, zwei volle Tage Zeit.

Ihre Söhne, die beiden Spitzbuben, hätten es ohne Montalbanos Beistand übrigens tatsächlich nicht geschafft, den Silvesterabend in Freiheit zu verbringen. Die Angst, auf die verheißene Köstlichkeit verzichten zu müssen, beflügelte ihn jedoch zu beinahe gesetzeswidriger Hilfe: Es wurde nämlich einer von beiden wegen eines Einbruchs im Supermarkt gesucht. Dummerweise hatte er dabei auch noch sein Portemonnaie verloren, mitsamt Ausweispapieren, so dass kein Zweifel bestand ... Aber gottlob stellt sich alles als Missverständnis heraus, und so bekommt Montalbano am Ende doch noch seine geliebten *arancini*.

Deren Zubereitung ist dann doch ein kleines bisschen anders, als Camilleri sie beschreibt – er ist nun mal kein Mann der Küche. Aber Adelina hat sie uns doch noch Schritt für Schritt gezeigt. Eigentlich nimmt man als Risotto den klassischen nach dem berühmten Mailänder Rezept, also mit Safran. Aber Montalbano hasst Safran, deshalb bereitet Adelina den Reis *bianco* zu.

Sie macht übrigens immer gleich die dreifache Menge, sagt Adelina, damit sich die Mühe auch lohnt. Und muss dennoch immer mächtig aufpassen, dass für ihre Söhne noch was übrig bleibt und Montalbano nicht alles allein verspeist – wozu er sich sinnigerweise eine CD auflegt und die Komposition von Marco Betta anhört: *»Gli Arancini di Montalbano«* …

ARANCINI
GOLDENE REISKUGELN

Für vier bis sechs Personen:
- je 300 g Kalb- und Schweinefleisch
- 2 mittlere Zwiebel
- 1 Selleriestängel
- 1 kleine Möhre
- 1 Tomate
- Salz
- 1/2 TL Pfefferkörner
- glatte Petersilie
- 2 Lorbeerblätter
- 70 g Butter
- 1 gehäufter EL Mehl
- 1/4 l Milch
- Pfeffer
- Muskat
- 100 g ausgelöste Erbsen
- einige Basilikumblätter
- 300 g Rundkornreis
- 1 Glas Weißwein
- 50 g geriebener Pecorino oder Parmesan
- Mehl und Semmelbrösel zum Panieren
- 2–3 Eier
- Olivenöl zum Ausbacken

Wer sich viel Mühe machen will, formt tatsächlich die Reisbälle zu Orangen, damit sie ihrem Namen Ehre machen, und verziert sie obendrein mit einer Nelke als Stiel und etwa einem passend zugeschnittenen Basilikum- oder Petersilienblatt.

Am Vortag das Fleisch mit einer geviertelten Zwiebel, dem zerkleinerten Selleriestängel, der gehackten Möhre, der zerdrückten Tomate in einen Topf geben, mit Wasser knapp bedecken und langsam zum Kochen bringen. Salzen, pfeffern, die Petersilienstiele (Blätter abknipsen und beiseite legen) und Lorbeerblätter zufügen. Zugedeckt etwa eineinhalb Stunden leise gar ziehen, nicht kochen lassen. Es ist wichtig, das Fleisch bereits am Vortag zu kochen, weil es beim Abkühlen eine ganze andere Struktur und Festigkeit bekommt und sich einfach exakter würfeln lässt.

Am nächsten Tag aus einem guten Löffel Butter, Mehl und Milch eine dicke Bechamelsauce kochen, mit Salz, Pfeffer und Muskat würzen. Die Erbsen blanchieren und zugeben. Auch das von Hand winzig fein gewürfelte Fleisch, die gehackte Petersilie und das Basilikum einrühren. Es soll ein festes, sehr dickes, würziges Ragout sein.

Schließlich aus den restlichen Zutaten einen klassischen Risotto kochen: Zuerst die fein gewürfelte Zwiebel in etwas Butter andünsten, den Reis zufügen, mit Weißwein ablöschen und dann immer wieder von der Brühe, in der das Fleisch gegart wurde, angießen und köcheln, bis der Reis gar ist, aber noch sanften Biss hat. Zum Schluss die restliche Butter, den geriebenen Käse sowie ein Ei einrühren, die Masse auf ein Arbeitsbrett stürzen und abkühlen lassen.

Portionen von dieser inzwischen fest gewordenen Masse abstechen, in der angefeuchteten Handfläche flach drücken, einen Löffel Ragout darauf geben, die Reismasse darüber verschließen, Kugeln daraus formen. Zuerst in Mehl, dann in verquirltem Ei, danach in Semmelbröseln wenden. In Öl schwimmend golden ausbacken. Gut abtropfen lassen und mit einem Stück Petersilienblatt garnieren.

IN DER TRATTORIA »SAN CALOGERO«

Vor der Trattoria »San Calogero« stand der Chef, der auch selbst kochte, und schnappte ein bisschen frische Luft.

DER HUND AUS TERRACOTTA, S. 68

Wir sprachen ihn an, erzählten ihm von unserem Vorhaben und äußerten kühn den Wunsch, hier den Commissario zu treffen. Calogero blickte uns nur kurz an, gleichzeitig ablehnend und versonnen: Nein, das wäre unmöglich, ganz und gar unmöglich. Es war uns klar, dass er es als einen Vertrauensbruch dem Commissario gegenüber betrachtet hätte, dass er ein solches Eindringen in Montal-

banos Privatsphäre niemals billigen würde, die hier, an einer Stätte des intensiven Genusses, natürlich ganz besonders schützenswert war. Er könne doch, schlugen wir ihm vor, mit dem Commissario mal darüber reden. Ja, ja, meinte er vage, sicher, sicher – und verschwand in seinem Restaurant.

Wir folgten ihm. Der Kellner Serafino geleitete uns an einen Tisch im hinteren Bereich des großen Saales; im Vorbeigehen konnten wir einen Blick ins Nebenzimmer werfen: Der Commissario war nicht da, wir hatten es auch nicht erwartet.

Serafino brachte Brot und Grissini, fragte nach unserem Getränkewunsch: *aqua minerale con gaz, vino bianco.* Calogero kam, nachdem er mit anderen Gästen kurz ein paar Worte gewechselt hatte, an unseren Tisch – freundlich, aber die Miene verschlossen, als hätten wir uns noch nie gesehen.

Himmlische Spezialitäten

Antipasti speciale di frutti di mare, schlug Calogero uns vor. Was das Spezielle sei? Es seien heute ganz kleine Seezungen dabei, vor allem aber *triglie di scoglio*, also Streifenbarben, die so herrlich würzig und klar nach Meer schmeckten. Außerdem habe er ein wenig gerade angelieferte *neonati*, Neugeborene – wie unbeteiligt schaute er dabei drein. Wir strahlten: Die wollten wir unbedingt probieren – diese winzigen Fischchen seien eine unserer Lieblingsspeisen! Die Tatsache, dass wir diese seltene Spezialität kannten, brachte eine deutliche Veränderung in Calogeros Mienenspiel hervor: Gut, dann mache er uns erst einmal ein *tris di neonati* – roh, gekocht und frittiert. Danach, meinte Calogero, sollten wir unbedingt jeder eine ganze Portion Antipasti nehmen – wir könnten ja ruhig auf *primo* und *secondo* verzichten, brauchten also keine Pasta und kein Hauptgericht zu essen. In plötzlichem Einverständnis fügte er hinzu: Auch der Commissario hielte es schließlich nicht mit der traditionellen Menüfolge, sondern ziehe es oft vor, sich an einem besonders guten Einzelgericht satt zu essen, und das könnte schon auch mal ein gutes Kilo *triglie* sein! Er lachte, als sei er regelrecht stolz auf seinen Commissario – und verschwand sogleich, wie erschrocken ob seiner plötzlichen Offenheit.

Während wir auf die *neonati* warteten, überlegten wir: Sicher hätten wir über Calogero an den Commissario herankommen können, aber wir mussten es dennoch ohne ihn versuchen. Möglicherweise würde Montalbano es seinem Lieblingswirt ziemlich übel nehmen, wenn er ihn an uns »verriete«. Also weiter auf den Zufall vertrauen und warten.

Es kam das *tris di neonati*: ein flaches Häufchen der rohen, gleichzeitig silbrig und glasig schimmernden Fischchen, jeweils etwa von der Länge und Stärke einer Stopfnadel. Daneben ein hübscher kleiner Berg aus Fischchen, gekocht und fast weiß wie Schnee. Schließlich zwei kleine, golden gebratene *fritelle*, Küchlein, die einen betörenden Duft verströmten. Serafino stellte die Ölflasche vom Nachbartisch herüber und wünschte einen guten Appetit.

Noch während wir uns wunderten, dass es außer einer halben Zitrone keine weitere Würze gab, trat Calogero an den Tisch und fragte, ob wir etwas Petersilie wollten. Ja! Er streute fein gehackte Blättchen über die gekochten Fischlein, träufelte ein paar Tropfen eines anderen leuchtend grünen Olivenöls darüber (»von einem Freund, der sein eigenes Öl macht, aus der letzten Ernte, noch trüb und aggressiv«) und drehte die große Pfeffermühle ein paar Mal über dem Ganzen. Dann beobachtete er misstrauisch, wie wir Zitronensaft über die rohen Fische träufelten, auf dem Sprung einzugreifen, wenn wir – wovon er ausging – zu viel des Guten täten. Nachdem wir beide eine Gabel davon genommen, mit dem neben den gekochten Fischchen auf den Teller gelaufenen Öl vermischt, in den Mund geschoben und verzückt die Augen verdreht hatten, huschte ein anerkennendes Lächeln über sein Gesicht.

»Nur wenige Gäste wissen diese rohe Variante zu schätzen, auch nur wenige Sizilianer! – *schiuma di mare*, Schaum des Meeres ... Übrigens brauchen Sie nicht zu salzen: Die zweite Portion ist in reinem Meerwasser gekocht. Aber nur einmal ins aufwallende Wasser eingetaucht – nicht zehn Minuten gekocht, wie man es früher gemacht hat! Eine Sünde ...«

Er ging zur Tür, stellte sich vor den Eingang und blickte zufrieden um sich.

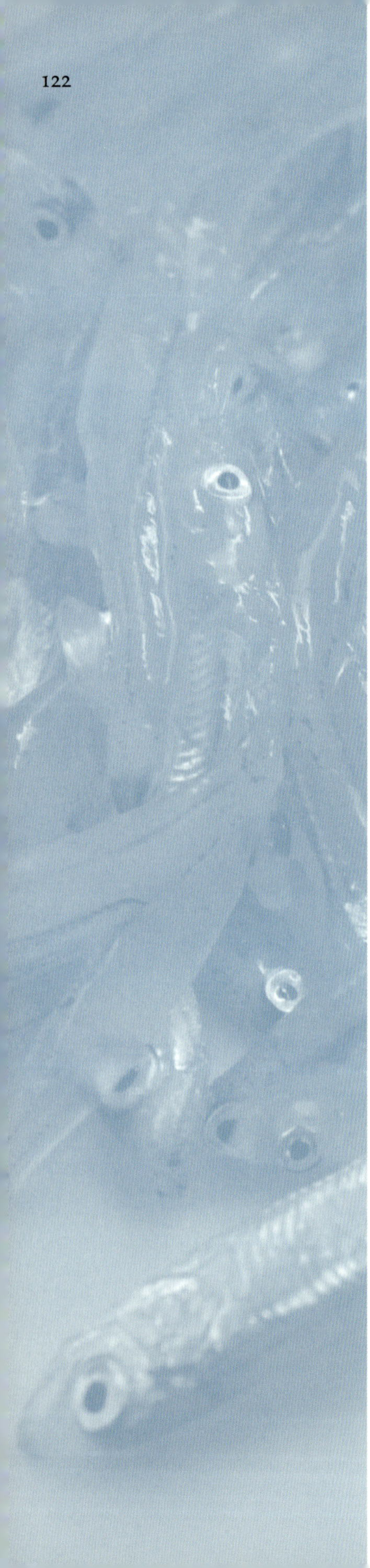

»Commissario, wohin so eilig?«, hörten wir ihn rufen und das Herz begann uns im Halse zu klopfen.

»Ich gehe heim, zum Essen«, entgegnete der zu unserer Enttäuschung.

»Wie Sie meinen«, sagte Calogero sanft. *»Aber ich habe da so gegrillte* gamberoni, *die glauben Sie nicht zu essen, sondern zu träumen.«*

Montalbano trat ein, weniger seinem Appetit als dieser Vorstellung erlegen. DER HUND AUS TERRACOTTA, S. 68

Er wurde auf direktem Weg ins Nebenzimmer geführt – keine Chance für uns, ihn vor dem Essen anzusprechen. Voller Vorfreude genossen wir unsere *neonati*, die gleichzeitig festen und saftigen gesottenen Fischchen und die knusprigen *fritelle*, deren einziger Zusammenhalt aus einem Hauch Mehl bestand, mit dem die Fischlein bestäubt waren – wunderbar klar und zart im Geschmack.

Dann folgten die Antipasti, auf den Punkt frittierte Fische, nämlich innen saftig, außen aber golden und knusprig, so dass man die winzigen Flossen mitessen konnte. Vor allem die *trigliette*, die kaum kleinfingerlangen Rotbarben, bedeuteten eine rechte Fisselarbeit – aber sie war überaus lohnend! Es fiel uns ein, dass der Commissario Fisch auf zwei verschiedene Arten genoss:

Bei der ersten, deren er sich widerwillig bediente und nur, wenn er wenig Zeit hatte, entgrätete er ihn, legte nur die essbaren Teile auf den Teller und verzehrte sie dann. Die zweite Art, die ihm viel mehr Befriedigung verschaffte, bestand darin, sich jeden Bissen zu verdienen, indem er ihn einzeln entgrätete. Er brauchte dafür mehr Zeit, das stimmt, aber eben dieses bisschen mehr Zeit war gewissermaßen der Wegbereiter: Während er den mit Öl beträufelten Bissen säuberte, aktivierte sein Hirn in weiser Voraussicht Geschmacks- und Geruchssinn, und so war es, als würde man den Fisch zweimal essen.

DAS SPIEL DES PATRIARCHEN, S. 174

Weiter gab es auf dem Vorspeisenteller die köstlichen *sogliole*, streichholzschachtelkleine Seezungen; winzige *polipi*, also Oktopusse (Livia würde *moscardini* dazu sagen) – und zwar die mit den doppelten Reihen von Saugnäpfen, *maiolini* genannt, die so viel fleischiger sind und besser schmecken als jene mit nur einer Reihe –, angemacht als Salat, mit ein wenig Knoblauch gewürzt; dann gekochte und ausgelöste, mit Zitronensaft, Salz, Pfeffer, Petersilie und Olivenöl marinierte *vongole*, Venusmuscheln, und *cozze*, Miesmuscheln; einfach in Salzwasser gekochte und in einer köstlichen, frisch geschlagenen Mayonnaise gewendete *gamberetti*, Krabbenschwänze; *polpette di sarde*, Röllchen von frischen Sardinenfilets, in Hartweizengrieß gewendet und in Olivenöl ausgebacken. Ein einziges großes, fast schon sättigendes Gedicht. Und als wir damit fertig waren, brachte uns Calogero noch vier von den *gamberoni*, großen, saftigen Garnelen, mit denen er den Commissario hereingelockt hatte. Wahrhaftig zum Träumen!

Nun warteten wir. Warteten, dass der Commissario seine gewaltige Portion – wir hatten gesehen, dass Serafino zwei Teller mit ganzen Bergen von *gamberoni* ins Nebenzimmer getragen hatte, außerdem eine Flasche *Corvo bianco!* – verspeist haben und uns, aufs Angenehmste gesättigt und wohlgelaunt, an seinem Tisch Platz nehmen lassen würde. Aber es kam anders:

Als er fertig gegessen hatte, schob er die Teller weg, kreuzte die Arme auf dem Tisch, legte seinen Kopf darauf und schlief ein. Serafino, der die Tür zum Nebenzimmer geschlossen hatte, trat an unseren Tisch – die anderen Gäste waren längst gegangen –, präsentierte uns die Rechnung, kassierte und komplimentierte uns hinaus. Wir gingen widerwillig, aber mit der Erkenntnis, dass für heute nichts mehr zu machen sein würde. Calogero ließ sich ohnehin nicht mehr blicken.

Als der Chef gegen vier – das Lokal war schon geschlossen – sah, dass Montalbano kein Lebenszeichen von sich gab, bereitete er ihm eine Tasse starken Kaffee und weckte ihn behutsam auf.

DER HUND AUS TERRACOTTA, S. 68

Natürlich ist die Trattoria »San Calogero« ein virtuelles Restaurant, in dem der Held des Autors Andrea Camilleri Stammgast ist. Aber es reißen sich in Porto Empèdocle gleich mehrere Restaurants um den Ruhm, die wahre Lieblingstrattoria des Commissario Montalbano zu sein. Wir haben sie alle besucht – und fanden unseren schon beim Lesen der Romane entstandenen Eindruck vollauf bestätigt, dass es ein solch perfektes Restaurant auf ganz Sizilien nicht gibt. Aber das macht nichts: Wer sucht, der wird auch in Vigàta fündig. Zum Beispiel isst man

RIQIDA.

in der höchst realen portoempedocleischen Trattoria »Grotta di Vigàta« die *neonati* genauso, wie wir sie bei Calogero bekommen haben. Oder wie sie sich der in solchen kulinarischen Ausnahmefällen stets mit einem geradezu gargantuesken Appetit gesegnete Commissario gern einverleibt:

In der Trattoria Grotta di Vigàta *in Porto Empèdocle kann man sehr anständig Fisch essen*

Als er an seinem Stammplatz in der Trattoria »San Calogero« saß, kam der Besitzer, Calogero, mit verschwörerischer Miene zu ihm.

»Dottore, ich hätte nunnatu.*«*

»Ist es denn nicht verboten, sie zu fischen?«

*»*Sissi, *aber ab und zu wird es genehmigt, eine Kiste pro Boot zu fischen.«*

»Warum redest du dann so, als wäre es eine Verschwörung?«

»Weil jeder sie will und ich nicht so viel habe.«

»Wie machst du sie? Mit Zitrone?«

»Nein, Dottore. Sterben müssen die nunnatu *als Frikadellen in der Pfanne.«*

Er wartete eine ganze Weile, aber es lohnte sich. Die Frikadellen, flach und knusprig, waren mit Hunderten von schwarzen Pünktchen gesprenkelt: den Augen der winzigen, frisch geschlüpften Fischchen. Montalbano aß sie andächtig, obwohl er wusste, dass er etwas hinunterschluckte, das einem Massenmord, einer Vernichtung gleichkam. Um sich selbst zu bestrafen, wollte er weiter nichts essen. Als er die Trattoria verließ, meldete sich, was ab und zu vorkam, die sehr lästige Stimme seines Gewissens.

»Um dich selbst zu bestrafen, hast du gesagt? Du bist vielleicht scheinheilig, Montalbà! Befürchtest du nicht eher Verdauungsprobleme? Weißt du, wie viele Frikadellen du verdrückt hast? Achtzehn!«

Vorsichtshalber ging er an den Hafen, lief bis zum Leuchtturm und stärkte sich an der Meeresluft.

DER KAVALIER DER SPÄTEN STUNDE, S. 91–92

Er müsste sich eigentlich nicht grämen, der Commissario: Natürlich werden für eine solch stattliche Portion immense Mengen von Fischchen benötigt, aber diese kommen in manchen Momenten auch in unermesslichen Schwärmen vor – fünfundvierzig Tage lang dürfen sie im ausgehenden Winter gefangen werden. Es handelt sich dann um Sardinen und Sardellen – vor Sciàcca haben wir gleich fünf Dutzend Fischerboote bei schönem Wetter ihre Kreise ziehen sehen! Aber zu anderen Zeiten werden auch andere Jungfischlein gefangen – und außerdem werden sie in den Brutanstalten der vielen Fischzuchtbetriebe in Massen erzeugt, als Nahrung für andere Fische. Davon wird für recht viel Geld etwas abgezweigt – es gibt inzwischen tatsächlich genügend davon.

Interessant wäre freilich zu wissen, welchen Wein der Commissario Montalbano dazu getrunken hat. Denn zu den gebratenen Fischlein müsste er schon recht kräftig sein. Er liebt ja den Corvo bianco, aber ein etwas edlerer, aromatischerer und ausdrucksvollerer Wein wäre dazu eigentlich harmonischer, etwa eine Inzolia des Principe di Butera, ein Wein, der nach süßer Mandel duftet, nach reifen Früchten und Blüten.

ANTIPASTI DI MARE
VORSPEISE MIT MEERESFRÜCHTEN

Steht und fällt mit der Qualität und Frische der Zutaten. Die Zubereitung selbst ist unglaublich einfach.

Die Fischchen nach Sorten getrennt waschen und gründlich abtrocknen. Dann jeweils in Grieß wenden, der mit Salz und Pfeffer ganz leicht gewürzt ist. Anschließend in einem Sieb gut abschütteln und schließlich portionsweise in aufrauschendem Öl goldbraun backen. Auf Küchenpapier abtropfen. MIt Petersilie (wenn vorhanden) und viel Zitrone (Hälften oder Viertel, nicht nur kleine Spalten!) garniert servieren.

Für vier Personen:
- je ca. 200 g Fischchen zum Frittieren (kleine Seezungen, Meerbarben, Seehechte (*merluzzi*), winzige Tintenfische (*seppioline, calamaretti, purpitelli*), Garnelen
- Hartweizengrieß
- Salz
- Pfeffer
- Olivenöl zum Ausbacken (es muss kein *extra vergine* sein, aber dennoch bitte gute Qualität!)
- Petersilie
- Zitrone

NEONATI AL BIANCO

GLASFISCHCHEN MIT ZITRONE

Für zwei Personen:
2 Händchen voll Glasfischchen
Salz
1–2 EL Zitronensaft
Pfeffer
2 EL Olivenöl
Petersilie

Sie heißen so, weil sie tatsächlich durchsichtig schimmern, bevor man sie ins siedende Wasser taucht.

Die Fischchen in einem Sieb unter kaltem Wasser abbrausen, dann in diesem Sieb ganz kurz in kochendes Salzwasser versenken – nur eintauchen, herausheben, abtropfen. Sofort auf zwei Teller verteilen, mit Zitronensaft beträufeln, nach Belieben pfeffern. Dann nur noch Olivenöl darüberträufeln und mit sehr fein gehackter Petersilie bestreuen.

FRITELLE DI NEONATI

GLASFISCHCHEN-KÜCHLEIN

Für zwei Personen:
ca. 150 g Glasfischchen
1 Ei
1 TL Mehl
Salz
Pfeffer
1 Knoblauchzehe
etwas Petersilie
Olivenöl zum Braten

Nach dem klassischen Grundrezept für *fritelle* – genauso kann man auch in Streifen geschnittene Zucchini oder Kartoffeln zu Küchlein verarbeiten, auch anderen Fisch, sogar Reste von Pasta ... Ein köstlicher Happen zum Aperitif!

Die Fischchen waschen und gut abtropfen. Ei mit Mehl verkleppern, salzen, pfeffern, den sehr fein gehackten oder geriebenen Knoblauch und etwas gehackte Petersilie unterrühren.

Die Fischchen unter diesen Teig mischen. Esslöffelweise in eine Pfanne geben, in der etwas Olivenöl erhitzt ist. Mit dem Löffel zu kleinen Küchlein formen und langsam auf beiden Seiten golden braten.

UND HIER DIE VARIANTE FÜR DEN COMMISSARIO:

Montalbano gibt sich mit solch winzigen Appetitanregern ja nicht zufrieden.

Neonati waschen und gut abtropfen. Die Eier trennen, Eiweiß zu steifem Schnee schlagen. Zunächst die Eigelb unterrühren, dann auch Käse und Brösel in die Masse mischen. Salzen, wenn vorhanden etwas gehackte Petersilie untermischen. Mit einem Esslöffel gut tischtennisballgroße Portionen abstechen und im nicht zu heißen Öl rundum golden ausbacken – sie dürfen außen nicht zu dunkel sein, müssen aber bis ins Innere gar werden können. Mit Petersilie bestreuen und mit Zitrone zum Beträufeln servieren.

Für vier Personen (oder den Commissario):

800 g Glasfischchen
4 Eier
100 g geriebener Pecorino
50 g Weißbrotbrösel (möglichst vom Hartweizenbrot, das weniger aufweicht)
Salz, Petersilie
Öl zum Frittieren, Zitronen

Alltag und Lebenskunst

In Vigàta oder Montelusa hält man, wie in Catània oder Palermo, im Allgemeinen Mittagsruhe: So ungefähr von 12.30 Uhr bis mindestens 16.30, manchmal sogar bis 17 Uhr sind die Läden geschlossen. Früher gingen alle heim zum Mittagessen, anschließend hielt man Siesta.

Heute ist das meist anders: Die Angestellten der größeren Firmen, in den Büros und Fabriken, sogar in den Polizeistationen, gönnen sich nur noch eine kurze Pause zum Essen. Nach Hause zu fahren lohnt nicht, wenn dort niemand ist, der ein Mittagessen vorbereitet hat: Auch die Frauen sind heute berufstätig. Man isst also eine Kleinigkeit in den umliegenden Bars, Trattorien oder Pizzerien, trinkt einen Kaffee und tritt zum Rauchen der Zigarette vor die Tür, denn drinnen ist das Rauchen strikt verboten. Selbst bei Regen erkennt man stets von weitem mit einem Blick in eine Straße, wo eine Bar ist: Unglaublich, mit welcher Engelsgeduld sich die Italiener dem Rauchverbot in öffentlichen Räumen unterwerfen. Die Mittagspause ausfallen zu lassen, sich ein belegtes Brot mit an den Arbeitsplatz zu nehmen oder gar eine Pizza bringen zu lassen, auf den Gedanken kommt keiner.

Der Commissario geht natürlich in »sein« Restaurant, wann immer es die Zeit erlaubt:

In der Osteria »San Calogero« achteten sie Montalbano, weniger weil er der Commissario war, sondern vielmehr weil er ein angenehmer Gast war, einer von der Sorte, die Gutes zu schätzen wissen. DIE FORM DES WASSERS, S. 89

Und dass er dort sein Mittagschläfchen hält, wie wir bereits erfahren haben, ist keine Ausnahme:

Mittlerweile war es fast zwei Uhr geworden, und der Commissario verspürte plötzlich einen solchen Hunger, dass sich seine Augen trübten.

»Ist drüben Platz?«, fragte Montalbano, als er die Trattoria »San Calogero« betrat.

»Drüben«, das war ein kleines Zimmerchen mit zwei Tischen.

»Es ist niemand da«, beruhigte ihn der Wirt.

Als primo *aß er eine üppige Portion* antipasto di gamberetti e purpiteddri in salsetta, *anschließend verschlang er vier* spigole, *die so gigantisch waren, dass man Spezialaugen gebraucht hätte, um sie ganz zu sehen.*

»Möchten Sie einen Kaffee?«

»Später. Erst würde ich, wenn es Ihnen nichts ausmacht, gern ein halbes Stündchen schlafen.«

Der Wirt lehnte die Fensterläden an, und der Commissario schlief ein, die Arme auf dem Tisch verschränkt, den Kopf darauf gelegt, im Mund noch den Geschmack des frischen Fisches, in der Nase den Duft der guten Küche, in den Ohren das ferne Geklapper vom Geschirrspülen. Eine geschlagene halbe Stunde später brachte der Wirt ihm den Kaffee, der Commissario machte sich frisch, trocknete sich das Gesicht mit Klopapier ab und machte sich trällernd auf den Weg ins Kommissariat. Außerdem war der Tag zauberhaft schön. DAS PARADIES DER KLEINEN SÜNDER, S. 402

Dieser einfachen Lebenskunst wäre nichts hinzuzufügen, könnte man sie im Alltag verwirklichen. Leider ist dies inzwischen selbst in Sizilien nur so real, wie die lediglich zu erahnende

PREFETTURA
DI
AGRIGENTO

Größe der Wolfsbarsche und das phänomenale Fassungsvermögen des Commissario ... Dennoch: Im Prinzip lebt ein mediterraner Commissario anders als sein britischer, schwedischer oder deutscher Kollege.

Der griechische Krimiautor Petros Markaris hat in einem Essay in der »Frankfurter Allgemeinen Zeitung« vom 26. Juli 2004 den Unterschied benannt und begründet:

»Die Detektive und deren Autoren sind in Familien aufgewachsen, in denen die Mütter fast nie arbeitende Frauen waren. Sie regierten im Haus. Für das Niveau des Haushalts waren weniger Ordnung oder Einrichtung von Bedeutung als die gute Küche. Eine gute Hausfrau und Mutter ist in der Mittelmeertradition primär eine gute Köchin.«

Er führt aus, dass er seinen Kommissar Charitos ebenso wenig als Macho versteht wie Montalbàns Carvalho oder Camilleris Montalbano:

Sie entstammen vielmehr einer typischen »Kleinbürgerfamilie, in der der Mann zwar auf den ersten Blick der Padre Padrone ist; wenn man aber genau hinschaut, dann sieht man, dass er zu Hause von der Frau total abhängig ist. Diese Abhängigkeit ist vorwiegend eine kulinarische Abhängigkeit ... Klar, auch in diesen Ländern lebt die jüngere Generation anders. Die Frauen sind keine Hausfrauen mehr. Aber Detektive und Kommissare wie Carvalho, Montalbano oder Charitos gehören einer Generation an, die noch traditionell aufgewachsen ist.«

Bei den schwedischen (und, fügen wir hinzu: den deutschen!) Detektiven und Polizisten findet man dagegen keine Schwäche für das Essen. Wenn es überhaupt vorkommt, ernähren sie sich rasch und ungesund, schlingen an Imbissständen und Würstchenbuden etwas in sich hinein, essen ein belegtes Brötchen oder eine Pizza im Büro.

»In Gesellschaften, in denen der Begriff der Hausfrau viel früher abgeschafft wurde, verschwand auch bald die Küche als ein Ort der kulinarischen Grundlehre. Was die Gleichstellung von Frauen und Männern angeht, waren die Mittelmeerländer unvergleichlich rückständiger; Küche und Geschmack konnten aber davon profitieren. Montalbano, Carvalho und Charitos sind in solchen rückständigen Gesellschaften aufgewachsen, wissen also das gute Essen zu schätzen.«

Vielleicht liegt die persönliche Akzeptanz dieser Helden, denen man den Commissario Brunetti der in Venedig lebenden

gip
120

Amerikanerin Donna Leon noch an die Seite stellen könnte, nicht nur in ihrer mehr oder weniger staatstragend oder persönlich ausgeprägten Integrität begründet, sondern auch darin, dass sie ganz selbstverständlich über etwas verfügen, was es in unserer Gesellschaft so gut wie nicht mehr gibt: kulinarische Bildung. Es sind moderne, durchaus heutig erscheinende Menschen, die eine Leidenschaft für das Essen und eine Kennerschaft in der Feinschmeckerei besitzen, die in uns nostalgische Wehmut weckt und um die wir sie schlicht und einfach beneiden – wer wollte etwa nicht so wie Montalbano genießen und schlemmen können?

In den Ferien erleben viele Urlauber den mediterranen Lebensstil, fassen vielleicht sogar den Vorsatz, etwas davon nach Deutschland in ihren Alltag zu retten. Meistens scheitern sie. Und begnügen sich dann mit dem Lesen und Träumen. Allerdings – und hier besteht eben ein großer Unterschied zwischen den mitteleuropäischen und den mediterranen Ländern – haben wir ja auch kaum die Chance auf eine Haushälterin wie Adelina oder einen befreundeten Koch wie Calogero, die eine derartige kulinarische Komponente in unser Leben bringen könnten, von der Kontinuität ganz zu schweigen.

Auch dem Commissario Montalbano gelingt es freilich nicht immer, eine Mahlzeit zu genießen, sich am Essen zu ergötzen, wenn der berufliche Stress ihn fest im Griff hat:

Automatisch machte er sich auf den Weg zur Trattoria »San Calogero«. Der Wirt setzte ihm einen antipasto di mare *vor, und plötzlich hatte der Commissario ein Gefühl, als ob ihm eine Zange den Magen zuklemmen würde. Essen war unmöglich, beim Anblick der* calamaretti, *der* purpitelli, *der* vongole *wurde ihm richtig übel. Er stand schnell wieder auf. Calogero stürzte alarmiert herbei.*

»Dottore, che fu, *was ist los?«*

»Nichts, Calò, ich habe keine Lust mehr zu essen.«

»Beleidigen Sie diesen antipasto *nicht, das ist alles ganz frisch!«*

»Ich weiß. Und ich bitte um Verzeihung.«

»Fühlen Sie sich nicht gut?«

Eine Ausrede fiel ihm ein.

»Ach, was soll ich sagen, ich habe ein bisschen Schüttelfrost, vielleicht bekomme ich eine Grippe.«

DAS SPIEL DES PATRIARCHEN, S. 60

Montalbano aß lustlos, ohne Appetit.

»Sie machen mir heute keine Freude«, tadelte ihn Calogero, der Wirt der Trattoria. »Wenn ein Gast so isst, dann vergeht einem wie mir die Lust am Kochen.«

Der Commissario entschuldigte sich und versicherte, das liege an den vielen Gedanken, die er im Kopf habe und die er nicht weit genug habe wegscheuchen können, um diese wundervolle Languste zu genießen, die Calogero ihm serviert hatte.

DIE RACHE DES SCHÖNEN GESCHLECHTS, S. 299

Traumhafte Antipasti

In der Trattoria »San Calogero« überkam ihn ein solcher Heißhunger, dass sogar der Wirt staunte, obwohl er ihn oft essen sah.

»Dottore, was ist los? Haben Sie ein Leck?«

DER KAVALIER DER SPÄTEN STUNDE, S. 174

Wir erfahren nicht einmal, was er in sich hineinschlang, so wenig achtet er auf das Essen – mit den Gedanken ist er ganz woanders.

Was hatte der Wirt ihm wohl gekocht? Wir sprachen noch einmal mit ihm. An einem kalten, klaren Wintertag im Februar, im Landesinneren leuchteten die Berge weiß, das Meer gischtete noch aufgewühlt vom Gewitter, das in der Nacht mit wildem Schneegestöber über die Insel heruntergefahren war und jetzt wahrscheinlich in Tunesien wütete.

»Als Antipasto habe ich dem Commissario ausgebackene Artischocken gebracht. Die Fischer sind heute Nacht nicht rausgefahren, das Meer war zu wild. Und von gestern kann ich dem Commissario doch nichts vorsetzen – Artischocken sind um diese Jahreszeit super. Sie wachsen langsam, deshalb ist ihr Fleisch zart. Sehen Sie«, Calogero deutete auf ein Feld in der Ferne, »von dort drüben kommen sie! Schauen Sie sich den Acker nach dem Essen einmal an, dann werden Sie sehen, was ich meine: Es sind die ersten Knospen, die auf starken, niedrigen und saftigen Stängeln stehen. Das sind die besten ...« Während seine Stimme verklingt, führt er die Fingerspitzen seiner rechten Hand

Artischocken können sparsame Gemüter gehörig erschrecken: Sie ergeben wenig Essbares, dafür viel Abfall! Man könnte auch sagen: per aspera ad astra ...

an die Lippen und küsst sie leicht – eine unmissverständliche Liebeserklärung!

»Bekommen wir die auch, bitte?«

»Klar. Wissen Sie, der Commissario isst ja bei mir am liebsten nur Fisch. Am Anfang habe ich versucht, ihm auch mal etwas anderes zu machen. Gemüse als Hauptgericht akzeptiert er nicht, aber bei den Antipasti und *primi* geht schon mal eins durch: Er ist dann eigentlich immer ein wenig erstaunt, dass ihm auch das gut schmeckt ... So richtig zugeben kann er es aber nicht.«

»Was haben Sie denn zum Beispiel heute als Pasta für ihn gemacht?«

»*Casarecce con asparaggi selvatici e funghi.*«

»Wilden Spargel, jetzt?« Wir glauben es nicht.

»Natürlich, jetzt beginnt die Zeit, beim ersten Sonnenstrahl sprießen sie in den Hecken. Ich hab natürlich meine Leute, die mir sofort die ersten Spargel bringen, die sie finden. Und ab und zu sind dann auch schon Austernpilze dabei oder *ferri*, Pilze, die an den Wurzeln der *ferula*, dem wie ein Riesenfenchel aussehenden Gewächs, gedeihen – zusammen eine fabelhafte Sache!« Schon wieder führt er die Fingerspitzen zum Mund.

»Und danach?«

»Eine wunderbare *cipolla*!«

»Eine Zwiebel?« Das kommt uns doch arg wenig vor.

»Nein, nein!«, beruhigt er uns, »einen Fisch, der bei uns *cipolla* genannt wird, auf italienisch *scorfano*. In Frankreich heißt er *rascasse* und ist sehr begehrt. Auf Deutsch weiß ich es nicht.«

»Drachenkopf, das bedeutet *testa di dragone*.«

»Ja!«, endlich lacht der sonst immer eher ernste Calogero, »Das passt zu dem Kerl! Beim Putzen muss man höllisch aufpassen, dass man sich nicht an seinen bösen Stacheln sticht. Wenn er schon ein paar Tage alt ist, kann das ganz schön gefährlich werden – da hat man sich sofort eine Blutvergiftung eingehandelt.« Schon ist er wieder ganz ernst.

Und dann senkt er die Stimme, als ob er uns ein Geheimnis anvertraut: »Ich nehme die *cipolla* nur vom Fischer selbst, wenn er gerade vom Fang zurückkommt. Sie darf nicht etwa aus Marokko stammen, sondern muss vor unserer Küste gefangen worden sein, ganz frisch. Für *cipolla con patate* wird sie zusammen mit den Kartoffeln gar gekocht – dafür muss der Fisch frisch sein, sonst wird sein Fleisch unweigerlich zäh und trocken. Er muss noch steif sein, besser noch sogar vor der Totenstarre: Dann bleibt er fest und saftig.«

Noch einmal küsst Calogero seine Fingerspitzen, lächelt uns verschwörerisch zu und verschwindet in der Küche. Wer solch einen Wirt und Koch zum Freund hat, ist wahrhaft zu beneiden!

ANTIPASTO DI GAMBERETTI
VORSPEISE MIT GARNELEN

Für vier Personen:
1 kg Garnelen in ihrer Schale
Salz
1 Zitrone
4–5 EL gutes Olivenöl
Petersilie oder Basilikum
2–3 Knoblauchzehen

Das Einfachste von der Welt – wenn man frische Garnelen hat! Nur noch eine Sauce aus Zitronensaft und Olivenöl dazu servieren, eventuell mit etwas Petersilie und Knoblauch gewürzt.

Die Garnelen waschen, in aufwallendes Salzwasser werfen, erneut zum Kochen bringen, dann beiseite ziehen und abkühlen. Entweder so servieren, damit sich jeder seine Portion selber auslöst. Oder – für einen feineren Anlass – die Garnelen schon in der Küche

schälen und in eine Schüssel legen. Mit Zitronensaft und Olivenöl beträufeln, ganz zum Schluss gehackte Petersilie darüberstreuen.

Oder: Aus den genannten Zutaten eine Sauce bereiten – einfach alles glatt mixen, bis die Sauce schön emulgiert.

CARCIOFI FRITTI
AUSGEBACKENE ARTISCHOCKEN

Für vier Personen:
8–12 kleine Frühjahrsartischocken
Zitronensaft
2 Eier
Salz
Pfeffer
Hartweizengrieß
Olivenöl zum Frittieren

Es ist immer wieder erschreckend, wie viel Abfall beim Artischockenputzen entsteht und wie wenig schließlich davon übrig bleibt. Und es macht auch leider ganz schön viel Arbeit. Eine Mühe, die sich lohnt: Sie schmecken einfach umwerfend gut! Und gebacken sind sie wahrlich schnell, man braucht nicht einmal einen Teig dafür anzurühren.

Die Artischocken bis auf ihr Herz schälen, in Zitronenwasser baden, damit sie schön hell bleiben und nicht braun anlaufen. Die Eier in einer Schüssel verquirlen, salzen und pfeffern. Die Artischocken darin wenden, mit den Händen herausholen, kurz abtropfen und im Hartweizengrieß wenden. Alles Überschüssige abschütteln, dann portionsweise im aufrauschenden Öl goldbraun ausbacken. Auf Küchenpapier abtropfen. Mit Zitronenschnitzen servieren.

PASTA CON ASPARAGI SELVATICI E FUNGHI

PASTA MIT WILDEM SPARGEL UND PILZEN

Calogero hat *casarecce* genommen, eine kurze Pasta, ähnlich wie Penne, aber mit einer Falte in der Mitte, die hilft, reichlich Sugo in den Mund zu transportieren – und darauf kommt es doch bei einer Pasta an!

Zwiebel sehr fein hacken und im Öl weich dünsten, den Speck oder Salami fein würfeln und mitdünsten. Gehackten Knoblauch zufügen, auch die in Scheibchen oder Würfel geschnittenen Pilze. Etwa zehn Minuten alles leise miteinander schmurgeln lassen, dabei salzen und sehr großzügig pfeffern.

»Am besten den Pfeffer im Mörser recht fein zerstoßen«, empfiehlt Calogero, der auch heimlich – aber wir haben es gesehen! – eine getrocknete Chilischote in die Pfanne krümelt. Schließlich nach und nach den Bratenjus oder die Brühe zufügen, aber immer nur einen kleinen Schuss, damit nicht alles ertrinkt, sondern immer nur leise schmurgelt.

Unterdessen die Pasta in reichlich Salzwasser bissfest kochen. Den Spargel putzen, in Stücke schneiden und für fünf Minuten in einem Sieb ins Nudelkochwasser hängen, dann eiskalt abschrecken

Für vier Personen:

1 kleine Zwiebel
3 EL Olivenöl
50 g durchwachsener Speck oder luftgetrocknete Salami
2 Knoblauchzehen
200 g Pilze (Champignons oder Austernpilze – ruhig auch beides gemischt)
Salz
Pfeffer
1 getrocknete Chilischote
1 kleine Kelle Bratenjus (kräftige Fleischbrühe oder Bratenfond)
500 g gerippte, gewellte oder andere »transportfähige« kurze Pasta
125 oder sogar 250 g grüner Spargel
eventuell Petersilie
2–3 EL Pecorino

– das ist nötig, damit er seine schöne leuchtend grüne Farbe behält – und zu den Pilzen geben. Zum Schluss die Pasta untermischen und miteinander noch etwa drei Minuten ziehen lassen. Nach Belieben auch gehackte Petersilie untermischen, in jedem Fall jedoch geriebenen Pecorino. Zum Nachwürzen Pecorino auf den Tisch stellen.

SCORFANO CON PATATE
DRACHENKOPF MIT KARTOFFELN

Für zwei Personen:
3–4 dicke Kartoffeln
ca. 4 EL Olivenöl
Salz
Pfeffer
1 ganzer Drachenkopffisch (*rascasse*) von etwa 600 g
viel Petersilie

Eine wunderbare Art, Fisch zuzubereiten, und so einfach! Zuerst kommen geschälte Kartoffeln in den Topf, sie werden in Wasser mit Olivenöl kurz vorgekocht, bevor der Fisch zum Garen obenauf gelegt wird und ihnen dabei sein Aroma mitteilt.

Die Kartoffeln schälen, quer in zentimeterdicke Scheiben schneiden. In einem flachen, ausreichend langen Topf (er muss den Fisch bequem aufnehmen können!) ausbreiten, mit Wasser bedecken, das Öl darüber gießen, außerdem salzen und pfeffern. Zugedeckt etwa zehn Minuten kochen. Inzwischen den Fisch reinigen, schuppen und ausnehmen, die Seiten zwei, drei Mal tief, bis zur Mittelgräte, einschneiden. Innen und außen salzen und pfeffern. Auf die Kartoffeln betten und mit reichlich gehackter Petersilie bestreuen. Zugedeckt etwa zwölf Minuten kochen. Dann sind die Kartoffeln weich und der Fisch gerade richtig: saftig und durch – nur ganz frischen Drachenkopf kann man mit den Kartoffeln zusammen aufsetzen!

»Was darf ich Ihnen heute bringen?«

»Was gibt's denn?«

»Als ersten Gang, was Sie wollen.«

»Als ersten Gang gar nichts, ich muss auf meine Linie achten.«

»Als zweiten hätte ich alalonga in agrodolce *und* nasello in salsa d'acciughi.*«*

»Hast du's jetzt mit der Haute Cuisine, Calò?«

»Manchmal überkommt es mich.«

»Bring mir eine ordentliche Portion nasello. *Ach ja, und bis der fertig ist, nehme ich noch einen großen Teller* antipasto di mare.*«*

Ihm kamen Zweifel. Handelte es sich bei einem antipasto di mare *um leichte Kost? Er überging die Antwort und warf einen Blick in die Zeitung.* DER DIEB DER SÜSSEN DINGE, S. 34

Der Commissario zeigt sich hier – wie eigentlich immer – mehr von Esslust beherrscht denn als Diätetiker! Natürlich hat ein *primo*, ein erster Gang, reichlich Kalorien. Aber ob Nudeln oder Reis: Es sind Kohlenhydrate. Ein *antipasto di mare* aber bringt die Kalorien in Form von Öl (also Fett) und vor allem als Eiweiß, das er mit dem Hauptgericht, dem Seehecht, ohnehin reichlich genug zu sich nimmt.

Er erliegt damit dem Irrtum vieler seiner Landsleute, die heute überhaupt zu viel Fisch und Fleisch zu sich nehmen und die Kohlenhydrate in Form von Getränken, nicht selten Limonade oder Cola. Sogar zu Fisch – eine Sünde, die freilich der Commissario nicht begeht: Im Allgemeinen bringt Serafino ungefragt einen halben Liter offenen Wein, den Montalbano oft nicht einmal ganz austrinkt. Natürlich isst er zum Antipasto ein wenig Brot, am liebsten das gelbe, saftig wirkende aus Hartweizenmehl, das zweifach gebacken wird und dessen mit Sesam bestreute Kruste deshalb herrlich knusprig ist.

Mit dem *nasello* trifft Commissario Montalbano übrigens eine sehr nachvollziehbare Wahl – *alalonga in agrodolce*, weißer Thunfisch süß-sauer, wird heute meist als kleinere oder mittelgroße Portion im *antipasto misto* oder als eines von mehreren Antipasti serviert. Außerdem kann er den ja gut kalt zu Hause essen, zubereitet von seiner Adelina ...

Der Seehecht, in einer üppigen Sauce überbacken, muss freilich frisch aus dem Ofen auf den Tisch gelangen:

Dann kamen acht Stücke nasello, *von denen leicht vier Personen hätten satt werden können. Die* nasello-*Stücke machten kein Hehl aus ihrer Freude darüber, dass sie nach allen Regeln der Kunst zubereitet waren. Montalbano schnupperte, und das Gericht offenbarte ihm seine Perfektion, die von der richtigen Menge Semmelbrösel und dem genau abgepassten Verhältnis von Sardelle und verquirltem Ei herrührte.*

Er führte den ersten Bissen zum Mund, schluckte ihn aber nicht gleich hinunter. Er wartete, bis sich der Wohlgeschmack sanft und gleichmäßig über Zunge und Gaumen verteilt hatte, bis Zunge und Gaumen sich des Geschenks, das ihnen dargeboten wurde, wirklich ganz und gar bewusst waren.

Genau in diesem Moment betritt sein Mitarbeiter Mimì Augello das Restaurant – der auch etwas essen will:

»Mach, was du willst. Aber halt den Mund, das sage ich dir in aller Freundschaft und in deinem eigenen Interesse, halte unter allen Umständen den Mund. Wenn du mich unterbrichst, während ich den nasello *esse, drehe ich dir den Hals um.«*

Wir kennen ja des Commissario Eigenart, nur schweigend genießen zu können, und sind daher umso mehr erleichtert, als er Mimìs Bestellung mit Schweigen übergeht:

»Bringen Sie mir spaghetti alle vongole*«, sagte Mimì, ganz und gar nicht eingeschüchtert, zu Calogero, der gerade vorbeiging.*

»In bianco *oder* al sugo*?«*

»In bianco.«

Die Spaghetti kamen zum Glück erst, als Montalbano seinen nasello *schon fertig gegessen hatte, denn Mimì streute einen Haufen Parmesan darüber.* Gesù! *Selbst eine Hyäne – eine Hyäne, die sich von Aas ernährt – würde sich bei der Vorstellung von* pasta alle vongole *mit Parmesan übergeben!*

Aber es sollte noch schlimmer kommen – der Commissario sah es staunend, überging es aber nonchalant, um sich nicht aufzuregen:

Es war ihm immer noch zu wenig Parmesan: Er streute zwei weitere Löffel über seine Spaghetti und gab noch ein bisschen Pfeffer aus der Pfeffermühle dazu.

DER DIEB DER SÜSSEN DINGE, S. 35–37

Der Commissario hat also äußerst genaue Vorstellungen von dem, was man isst! Natürlich würde er *al sugo* vorziehen, also mit einer knoblauchwürzigen und mit Basilikum aromatisierten Tomatensauce. *In bianco*, in einer kleinen Weißweinsauce und viel Petersilie, hält er für Schonkost. Als er einmal im Krankenhaus aufwacht, nachdem er angeschossen wurde, erkundigt er sich angstvoll:

»Livia, wie geht es mir?«

»Dafür, was dir passiert ist, geht es dir gut.«

»Bin ich für immer ein Wrack?«

»Was redest du da?«

»Muss ich jetzt mein Leben lang in bianco *essen?«*

DER HUND AUS TERRACOTTA, S. 223

Für den Rekonvaleszenten hält Haushälterin Adelina dann aber doch als Schonkost gottlob Herzhafteres bereit: *zwei fangfrische* merluzzi, *mit Öl und Zitrone anzumachen.*

DER HUND AUS TERRACOTTA, S. 232

Ein andermal bestand die von ihr im Kühlschrank bereitgestellte Krankenkost aus *Kabeljau blau. Allerdings waren die Fische riesig, frisch und sechs an der Zahl. Er wärmte sie nicht auf, er aß sie am liebsten kalt, angemacht mit Öl, ein paar Tropfen Zitronensaft und Salz. Brot hatte Adelina morgens gekauft: einen Laib, mit Sesam bestreut, den köstlichen Samen, die man, wenn sie auf die Tischdecke fallen, einzeln mit dem spuckefeuchten Zeigefinger aufnehmen und wegknabbern kann. Er deckte den Tisch auf der Veranda und genoss jeden Bissen, als wäre es der letzte seines Lebens.* DAS KALTE LÄCHELN DES MEERES, S. 37

Die Vorliebe, den gekochten beziehungsweise in gerade eben siedendem Salzwasser gar gezogenen Fisch kalt zu essen, ist eine Eigenart von Montalbano, die freilich wiederum seinem feinen Genusssinn entspringt: Wärmt man den kühlschrankkalten Fisch auf, so wird er unvermeidlich etwas trocken und womöglich zäh, verliert in jedem Fall seine Geschmeidigkeit und durch das Auslaugen der ausgetretenen und gelierten Säfte seine unvergleichliche geschmackliche Intensität.

Allerdings: Niemand kann sechs große Kabeljau verspeisen – es wird sich vielmehr um kleine Seehechte handeln, die auf Italienisch (und Sizilianisch) genauso genannt werden wie der Kabeljau, nämlich *merluzzo*. Kabeljau, der ja im Mittelmeer gar nicht vorkommt, müsste wie der Stockfisch heißen, *bacalà*. Das mit den Namen der *merluzzi* ist wirklich etwas unübersichtlich: In Sizilien heißen sie *merluzzi*, und zwar in jeglicher Größe – ob sie so winzig sind wie der kleine Finger einer Dame oder so

Gründlich gewässert, schneeweiß und appetitlich: Stock- oder Klippfisch wird auf einem sizilianischen Markt küchenfertig angeboten

stramm wie der Unterschenkel eines stattlichen Mannes. In Norditalien bezeichnet man dagegen die kleinen, zart rötlich schimmernden Fische als *naselli*, worunter man im Osten Siziliens allerdings wiederum die mittelgroßen, etwa fünfzig Zentimeter langen Exemplare versteht. Alles recht kompliziert …

Leider gibt es diese wunderbaren Fische nur selten in unseren Läden, weil sie sehr schnell verderben. Wenn sie klein sind, also nur etwa 150 bis 250 Gramm schwer, in Meerwasser gegart und, wie beschrieben, mit Zitronensaft und einem guten *Olio di Oliva extra vergine* eines vertrauenswürdigen Produzenten angemacht, schmeckt ihr delikates Fleisch unvergleichlich gut.

Wir wissen dank Adelina, welches Öl der Commissario in seiner Küche hat: Sie bekommt es von ihrem Vetter, der zwischen Villaseta und Montaperto einen Olivenhain besitzt. Wir müssen es ersetzen durch ein anderes, aber natürlich ein sizilianisches – vielleicht von Planeta, vielleicht von Gerbino? Die Olivenhaine dieser beiden mit viel Engagement betriebenen Weingüter bei Contessa Entellina beziehungsweise Sambuca di Sicilia – etwa hundert Kilometer westlich von Vigàta gelegen –

liefern ein hervorragendes, klares, durchaus würziges, aber sehr feinaromatisches Öl, das ganz besonders gut zu diesem delikaten Fisch passt.

Und was den unpassenden Parmesan auf den *spaghetti alle vongole in bianco* angeht: Damit zieht Montalbano seinen Mitarbeiter später dann noch gehörig auf …

GESCHENKE DES MEERES

Montalbano wandert etwas ziellos durch die Gegend, steht plötzlich zur eigenen Überraschung vor dem mal Trattoria, mal Osteria genannten Gasthaus »San Calogero«:

Als er schnellen Schrittes an der Trattoria »San Calogero« vorbeikam, stoppte er plötzlich, wie Esel es tun, wenn sie aus unerfindlichen persönlichen Gründen beschließen, stehen zu bleiben und sich nicht mehr vom Fleck zu rühren, trotz Peitschenhieben und Tritten in den Bauch. Er sah auf die Uhr. Es war erst acht. Zu früh, um essen zu gehen.

»Was ist, Commissario, wollen Sie jetzt, oder wollen Sie nicht?«

Das war Calogero, der Wirt der Trattoria, der ihn von der Tür aus musterte. Er freute sich.

Das Lokal war vollkommen leer, um acht Uhr zu Abend zu essen ist etwas für Mailänder, die Sizilianer fangen nach neun Uhr an, ein Essen in Erwägung zu ziehen.

»Was haben wir denn Feines?«

*»*Taliasse caà, *da, schauen Sie«, antwortete Calogero stolz und zeigte auf die Kühltheke.*

Der Tod ereilt den Fisch im Auge, er trübt es. Doch diese Fische hatten lebendige, glitzernde Augen, als würden sie noch schwimmen.

»Mach mir vier Seehechte.«

»Keinen ersten Gang?«

»Nein. Was hast du als Antipasto?«

*»*Purpiteddri, *die auf der Zunge zergehen. Ihre Zähne brauchen Sie dafür nicht.«*

Das stimmte. Die kleinen Tintenfische zergingen auf der Zunge, sie waren butterzart. Mit den Seehechten ließ er sich, nachdem er ein paar Tropfen condimento del carrettiere, *mit*

Knoblauch und Peperoncino gewürztes Olivenöl, darauf geträufelt hatte, viel Zeit. DAS SPIEL DES PATRIARCHEN, S. 173–174

Dem ist eigentlich nichts hinzuzufügen. Außer: Meeresfisch kann man in Deutschland natürlich niemals in der hier geforderten Frische kaufen. Einmal, als wir im Norden Siziliens in Castel di Tusa im ArtHotel »Atelier sul Mare« von Antonio Presti wohnten, waren wir in eine armselige Osteria geraten. Der schmucklose Speisesaal, groß genug, dass sonntags sämtliche Familien der Ortschaft gleichzeitig darin tafeln konnten, war von zwei kümmerlichen Neonröhren funzelig erhellt. Wir rätselten vergeblich, warum gerade diese beiden von insgesamt achtzehn Leuchten brannten: eine am einen, die andere am anderen Ende des Raums. Man hatte uns vom Hotel aus dort hingeschickt, aber wir wollten eigentlich gleich wieder hinaus aus dem trostlosen Raum. Aber wohin sonst? Also setzten wir uns ergeben, baten um etwas zu essen und bekamen den lapidaren Bescheid, es würden uns *triglie* serviert werden. Wir ahnten, dass man jetzt in der Küche die tiefgekühlten Fische wohl ins warme Wasser legen würde, um sie aufzutauen, und dann in sehr zweifelhaftem, schon über die Gebühr strapaziertem Pflanzenfett ausbacken. Weit gefehlt! Es kam ein Teller mit einem Dutzend kleiner, saftiger und aromatischer, perfekt in gutem Olivenöl frittierter *triglie di scoglio* auf den Tisch. Von genau der richtigen Größe, also jede nur rund 120 Gramm schwer.

Jedes Zimmer ein Kunstwerk, im ArtHotel Atelier *in sul Mare*

Wirklich fangfrisch, nämlich eben vom Fischer hereingebracht. Weder ausgenommen noch geschuppt und so frisch, dass sie noch nicht von der Todesstarre gezeichnet waren. Wir verspeisten, Montalbano eingedenk, drei gewaltige Portionen – nur mit ein wenig Zitronensaft und frischem Olivenöl beträufelt. Ein Traum! Aufgetaute *triglie di fango* aus Marokko bekamen wir dagegen in Vigàta serviert, keineswegs »Tre Stelle« wert – so hieß lediglich das Lokal.

Dort war der Commissario sicherlich niemals zu Gast! Wir waren gegen Mittag durch Porto Empèdocle geschlendert, von der Hauptstraße von einem Schild der »Trattoria Tre Stelle« durch eine enge Gasse gelockt worden und standen nun auf dem Platz vor dem einfachen Gasthaus, als die Wirtin herausschoss und uns gestenreich, mit Stentorstimme und bar jeglichen Charmes aufforderte, bei ihr zu Mittag zu essen, *come il Commissario Montalbano*. Wie Montalbano? *Si, si* – dies sei nämlich die wahre Trattoria »San Calogero«! Als wir meinten, jetzt wollten wir noch nicht essen, es sei noch zu früh (12 Uhr mittags) lud sie uns zu einem Kaffee in der Bar an der Ecke und schilderte uns die von ihr gleich zu erwartenden Freuden der Tafel mit so anschaulichen Worten, dass wir nicht länger widerstanden. Später hörten wir, dies ist die Masche, mit der sie die auf Montalbanos Spuren wandelnden Touristen (nicht nur ausländische, vor allem die italienischen!) anlockt. Denn was wir dann tatsächlich vorgesetzt bekamen, belastete nur Magen und Kalorienhaushalt. Hätten wir unsere Hände nicht schon vor dem Essen in der benachbarten Bar gewaschen, würde uns, auf dem Weg zur Toilette, ein Blick in die Küche viel erspart haben: Im Spülbecken taute im warmen Wasser eine magere Auswahl verschiedener Fische auf ... Wir verließen den Ort jedenfalls im höchsten Maße unzufrieden und beneideten Montalbano um seinen wunderbaren Calogero, den richtigen!

Er verputzte einen großen Teller gebratene Meerbarben und erlangte dabei eine Konzentration, bei der ein Yogi anfängt zu schweben, nur dass seine Konzentration in die entgegengesetzte Richtung ging, sie schlug tiefe Wurzeln in der Erde, nämlich in dem durchdringenden Duft, dem zarten Geschmack dieser Fische, und ließ keine anderen Gedanken und Gefühle zu. Montalbano konnte sogar die Geräuschkulisse draußen, Autos, Geschrei, voll aufgedrehte Radios und Fernseher, verschwinden lassen und sich

Ein guter Wirt wie Signor Bursi serviert tatsächlich den Fisch, den er dem Gast zuvor stolz präsentiert hat: zu überprüfen im Ristorante Il Vigneto, *in der Contrada Gurro di mare am Bivio Porto Palò*

eine Art schalldichte Blase schaffen. Am Ende erhob er sich nicht nur satt, nicht nur zufrieden, sondern wunschlos glücklich.

DIE RACHE DES SCHÖNEN GESCHLECHTS, S. 134

ALALONGA IN SALSA AGRODOLCE
WEISSER THUNFISCH MIT SÜSSSAURER SAUCE

Für vier Personen:
4 EL Zucker
1 Glas Essig
1 Tasse Tomatenfleisch
Salz
Pfeffer
1 große Dose Thunfisch (ca. 350 g)

Eigentlich wird das Gericht mit frisch in Salzwasser gegartem oder im Ofen gebackenem Thunfisch zubereitet. Man kann dafür aber auch gut den in Dosen oder im Glas eingemachten Thunfisch nehmen, den man bei uns kaufen kann. Allerdings unbedingt darauf achten, dass er in Olivenöl eingemacht ist – das muss auf dem Etikett vermerkt sein. Nur dann ist sichergestellt, dass man

auch anständige Qualität bekommt: Das teure Olivenöl würde nicht für einen minderen Thunfisch geopfert.

Diese sehr einfache Sauce, für die man freilich erstklassige, aromatische Tomaten benötigt, schmeckt übrigens auch zu anderem Fisch; man kann in ihr sogar ein Fischfilet gar ziehen lassen. Und abgekühlt ist es eine fabelhafte Grillsauce fürs Sommerfest.

Für die Sauce den Zucker in einem kleinen Topf schmelzen und zart karamellisieren, mit Essig ablöschen. Das Tomatenfleisch zufügen und aufkochen, leise etwa zehn Minuten köcheln. Mit Salz und Pfeffer abschmecken. Abkühlen. Zum abgetropften Thunfisch servieren.

Tipp: Nach Belieben im Zucker gehackte Zwiebeln und Knoblauch mitkaramellisieren, später Kapern und gehackte Petersilie zufügen.

SPAGHETTI ALLE VONGOLE
SPAGHETTI MIT VENUSMUSCHELN

Für vier Personen:
1 weiße Zwiebel
3 EL Olivenöl
3–4 Knoblauchzehen
3 Petersilienstängel
Pfeffer
10 Kirschtomaten
1 Glas Weißwein
500 g dünne Spaghetti
1 kg Vongole
Basilikum

Ob man die Venusmuscheln *in bianco* oder *al sugo* haben will, wird man im Restaurant gefragt. Also nur mit Weißwein gedünstet oder in einer leichten Tomatensauce – das ist Geschmackssache. Auch, ob man sie überhaupt mit Pasta vermischt oder pur essen will. Als geradezu salomonische und darüber hinaus ausgesprochen geschmackvolle Zwischenlösung empfehlen wir sie so:

Das Wasser für die Pasta aufsetzen. Die Zwiebel sehr fein würfeln, in einer großen, tiefen Pfanne im heißen Öl andünsten. Den gehackten Knoblauch zufügen, ebenso etwas fein gehackte Petersilie. Mutig pfeffern!

Die Tomaten auf einer Schaumkelle ins siedende Wasser tauchen, dann eiskalt abschrecken, häuten und zerdrücken oder grob hacken.

(Die Sizilianer verzichten oft auf diese Arbeit, dann schwimmen die unangenehmen Tomatenhautröllchen in der Sauce ...)

Die Tomaten zur Zwiebel geben und mitdünsten, mit Wein ablöschen und alles miteinander verkochen. Die *vongole* zufügen und drei Minuten zugedeckt dünsten.

Die Pasta ins kochende Salzwasser werfen und bissfest kochen. Die tropfnasse Pasta mit den *vongole* mischen, die restliche Petersilie und etwas Basilikum untermischen und sofort servieren.

NASELLO AL FORNO CON SALSA DI ACCIUGHE
ÜBERBACKENER SEEHECHT MIT SARDELLENSAUCE

Für vier Personen:
1 schöner Fisch von ca. 1,5 kg
1 Zwiebel
5–6 EL Olivenöl
3–4 Knoblauchzehen
100 g Sardellen (in Olivenöl eingelegt!)
Petersilie
100 g Semmelbrösel
Pfeffer
3 hart gekochte Eier
10 Cocktailtomaten
1 kleines Glas Weißwein

Einen schönen, fast armdicken *merluzzo* (oder Kabeljau oder Schellfisch) dafür nehmen – natürlich geht es auch mit Kabeljaufilet, wenn kein ganzer Fisch zu haben ist.

Den Fisch quer zur Rückengräte in Koteletts von etwa drei Zentimeter Stärke schneiden. Die Zwiebel fein würfeln, in einer ofenfesten Pfanne in etwas heißem Öl andünsten. Den fein gehackten Knoblauch, die gehackten Sardellen und Petersilie zufügen. Schließlich auch die Brösel mitrösten. Dann Platz in der Pfanne schaffen, die Fischkoteletts, Schnittfläche nach oben, nebeneinander hineinlegen, mit Pfeffer würzen und mit etwas Bröselmischung bedecken. Die Eier würfeln und dazwischen verteilen, ebenso die zerdrückten Tomaten. Den Wein so angießen, dass er nicht die Oberfläche der Fischstücke benetzt. Diese mit Öl beträufeln. Die Pfanne für ca. 15 bis 20 Minuten in den 220 Grad heißen Ofen schieben, bis die Brösel schön gebräunt und die Fischstücke gar sind. Direkt aus dem Ofen servieren.

GAMBERI ALLA GRIGLIA

GEGRILLTE GARNELEN

Für vier Personen:

1–2 kg große Garnelen
Olivenöl
Salz
Pfeffer

Dafür nimmt man die großen, etwa handspannenlangen Exemplare – wenn sie frisch sind, dann sind ihre langen Fühler weich und elastisch und kräuseln sich weit über den Tellerrand hinaus. In Restaurants werden sie aber meist abgeschnitten, weil sie natürlich auf dem Grill leicht verbrennen.

Die Garnelen mit Öl einpinseln und auf den Grillrost über heiße Glut legen, nach kurzer Zeit wenden – einige Male hin- und herdrehen. Unterdessen salzen und pfeffern. Die Kunst ist, den richtigen Moment abzupassen, wenn das Garnelenfleisch innen gerade eben warm und damit fest geworden ist – und nicht übergart und deshalb trocken.

TRIGLIE ALLA GRIGLIA

GEGRILLTE MEERBARBEN

Sie kommen mitsamt ihren Innereien, sogar mit den Schuppen auf den geölten Grill – nur kräftig gesalzen und mit frisch gemahlenem oder im Mörser gestoßenem schwarzen Pfeffer bestreut. Wenn die Schuppen verbrennen, riecht es nicht gut und zeigt an, dass die Hitze zu groß ist.

Zum Essen die Haut mit den Schuppen abstreifen und das Fleisch auslösen, ohne die Gräten unter den Flossen mitzunehmen – ein Gedicht, für das Montalbano sterblich ist … Und wohl deshalb, um zu überleben, nicht unter einem Kilo davon zu sich nimmt! Auch ist extrem wichtig, dass die Fischchen nicht zu lange gegart werden, das Fleisch muss unbedingt saftig sein, noch »rosa an der Gräte«.

Calogero verrät nicht, wo er seine Zutaten herbekommt. Wie jeder sizilianische Koch und Wirt hat er seine Quellen, die er pflegt und vor neugierigen Fragen schützt. Vertrauen ist die Basis der Beziehung, und niemand würde es je missbrauchen. Die Qualität der Zutaten ist über jeden Zweifel erhaben – gibt es sie nicht in der gewünschten Vorzüglichkeit, dann ist das Gericht, das sie verlangt, eben nicht verfügbar. Daher hat Calogero auch keine Speisekarte, sondern er sagt an, was er zu bieten hat.

Im Herbst und Winter ist die Auswahl natürlich kleiner als im Frühjahr und Sommer, wenn alle Arten von Fischen in ausreichender Menge gefangen werden – im Winter kann es sein, dass Meerbarben, Goldbrassen und Meerbarsche gar nicht erst ins Netz gehen. Herrscht Sturm – also *mare mosso*, hoher Wellengang –, dann bleiben die Fischer zu Hause und der Fisch wird knapp, dann sind eben keine *triglie* im Angebot, keine *ricci di mare*, Seeigel, und keine dunkelroten *gamberi di nassa*, die Tiefseegarnelen, die am besten roh oder nur in Salzwasser gekocht schmecken, unvergleichlich aromatisch und süß.

Niemals würde Calogero Zuchtfisch kaufen! »Sie müssen immer schauen, wie die Fische sortiert sind«, erklärt er uns. »Liegen bei einem Händler lauter gleich große Exemplare einer Sorte auf dem Tisch, dann wissen Sie Bescheid – so etwas kommt in der freien Natur nicht vor! Verstehen Sie? Im Netz fängt man große und kleine Fische gleichzeitig. Nur in der Zucht sind alle gleich, wie geklont.«

Auf Tiefkühlware zurückzugreifen käme Calogero gar nicht erst in den Sinn. Allenfalls etwas schwarze Tinte vom Tintenfisch hat er auf Vorrat – mit Essig verrührt bleibt sie ein paar Tage im Kühlschrank frisch. Zur Freude des Commissario:

Der übliche Bärenhunger nagte an ihm, vielleicht weil er schon lange nicht mehr so gut geschlafen hatte. Livia sein Herz auszuschütten hatte ihn irgendwie erleichtert und dafür gesorgt, dass er mit sich selbst wieder ins Lot kam.

Montalbano war zu einem Späßchen aufgelegt. Er unterbrach Calogero, der begonnen hatte, die kurze Speisekarte herunterzuleiern:

»Heute hätte ich Lust auf ein Wiener Schnitzel.«

»Im Ernst?!«, rief Calogero fassungslos und stützte sich am Tisch ab, um nicht umzukippen.

»Glaubst du tatsächlich, bei dir würde ich ein Schnitzel bestellen? Ich verlange ja von einem buddhistischen Mönch auch keine heilige Messe. Was hast du heute?«

»Spaghetti al nìvuro di siccia.«

»Die nehme ich. Und dann?«

»Frikadellen aus kleinen Tintenfischen.«

»Davon ein Dutzend.«

DER KAVALIER DER SPÄTEN STUNDE, S. 140–141

Tintenfische gehören zu den Lieblingsspeisen des Commissario. Für manchen deutschen Leser vielleicht schwer nachzuvollziehen, wenn er nur die zähen Gummiringe aus griechischen Kneipen, italienischen Fertigvorspeisen aus dem Glas oder von der Tiefkühlpizza kennen sollte. Auf Sizilien wird mit den verschiedenen Tintenfischen geradezu ein Kult getrieben:

Polipi heißen die großen Polypen, Kraken oder Oktopusse. Sind sie kleiner, nennt man sie *polipetti*, zu den ganz kleinen sagt man italienisch *moscardini*, sizilianisch-liebevoll *purpitelli* oder *purpiteddri*.

Seppie sind die eigentlichen Tintenfische, die nämlich die Sepiatinte liefern. Sind sie klein, heißen sie *seppioline*.

Calamari lautet der Sammelbegriff für mehrere Arten von Kalmaren, die wir ebenfalls nur Tintenfisch nennen. Aus den größeren Exemplaren werden die berüchtigten Gummiringe geschnitten. Junge Kalmare sind jedoch wunderbar zart und heißen *calamaretti*.

Anders als in vielen Ländern (vor allem Griechenland) werden die Tiere hier nicht angetrocknet, sondern so frisch wie möglich verwendet. Nur wenn man sie sprudelnd kocht, werden sie hart – lässt man sie bei milder Hitze unter dem Siedepunkt gar ziehen, bleiben sie saftig und zart. Dann ist es auch keineswegs notwendig, sie vorher auf Steinen, der Hafenmauer oder der Bordwand des Fischerbootes kräftig aufzuschlagen, einen Stein oder Korken ins Kochwasser zu geben, um sie weich zu bekommen. Solche Behandlungsvorschriften oder »Geheimtipps« stammen aus einer Zeit, als man noch keinen Kühlschrank hatte und die Tiere lange gekocht wurden (oder werden mussten, um möglichen Infektionen vorzubeugen). Das Zertrümmern der Faserstruktur versprach zwar auch bei langem und heftigem Kochen eine gewisse Mürbheit, aber das Fleisch der Tintenfische wird dann trotzdem trocken und bröselig, das Eiweiß gerinnt zu langen Strängen und jede Saftigkeit geht verloren.

Dass Calogero ein Meister seines Fachs ist, zeigen die häufig wiederkehrenden Beschreibungen der Zartheit seiner Tintenfischgerichte:

Montalbano *ging zum Essen in die Trattoria »San Calogero«, aß ein Pfund kleine Tintenfische, die auf der Zunge zergingen, gekocht und mit Salz, schwarzem Pfeffer, Olivenöl, Zitrone und Petersilie angemacht.* DIE NACHT DES EINSAMEN TRÄUMERS, S. 214

Polipi bilden schließlich den Auftakt einer Mahlzeit, die Montalbano wieder zu neuer Lebensfreude erweckt, nachdem die große Katastrophe in sein Leben getreten war:

Die Bestätigung, dass seine Welt allmählich aus den Fugen geriet, hatte der Commissario knapp nach dem G-8-Gipfel (in Genua, als die Polizei friedliche Demonstranten zusammenschlug) *bekommen, als Calogero … ihm nach einem sehr bemerkenswerten Essen mitteilte, dass er sich, wenn auch ungern, zurückziehen werde.*

»Willst du mich auf den Arm nehmen, Calò?«

»Nein, Dottore. Sie wissen ja, ich habe zwei Bypässe und bin schon dreiundsiebzig. Der Doktor will nicht, dass ich weiter arbeite.«

»Und was ist mit mir?«, entfuhr es Montalbano.

Plötzlich war er so unglücklich wie eine Gestalt aus einem Groschenroman, verführt und sitzen gelassen und mit dem Kind der Sünde im Schoß aus dem Haus gejagt, das kleine Streichholzmädchen im Schnee, das Waisenkind, das im Abfall nach etwas Essbarem sucht …

Calogero breitete nur betrübt die Arme aus. Und dann kam der schreckliche Tag, an dem Calogero ihm zuraunte:

»Kommen Sie morgen nicht. Da ist geschlossen.«

Sie umarmten sich fast weinend.

Montalbano begibt sich auf die Suche nach Ersatz – *aber den Gerichten fehlte einfach Calogeros unerklärlicher letzter Schliff.* Er isst mehr zu Hause, aber da er ja von Adelina nicht verlangen kann, dass sie ihm zwei Mahlzeiten täglich zubereitet, darbt er entweder mittags oder abends bei Käse, Oliven, eingelegten Sardinen und Salami …

Auf die Dauer war das trostlos. So machte er sich von neuem auf die Suche. In der Nähe von Capo Rossello fand er ein gutes

Direkt über dem Strand sitzt man auf der Terasse des Hotel Ristorante Vittorio *in Porto Palò di Menfi*

Restaurant. Es lag direkt am Strand, man aß anständig und zahlte nicht viel. Das Problem war nur, dass er für Hinfahrt, Essen und Rückfahrt mindestens drei Stunden brauchte, und nicht immer hatte er so viel Zeit.

Wunderbar immerhin, dass er sie offensichtlich manchmal hat!

Wir könnten uns vorstellen, dass er nicht bei dem tatsächlich existierenden Capo Rosello war, keine fünfzehn Fahrminuten von Porto Empèdocle entfernt – dann würde er ja zweieinhalb Stunden für das Essen (und ein kleines Schläfchen) übrig haben! –, sondern in einem unserer Lieblingslokale auf Sizilien, bei »Vittorio« in Porto Palò gewesen ist … Aber leider kann auch das nicht sein, denn das wiederum ist so weit von Vigàta entfernt, dass höchstens eine Viertelstunde zum Essen übrig bliebe, und auch nur, wenn er wie Ingrid fahren würde, seine schwedische Freundin, nämlich wie der Henker!

Schließlich versucht er einen Tipp von Mimì Augello, obwohl er dessen Gaumen ja eigentlich nicht traut. Mit dem Auto fährt er hin, in den oberen Teil der Stadt. Dass der Speiseraum von außen wie eine Konstruktion aus Wellblech wirkt, das Ganze etwas Provisorisches hat, gefällt dem Commissario. Wäre es ein schicker Laden gewesen, hätte er sich womöglich sofort wieder verdrückt.

Natürlich fühlt sein Schöpfer Andrea Camilleri mit dem Helden und beschert ihm keinen Jüngling, der sich mit modischen Gerichten, allerlei Schnickschnack oder gar asiatischen Gewürzen zu profilieren sucht:

Ein hagerer Sechzigjähriger mit sehr hellen Augen … kam auf ihn zu und stellte sich vor ihn hin, ohne ein Wort zu sagen, er begrüßte ihn nicht mal. Er grinste nur.

Montalbano sah ihn fragend an.

»Ich hab's gewusst«, sagte der Mann.

»Was?«

»Dass Sie nach so langer Suche bei mir landen würden. Ich habe Sie erwartet.«

»Tja, da bin ich«, meinte der Commissario trocken.

Enzo rief einen Kellner zu sich:

»Deck den Tisch für Dottor Montalbano, und kümmere dich um den Saal. Ich gehe in die Küche. Für den Commissario sorge ich persönlich.«

Der nur aus polipi alla strascianasali *bestehende Antipasto schien aus Meereskonzentrat zubereitet, das sogleich im Mund zerging. Die* pasta al nìvuro di sìccia *konnte es würdig mit Calogeros Pasta aufnehmen. Und in dem Grillteller mit Meerbarbe, Wolfsbarsch und Dorade fand der Commissario jenen paradiesischen Geschmack wieder, den er für alle Zeiten verloren geglaubt hatte. Eine Melodie erklang in seinem Kopf, eine Art Triumphmarsch.*

Glücklich räkelte er sich auf seinem Stuhl. Und dann seufzte er tief. DAS KALTE LÄCHELN DES MEERES, S. 80–83

POLIPI ALLA STRASCIANASALI
GEKOCHTER OKTOPUS MIT ZITRONE UND ÖL

In einer mittleren Größe von etwa 300 bis 400 Gramm werden die *polipi* einfach gekocht – wie das auch Adelina tut (S. 80), dann lauwarm mit Zitronensaft, Olivenöl und viel Petersilie angemacht.

RICCI DI MARE
SEEIGEL

Sie gehören zum Besten, was das Meer uns schenkt – die stacheligen Dinger sind schwer zu knacken, aber ihr leuchtend orangefarbener Rogen, der so genannte Corail, schmeckt traumhaft gut: jodig und frisch nach Meer, von der Konsistenz ist er cremig, geradezu sahnig.

Die Seeigel werden zunächst mit einer Art größerem Eierschneider geköpft – wer kein solches Gerät hat, schneidet oberhalb ihres Äquators die Seeigel einfach rundum auf. Das geht mit einer Schere besser als mit einem Messer. Die Flüssigkeit im Innern wegschütten – dabei den Seeigel mit einem beherzten Schwung regelrecht ausschütteln, die Rogenstreifen sitzen fest an den Wänden, alles andere muss weg. Die Seeigel auf Salatblättern hübsch anrichten, einen Löffel dazu legen, dann kann man den Rogen damit einzeln von den Wänden kratzen und genüsslich verspeisen.

Es ist eine Geschmacksfrage, ob man die *ricci di mare* pur genießt oder etwas Zitronensaft darüber träufelt.

GAMBERI DI NASSA
FELSENGARNELEN

Für vier Personen:
ca. 600 g kleine Felsengarnelen (man erkennt sie an der tiefroten Farbe)
Salz
Zitrone
Olivenöl

Felsengarnelen schmecken am besten roh, es wäre schade, ihre Zartheit zu ruinieren, indem man sie womöglich zu lange kocht oder grillt.

Die Garnelen nur am Schwanz schälen, den Kopf dranlassen. Hübsch auf einem Teller anrichten. Zitronenachtel dazulegen und die Ölflasche hinstellen. Jeder Esser bedient sich selbst!

CALAMARI ALLA GRIGLIA
GEGRILLTE KALMARE

Sieht aus, als sei er frittiert – der Kalmar kommt jedoch vom Grill beziehungsweise von der Grillplatte. So wird das Fleisch unglaublich zart und bildet einen interessanten Kontrast zur Knusprigkeit der Panierung.

Für vier Personen:
4 Kalmare
1 Tasse Hartweizengrieß
Salz
Pfeffer
Olivenöl

Die Kalmare gründlich waschen, auch die lila Haut, die sie überzieht, abreiben, den flachen kalkartigen Stein (falls der im Innern noch vorhanden ist) entfernen. Die Kalmare noch feucht in Hartweizengrieß wenden, der mit Salz und Pfeffer vermischt ist, dann auf der geölten Bratplatte oder auf dem Grill auf beiden Seiten rösten. Dabei mit Olivenöl einpinseln, bis der Grießmantel knusprig ist. Auf Salatblättern und mit Zitronenachteln anrichten und unverzüglich servieren.

FRITTURA MISTA

FRITTIERTE FISCHE

Für vier Personen:

Je ein bis zwei Hand voll Sardellen, kleine Rotbarben, Seehechte, Streifenbrassen, Garnelen, Tintenfischringe (Sepia) usw.

2 Tassen Hartweizengrieß

Salz

Pfeffer

Olivenöl zum Frittieren

Steht und fällt natürlich mit der Auswahl der verwendeten Zutaten: Je kleiner die Fischchen und Meeresfrüchte sind, desto besser. Im Allgemeinen kann man aber doch davon ausgehen, dass die allerkleinsten Fische für die Vorspeise genommen werden – für die als Hauptgericht servierte *frittura* dagegen verwendet man etwas größere Fische. Dass sie frisch sind, versteht sich von selbst!

Die Fische und Meeresfrüchte alle gründlich waschen und sehr gut abtrocknen. Dann möglichst nach Sorten und Größe getrennt in Grieß wenden, der mit Salz und Pfeffer gewürzt ist. In einem Sieb alles Überschüssige abschütteln. Portionsweise in heißem Öl frittieren, bis alles golden ist – das muss schnell gehen, das Öl muss aufrauschen, darf aber auch nicht zu heiß sein, vor allem, wenn die Fische größer sind! Abtropfen, auf Küchenpapier oder einer Serviette schütteln, sofort anrichten und so heiß wie möglich servieren: Auf die *frittura* müssen die Gäste warten, nicht umgekehrt!

Nicht in Mehl oder gar in einem Teig, sondern lediglich in goldgelbem Hartweizengrieß werden die Zutaten gewendet, bevor man sie frittiert. Der hauchzarte Film macht sie knusprig und im Gegensatz zum Mehl nie pappig

Der Commissario ist zu Gast

Clementina Vasile Cozzo war eine elegant gekleidete siebzigjährige Dame. Sie saß im Rollstuhl. Im Rahmen seiner Ermittlungen hatte ihn der Weg zu ihr geführt, und natürlich konnte sie ihm behilflich sein. Als alles besprochen ist, erscheint ihr Dienstmädchen, *eine kleine stämmige Frau Anfang zwanzig mit strengem Gesichtsausdruck.* Als sie verkündet, dass sie nun das Wasser aufsetzen würde, will sich der Commissario verabschieden.

»Bleiben Sie doch zum Essen.«

Montalbano fühlte, wie sein Magen ganz blass wurde. Signora Clementina war ja lieb

Pasta alla Norma *(Rezept S. 210)*

und nett, aber sie ernährte sich bestimmt von Grießbrei und Kartoffeln.

»Ich habe wirklich viel zu …«

»Pina, mein Mädchen, kocht hervorragend, glauben Sie mir. Heute gibt es pasta alla Norma, *Sie wissen schon, Pasta mit gebratenen Auberginen und gesalzener Ricotta.«*

*»*Gesù!*«, sagte Montalbano und setzte sich wieder hin. »Und danach einen Schmorbraten.«*

*»*Gesù!*«, sagte Montalbano noch mal.*

»Worüber wundern Sie sich denn?«

»Ist so eine Mahlzeit nicht ein bisschen schwer für Sie?«

»Warum? Mein Magen ist besser als der einer Zwanzigjährigen, die den ganzen Tag mit einem halben Apfel und einem Glas Karottensaft auskommt. Sie teilen doch wohl nicht die Meinung meines Sohnes Giulio?«

»Ich hatte noch nicht das Vergnügen, diese kennen zu lernen.«

»Er sagt, in meinem Alter zieme es sich nicht, solche Sachen zu essen. Er findet mich ein bisschen schamlos. Seiner Meinung nach müsste ich mich von Breichen ernähren. Also? Bleiben Sie?«

»Ich bleibe«, sagte Montalbano entschieden.

DER DIEB DER SÜSSEN DINGE, S. 69–72

Er hat es nicht bereut! Und sieht sie häufiger:

Zwischen ihnen beiden war etwas gewachsen, das mehr war als Freundschaft: Der Commissario, der als Kind seine Mutter verloren hatte, fühlte sich ein wenig wie ihr Sohn. Oft blieb Montalbano, wenn er bei ihr zu Besuch war, zum Mittag- oder Abendessen, die Kochkunst der Haushälterin Pina versprach Gutes und hielt stets das Beste. DAS PARADIES DER KLEINEN SÜNDER, S. 109

Leider erfahren wir im Roman oft nicht, was gegessen wird. Deswegen haben wir uns aufgemacht und die Signora eines schönen Nachmittags besucht. In liebenswürdigster Weise wurden wir empfangen, doch viel weiterhelfen konnte sie uns nicht – sie entsann sich zwar einzelner Mahlzeiten, meinte aber, wir sollten uns wegen der Rezepte doch lieber an ihre Haushälterin wenden. Sie erwartete sie am frühen Abend zurück, und so servierte uns die ehemalige Lehrerin in der Zwischenzeit wunderbare Marzipanfrüchte und einen exquisiten Tee; anschließend ließ sie uns einen von Pina selbst

gemachten *limoncino* kosten, einen Zitronenlikör von geradezu sensationellem Duft und Aroma.

Als Pina endlich die Wohnungstür aufschloss, rief Signora Clementina gleich nach ihr. Eine rundliche Person mit weißer Schürze erschien mit ziemlich abweisender Miene an der Wohnzimmertür. Signora Clementina berichtete ihr von unserem Anliegen – was ja, beiläufig gesagt, einem Lob ihrer Küche gleichkam. Zunächst blieb sie unbewegt, doch dann hellte sich ihr düsterer Blick zunehmend auf. Und was folgte, hätten wir nie zu hoffen gewagt.

»Kein Problem«, sagte sie, sie notiere – Signora Vasile Cozzo wisse das gar nicht – in den Kalender (»den von der Bank, wissen Sie, den Sie mir dafür immer geben«) für die monatliche Abrechnung nicht nur, was sie im Einzelnen für den Haushalt ausgebe, sondern immer auch die Menüs mit kurzen Anmerkungen zu den Rezepten. »Aber«, fügte sie ziemlich barsch hinzu, »ich koche für die Signora, nicht für den Commissario!« Sie mochte ihn nicht.

Wir gingen in die Küche, Pina rückte einen weiteren Hocker an den Tisch und legte uns einen ganzen Stapel Kalender hin: »Bitte, blättern Sie, und fragen Sie mich, wenn Sie etwas nicht lesen können.« Ihre Schrift war etwas ungelenk, aber nicht schwierig zu entziffern, und wir erkannten bald, dass die Köchin die klassischen sizilianischen Rezepte so gut beherrschte, dass sie ihren speziellen Charakter immer bewahrten, aber doch wesentlich leichter und bekömmlicher zubereitet wurden als früher. Klar, dass der Commissario hier immer glücklich war:

Beim Abendessen (fangfrischer Kabeljau, mit zwei Lorbeerblättern gegart und am Tisch mit Salz, Pfeffer und Öl aus Pantelleria gewürzt, und ein Teller zartes tinnirùme, *das angetan war, Magen und Darm zu neuem Leben zu erwecken) unterrichtete der Commissario Signora Vasile Cozzo vom Stand der Dinge.* DIE STIMME DER VIOLINE, S. 51

Lassen wir mal den Kabeljau (oder Seehecht?) beiseite und widmen wir uns dem *tinnirùme*: Das sind die zarten Spitzen und jungen Blätter eines für Sizilien typischen Kürbisses, dessen lange, hellgrüne Früchte eher wie Zucchini schmecken; bei uns sind sie auch als Herkuleskeule bekannt. Diese Ranken kann man gebündelt auf den Märkten und in den Gemüseläden kaufen. Sie kosten wenig, denn sie sind fast ein Abfallprodukt dieses unermüdlich treibenden Gewächses. Ihr Geschmack ist gurkig-würzig, »grün« und etwas bitter. Das Gemüse gilt als magenreinigend und passt wunderbar zu Fisch.

TINNIRÙME AL OLIO
KÜRBISRANKEN MIT OLIVENÖL

Für vier Personen:
1 dicker Strauß Kürbisranken
Salz
Olivenöl

Wer einen Garten hat, kann statt dieser bei uns praktisch nicht erhältlichen Kürbisranken auch die Triebspitzen von normalen Kürbisranken nehmen oder die jungen Blätter von Zucchinipflanzen probieren.

Von den Ranken nur die oberen Teile verarbeiten – sobald der Stiel dicker wird, ist er zäh. In reichlich sprudelnd kochendem Salzwasser etwa zwei Minuten kochen, dann abgießen, eiskalt abschrecken und gut abtropfen lassen. Mit Olivenöl beträufeln.

Nach Belieben auch mit Zitronensaft würzen, jedoch erst am Tisch, sonst färbt sich das Gemüse unschön grau.

Dieses Gemüse liebt Andrea Camilleri offenbar ganz besonders, denn er lässt es Montalbano immer wieder auf geradezu leidenschaftliche Weise genießen, so auch bei Preside Burgio und seiner Frau Angelina, die genauso kocht, wie der Commissario es liebt:

Das tinnirùme ... *war auf die Sekunde genau gegart und so zart, so köstlich, dass es Montalbano das Herz zusammenzog. Bei jedem Bissen hatte er das Gefühl, dass sein Magen spiegelblank geputzt wurde.*

»Und wie finden Sie es?«, erkundigte sich Signora Angelina.

»Anmutig«, sagte Montalbano. Als die beiden ihn überrascht ansahen, wurde er rot und erklärte: »Verzeihen Sie, mir fehlen manchmal die richtigen Adjektive.«

DER HUND AUS TERRACOTTA, S. 188

Dabei sind die Worte, wenn er überhaupt mal welche zur Beschreibung für ein gelungenes Gericht sucht und schließlich welche trifft, eigentlich immer bemerkenswert, weil sie zunächst verblüffen, sich aber dann, bei genauerer Betrachtung, erstaunlich präzise eignen: Einmal beschreibt Camilleri Montalbanos stets heiß geliebte *pasta 'ncasciata*, die er zu seiner Freude wieder mal im Backofen vorfindet, als *zart und maliziös*, entschuldigt ihn aber sogleich, *ihm fielen nie passende Adjektive ein, und er wusste nicht, wie er sonst sagen sollte.*

DAS KALTE KÄCHELN DES MEERES, S. 134

Das klingt doch absolut bildhaft – wenn man mal davon absieht, dass dieser Gratin insgesamt schon eine eher mächtige Angelegenheit ist. Aber das zarte Kalbfleisch, das hier statt des gewöhnlichen Hackfleischs hineingehört, die frühlingsgleichen Erbsen, auch die empfindliche Hühnerleber als Zutat deuten ja an, dass es keine derbe Speise, sondern eine delikate Sache ist. Und ein maliziöses Lächeln zaubert jedem ins Gesicht, der Montalbano die gesamte Auflaufform alleine vertilgen sieht ...

»Kommen Sie doch rein!«

Signora Burgio trat auf die Seite, um ihn vorbeizulassen.

»Wer ist da?«, rief ihr Mann aus dem Esszimmer.

»Der Commissario!«

»Dann bitte ihn doch rein!«, brüllte der Preside, als hätte seine Frau sich geweigert, Montalbano die Tür zu öffnen.

Sie waren beim Abendessen.

»Wollen Sie mitessen?«, lud ihn die Signora ein. Ohne seine Antwort abzuwarten, stellte sie einen Teller hin. Montalbano setzte sich, und die Signora servierte ihm Fischbouillon, reduziert, wie es sich gehörte, und mit Petersilie wiederbelebt.«

DER HUND AUS TERRACOTTA, S. 250

ZUPPA DI PESCE
FISCHTOPF

Für vier Personen:
1 Zwiebel
3–4 Knoblauchzehen
3 EL Olivenöl
1–2 Chilischoten
100 g geriebene Mandeln
Petersilie
1 Glas Weißwein
1 kg reife Tomaten
Salz
Pfeffer
ca. 1 kg Fisch (am besten durch die Mittelgräte hindurch geschnittene Kotelettstücke)

Mit dem Begriff Suppe oder Bouillon wird man diesem Gericht nicht gerecht. Deshalb gilt es auch als Hauptspeise. Es werden in unendlich würzigem Tomatensud, der mit geriebenen Mandeln angedickt ist, große Fischstücke behutsam gegart. Dabei saugen sie sich geradezu mit dem köstlichen Aroma voll.

Zwiebel und Knoblauch fein hacken und im heißen Öl andünsten, die Chilischoten zufügen (wer Schärfe liebt, gehackt, mit oder ohne Kerne, sonst lieber im Ganzen – so kann man sie leicht wieder herausfischen). Die Mandeln zugeben, etwas gehackte Petersilie und mit Wein ablöschen. Schließlich die grob zerkleinerten Tomaten in den Topf füllen. Zugedeckt 20 Minuten köcheln. Diesen Sud nochmals abschmecken und so viel heißes Wasser angießen, dass die Fischstücke, die jetzt eingelegt werden, gerade eben bedeckt werden. Am Topf rütteln, damit sich die Stücke gut senken und die

Flüssigkeiten miteinander vermischen. Den Fisch darin behutsam gar ziehen lassen. Mit Petersilie bestreut servieren.

Tipp: Noch konzentrierter wird die Suppe, wenn man mit den Zwiebeln und dem Knoblauch Fischgräten und -köpfe (nur von weißen Fischen, nicht von »blauen« wie Sardinen, Sardellen, Stöcker, Makrelen, Thunfisch oder Lachs) mit andünstet und auskocht!

Der Polizeipräsident und seine Frau waren Montalbano sympathisch, und diese Sympathie wurde von den beiden Eheleuten reichlich erwidert. Der Polizeipräsident war ein feiner Mann, gebildet und zurückhaltend, eine Persönlichkeit wie aus vergangenen Zeiten.

Der Commissario ist etwa alle zwei Wochen bei ihnen zu Gast, um die Zeitläufte, allgemeine und dienstliche Probleme zu besprechen – davon gibt es stets genügend, denn der Questore ist zwar Präsident der staatlichen Polizei und damit dem Innenministerium zugeordnet, er ist aber gleichzeitig auch für die jeweilige Provinz Leiter der Koordinationsbehörde für alle staatlichen und kommunalen Ordnungskräfte. Dass es hierbei zwangsläufig zu Reibereien und Rivalitäten kommt, liegt in der Natur der Sache, sind doch die Carabinieri dem Verteidigungsministerium unterstellt (und werden deshalb manchmal auch als Arma bezeichnet). Die ebenfalls mit polizeilichen Aufgaben betreute Guardia di Finanzia gehört zum Bereich des Finanzministeriums. Die Polizia Forestiera ist mal staatlich, mal der Provinz zugeordnet, und der oberste Dienstherr der Stadtpolizei der größeren Städte ist deren Bürgermeister. Ein in der ganzen Welt einmaliges System … Um die entsprechenden Aufgaben bewältigen zu können, wird zunächst stets vorzüglich gespeist:

Es war nicht einfach nur ein neues Rezept zur Zubereitung von polipetti, *kleinen Tintenfischen. Vielmehr erschien die Kreation Signora Elisas dem Gaumen Montalbanos als eine wahrhaft göttliche Eingebung. Er nahm sich eine zweite, reichliche Portion, und als er sah, dass auch diese dem Ende entgegenging, verlangsamte er den Kaurhythmus, um den Genuss noch ein wenig hinzudehnen. Die Frau des Polizeipräsidenten blickte ihn glücklich an. Wie jede gute Köchin genoss sie den Anblick der Verzückung, die sich auf dem Antlitz ihrer Gäste widerspiegelte, während sie eines ihrer*

Gerichte kosteten. Und Montalbano gehörte wegen seines ausdrucksvollen Mienenspiels zu ihren liebsten Gästen.

Als sie fertig gegessen hatten, räumte die Signora ab, bevor sie eine Flasche Chivas für den Commissario und einen Amaro für ihren Gatten auf den Tisch stellte – eine kluge Geste.

DIE FORM DES WASSERS, S. 217–218

Zu einem späteren Zeitpunkt lädt ihn der Questore zu *spaghetti al nero di seppia* ein. Bekanntermaßen ist *pasta al nìvuro di sìccia* eine seiner Leibspeisen. Natürlich sagt er mit Freuden zu. Doch dann kündigt seine Freundin Livia ihren Besuch an:

Montalbano dachte, dass er am nächsten Tag den Questore anrufen musste. Leb wohl, pasta al nìvuro di sìccia*!*

»Signor Questore? Hier ist Montalbano. Es tut mir wirklich sehr Leid, aber ich kann morgen Abend nicht zu Ihnen zum Essen kommen.«

»Tut Ihnen Leid, dass wir uns nicht sehen können, oder ist es die pasta al nero di seppia*?«*

Der Questore durchschaut ihn wohl, doch Montalbano antwortet ebenso ehrlich:

»Beides.«

Glücklicherweise ist der Questore neugierig und will wissen, warum er nicht kommen kann. Natürlich schlägt er, als er den Grund hört, dem Commissario vor, seine »Frau« (das Wort Freundin bringt Montalbano nicht über die Lippen) doch einfach mitzubringen!

Das Festmahl am Samstag war gerettet.

DER DIEB DER SÜSSEN DINGE, S. 60–66

Aber im letzten Moment muss er doch wieder absagen, diesmal jedoch aus dienstlichen Gründen: François, das hungrige Waisenkind, will er aufspüren, zusammen mit Livia. Und wieder hat er Glück:

»Morgen zum Mittagessen? Ausgezeichnet! Und bitte entschuldigen Sie mich bei Ihrer Gattin.«

Aber es soll einfach nicht sein: Livia verliebt sich großherzig sofort in den Jungen, den sie mit zu Montalbano »nach Hause« nimmt und in ihr (sein) Bett.

»Montalbano? Sagen Sie bloß nicht, Sie kommen nicht zum Mittagessen!«

»Doch, leider, Signor Questore.«

»Ist es was Ernstes?«

»Ziemlich. Die Sache ist die, dass ich heute früh – wie soll ich sagen – praktisch Vater geworden bin.«

DER DIEB DER SÜSSEN DINGE, S. 120, 127

Die Verwicklungen nehmen ihren Lauf, und der Commissario muss geraume Zeit warten, bis er wieder mal in den Genuss der Kochkünste von Signora Elisa kommt – wobei er allerdings keine Scheu hat, sich auch einmal selbst einzuladen.

Das Kochbuch der Signora Elisa

So wagten auch wir es, uns selbst anzumelden, um das Ehepaar über den Commissario und seine kulinarischen Leidenschaften zu befragen. Der Polizeipräsident hatte zwar keine Zeit, aber Signora Elisa empfing uns freundlich. Es stellte sich heraus, dass sie einen geheimen Schatz besaß, von dem nicht einmal Camilleri etwas wusste: zwei heftartige Bücher, in feinstes Saffianleder gebunden, mit goldenen Jugendstilranken geprägt – eines rot, das andere violett. Signora Elisa holte sie aus der Schublade ihres Sekretärs, wo sie, eingeschlagen in Seidenpapier in einer ebenso schön wie aufwändig gestalteten Schachtel, geruht hatten.

»Hier«, sie nahm das violette Buch behutsam in die Hand, schlug es auf und legte es vor uns hin, nicht ohne zuvor die Tischdecke noch einmal glatt gestrichen zu haben. »Hier stehen die geliebten Rezepte unserer Familie drin, von meiner Großmutter, meiner Mutter und von mir. Und da«, jetzt reichte sie uns den roten Band, »sind die Menüs von besonderen Gelegenheiten aufgezeichnet – von 1906 bis heute.« Wir waren baff.

»Schauen Sie«, sie schlug im Rezeptbuch eine der ersten Seiten auf, »hier habe ich meine Anmerkungen eingetragen, dort sehen Sie die Notizen meiner Mutter. Da, zum Beispiel: bei den *triglie al limone*, sehen Sie – meine Großmutter hat viel mehr Öl genommen und hat sie fast dreimal so lange gebraten, wie ich das tue. Schon meine Mutter hatte die Garzeit verkürzt, aber mir war es so immer noch zu lang ...« Die strenge und steile Schrift

der Großmutter von geradezu kalligraphischer Akkuratesse, die mit eher zaghafter Hand und sanften Linien ausgeführten Anmerkungen der Mutter und dann die winzigen Anfügungen der Signora Elisa mit fast runden Buchstaben und kraftvollem Strich erschienen uns wie ein Kunstwerk. Es war die Geschichte der sizilianischen Kochkunst durch ein Jahrhundert, gestaltet mit einer fast beiläufigen Anmut, wie sie nur eine sorgfältige Erziehung hervorzubringen imstande ist und das Bewusstsein einer kulturellen Identität. Die Seiten von elfenbeinfarbenem Papier enthielten das Bild einer Gesellschaft, für die Essen nicht eine Notwendigkeit ist, sondern Teil ihrer alltäglich gelebten und bewusst genossenen Kultur.

Kein Wunder, dass der Commissario Montalbano sich hier, wo das angesammelte Wissen von Generationen in die Praxis umgesetzt wurde, ganz besonders wohl fühlte:

Sie hatten alici all'agretto *gegessen, die Signora Elisa routiniert und nach allen Regeln der Kunst zubereitet hatte, denn das Geheimnis des Gelingens besteht darin, auf die Sekunde genau zu wissen, wie lange die Form im Ofen bleiben muss.*

DER HUND AUS TERRACOTTA, S. 208

Das Buch war, obwohl nicht sehr dick, noch längst nicht voll: »Wir haben«, sagte Signora Elisa, »eben immer nur die Rezepte eingetragen, die uns wirklich wichtig waren. Und so viele sind ja gar nicht zu denen meiner Großmutter dazugekommen: Man muss die sizilianische Küche doch nicht neu erfinden, nur hie und da vorsichtig verändern! Außerdem«, so fügte sie nach einer kleine Pause entschlossen hinzu, »gibt es ja so viele Zubereitungen, die man gar nicht aufschreiben muss, weil sie völlig selbstverständlich sind – man muss sie nur beherrschen!«

Wir blickten sie fragend an.

»Eine Seezunge perfekt zu grillen, ist gewiss eine echte Kunst. Aber ich brauche dafür ebenso wenig ein Rezept wie für *alici marinati*, gesottene *polipi* oder *merluzzi*, die mit Zitronensaft und Öl beträufelt werden. Ob ich die mit Petersilie, Basilikum oder Minze bestreue, brauche ich auch nicht aufzuschreiben: Es kommt dabei auf meinen Geschmack und die Fantasie an, und natürlich auf die Jahreszeit. Im Winter könnte ich sogar den hier so herrlich blau blühenden Borretsch nehmen. Obwohl«, unterbrach sie sich selbst und lachte vergnügt, »dem Commissario dürfte ich mit solchen Spielereien nicht kommen.«

»Er ist Experimenten gegenüber nicht aufgeschlossen?«

»Oh, nein! Er hat stets eine ganz bestimmte Vorstellung, die man treffen muss, um vor seinem kritischen Geschmack bestehen zu können. Aber wie man den trifft, das weiß ich genau!«, lächelte sie selbstbewusst. »Und so bekomme ich immer schöne Komplimente.«

Sie griff zum roten Buch, blätterte darin und zeigte uns eine Seite: »Hier sind ein paar Menüs, an denen der Commissario teilgenommen hat. Meist genießt er ja schweigend, er kann seine Empfindungen beim Essen nicht so gut ausdrücken. Aber hier habe ich doch zwei Bemerkungen aufgeschrieben: *Diese Fische sind so frisch, dass sie in meinem Bauch wieder zu schwimmen beginnen. – So wünschte sich der Fisch selbst, dass er zubereitet wird.«*

Jetzt ergriff Signora Elisa wieder das violette Buch: »Für *triglie in agrodolce*, kleine geschmorte Meerbarben, war für mich das Rezept meiner Großmutter natürlich schon sehr wichtig. Ihr einfacher Trick: Sie gab neben den üblichen Zwiebeln, Knoblauch, Tomaten, Kapern, Rosinen und Essig immer noch ein kleines Stückchen Stangensellerie dazu, dessen Aroma sie zusätzlich mit etwas Anis verstärkte, wodurch die Sauce in eine ganz neue Dimension gehoben wird. Und sehen Sie: Da gibt es auch schon wieder die Anmerkung einer kürzeren Garzeit. Das kommt daher, dass wir heute viel frischere, weil gut gekühlte Fische bekommen. Damals musste man sicher manchmal Vorsicht walten lassen und die Fische bis ins Innere stark erhitzen, sozusagen sterilisieren, um nicht krank zu werden. Nein«, wieder lachte sie fröhlich, »da haben wir es heute schon viel besser und können die Fische rosa an der Gräte lassen!«

»Interessant, dass sich so viele Gerichte in Ihrem Buch finden, die eine säuerliche oder süß-saure Note haben!«

»Ja«, bestätigte Signora Elisa, »das Säuerliche ist ein wichtiges Element in unserer Küche, es erfrischt den Gaumen, reinigt ihn, gibt den Gerichten insgesamt eine gewisse Leichtigkeit.«

Da fiel uns jener Kongress zum Thema »Das Süßsaure in der sizilianischen Küche« ein. Leoluca Orlando, der frühere Bürgermeister von Palermo, hatte uns davon erzählt, dass sein Amtskollege in Catània kürzlich Wissenschaftler, Köche und Feinschmecker zu diesem Thema eingeladen hatte. Der Kongress soll hochinteressant gewesen sein, und niemand fand die Fragestellung seltsam oder abwegig. Da frugen wir uns, ob etwas Ähnliches jemals bei uns vorstellbar wäre ...

Wir plauderten noch eine Weile, schrieben uns ein paar Rezepte, Menüs und Tipps aus ihren Büchern ab und verließen die Signora, obwohl sie uns inzwischen zum Essen eingeladen hatte, mit grenzenlosem Bedauern – leider waren wir anderweitig verabredet.

POLIPETTI ALLA SIGNORA ELISA
TINTENFISCHCHEN MIT KAPERN UND OLIVEN

Für vier Personen:
1 Zwiebel
3 EL Olivenöl
3–4 Knoblauchzehen
4 Petersilienzweige
1 EL *strattù* (frisches Tomatenkonzentrat)
1 Glas Weißwein
je 2 EL Kapern und zerdrückte Oliven
Schale einer halben Zitrone
2 frische Lorbeerblätter
1 Rosmarinzweig
Salz
Pfeffer
800 g kleine Oktopusse

Die Zwiebel fein würfeln, in Öl andünsten, erst dann den gehackten Knoblauch zufügen und die Hälfte der Petersilie, ebenfalls fein gehackt. Den *strattù* hineinrühren, ihn schlückchenweise mit Wein auflösen. Dabei sollte die Sauce, die jetzt entsteht, ständig leise schmurgeln. Also nicht allen Wein auf einmal angießen, sondern peu à peu. Kapern, Oliven, Zitronenschale, Lorbeer und Rosmarin zufügen, die Sauce mit Salz und Pfeffer würzen.

Die Tintenfischchen gründlich waschen, in Stücke schneiden – je nach Größe einfach nur die einzelnen Arme vom Leib trennen oder auch diese nochmals durchschneiden. In der Sauce sanft einige Minuten schmurgeln, dabei ab und zu rühren, damit nichts ansetzt. Wenn nicht genügend Flüssigkeit in der Pfanne sein sollte, mit einem weiteren Schuss Wein oder auch Wasser loskochen. Zum Schluss die Sauce noch mal abschmecken, eventuell auch mit einem Spritzer Zitronensaft. Die restliche Petersilie fein gehackt unterrühren.

ALICI ALL'AGRETTO
SARDELLEN IN SÄUERLICHER SAUCE

Eigentlich versteht man darunter ja die in Essig marinierten Sardellen, wie sie Adelina zubereitet (S. 76) und die man dann vor dem Verzehr mit Olivenöl, Zitrone und Petersilie erst richtig anmacht – bei Signora Elisa handelt es sich jedoch nicht um ein »kaltes Kochen«, die Sardellen werden vielmehr im Ofen gegart. Und dazu gibt es eine herrlich säuerliche Sauce, in die Signora Elisa reichlich Kapern aus Pantelleria verarbeitet.

Die Fischchen gründlich waschen – dabei die Köpfe entfernen – und auf einer dicken Lage Küchenpapier sehr gründlich abtropfen lassen. Nebeneinander in eine flache Auflaufform schichten. Salzen, pfeffern und mit Öl beträufeln. Gleichmäßig die Brösel darüber verteilen. Bei 220 Grad nur wenige Minuten im Ofen backen und so gar ziehen lassen – aufpassen: Die Brösel sollen bräunen, die

Für vier Personen:
1 kg frische Sardellen (oder auch die größeren Sardinen)
Pfeffer
Salz
4 EL Olivenöl
2–3 gehäufte EL Semmelbrösel

Kapernsauce:
100 g Kapern
2 Anchovis
2 Knoblauchzehen
1 TL Origano
1 rote Chilischote
1 EL Essig
1 Glas Olivenöl
Petersilie

Fischchen durchziehen. Es kann von Ofen zu Ofen variieren, wie lange das dauert!

Inzwischen die Zutaten für die Sauce im Mixer pürieren. Getrennt zu den Fischchen reichen (die man übrigens auch kalt servieren kann).

TRIGLIE IN AGRODOLCE
MEERBARBEN IN SÜSSSAURER SAUCE

Für vier Personen:
1 Zwiebel
3 EL Olivenöl
3–4 Knoblauchzehen
2 gehäufte TL Zucker
1/2 TL Anissamen
2 EL Essig
1 Bleichselleriestängel mit Grün
4 Petersilienzweige
4 reife Tomaten (oder 2 Tassen gewürfeltes Tomatenfleisch)
2 EL Kapern
1 EL Sultaninen
Salz
Pfeffer
1 kg kleine Meerbarben (nicht größer als je 200 g!)

Statt der Meerbarben kann man auch kleine Forellen mit dieser Sauce übergießen und im Ofen gar ziehen lassen.

In einer weiten Pfanne die fein gehackte Zwiebel in etwas Öl andünsten, Knoblauch zufügen, mit Zucker bestreuen und karamellisieren. Den Anissamen hacken oder im Möser zerreiben und zufügen. Mit Essig ablöschen. Den in feine Scheibchen geschnittenen Sellerie (etwas vom Grün beiseite legen) sowie die Hälfte der Petersilie mitdünsten. Schließlich die gehäuteten und gewürfelten Tomaten zufügen. Zehn Minuten köcheln, bis sich alles gut verbunden hat. Kapern und Sultaninen unterrühren, mit Salz und Pfeffer würzen, nochmals fünf Minuten ziehen lassen.

Inzwischen die Fische gründlich waschen und schuppen, nebeneinander in eine flache, mit Öl ausgepinselte Auflaufform schichten. Die vorbereitete Sauce darüber verteilen. Bei 180 Grad etwa 15 bis 20 Minuten backen, bis alles brodelt und die Fische gar sind.

Sizilianische Alltagsrezepte

Bei seinen Ermittlungen kommt der Commissario immer wieder zu Leuten, die sich eben zur Mahlzeit niedersetzen wollen oder gerade beim Essen sind. Wenn es dann herrlich duftet, beginnt Montalbano zu hoffen – wird er eingeladen, einen Teller mitzuessen, oder muss er hungrig wieder abziehen?

Die letzte Kreuzwegstation war die Wohnung Nummer neunzehn im vierten Stock ... Durch die Tür duftete es so nach ragù, *dass Montalbano ganz betäubt war ...*

Die dicke Frau lässt ihn ein. Der hagere Mann hat sich eine Serviette in den Kragen gesteckt:

»Guarnotta, angenehm. Kommen Sie herein. Wir wollten gerade essen. Gehen wir ins Wohnzimmer.«

»Ach was, Wohnzimmer!«, mischte sich die dicke Frau ein. »Wenn du deine Zeit mit Reden vertust, wird die Pasta klebrig. Haben Sie schon gegessen, Commissario?«

»Ehrlich gesagt, nein«, sagte Montalbano und fühlte, wie sein Herz Hoffnung schöpfte.

»Dann ist doch alles klar«, entschied Signora Guarnotta, »Sie setzen sich zu uns und essen einen Teller Pasta. Da lässt sich's besser reden.«

Dieser Meinung war Montalbano zwar nicht, aber die Pasta war im richtigen Moment abgegossen ..., *das Fleisch im Sugo zart und schmackhaft.* DAS SPIEL DES PATRIARCHEN, S. 41–42

Contrada Ficuzza, wo der Bauer wohnte, war ein abgelegener Ort zwischen Vigàta und Montereale. Um dort hinzugelangen, musste er nach einer halben Stunde Fahrt seinen Wagen stehen lassen und dann noch einen halbstündigen Fußmarsch zurücklegen. Es war schon dunkel, als er bei dem kleinen Bauernhof ankam ...

Die Familie Damiano wollte sich gerade an den Tisch setzen ... Das Zimmer war geräumig, in dem als Küche benutzten Teil gab es auch einen offenen Herd.

»Möchten Sie mitessen?«, fragte Signora Pina und schickte sich an, einen weiteren Stuhl an den Tisch zu stellen. »Ich habe heute Abend ein bisschen pasta cu i bròcculi *gemacht.« Montalbano aß*

mit. Nach der Pasta holte Signora Pina ein halbes Zicklein mit Kartoffeln aus dem Ofen, in dem sie es warm gehalten hatte.

»Sie müssen entschuldigen, Signor Commissario. Das ist von gestern, mein Sohn ist nämlich vierzig geworden.«

Entschuldigung wofür? Dass es an einem normalen Tag einen Braten gibt – der Commissario hätte die Familie Damiano für größenwahnsinnig halten können, gäbe es keine Erklärung für diese Tatsache!

»Es war köstlich, zart und fein, wie es in der Natur des Zickleins liegt, zu Lebzeiten ebenso wie im Tod.«

DIE NACHT DES EINSAMEN TRÄUMERS, S. 217–218

Der Commissario will eine Auskunft vom Fischer Ciccio Albanese, ruft ihn an:

»Ciccio, wieso bist du zu Hause? Grippe? Und wie geht's dir jetzt? Wieder gut? Das freut mich. Hör mal, ich wollte dich was fragen ... Wie? Ich soll zum Abendessen kommen, damit wir in Ruhe reden können? Also, ich will mich aber nicht einladen, deiner Frau Umstände machen ... Was sagst du? Pasta mit frischer Ricotta? Und dann kleine gebratene Fische? In spätestens einer halben Stunde bin ich da.« DAS KALTE LÄCHELN DES MEERES, S. 162

SPAGHETTI AL RAGÙ
SPAGHETTI MIT FLEISCHSUGO

Für vier Personen:
- 1 Zwiebel
- 2 Knoblauchzehen
- 4 EL Olivenöl extra vergine
- 1–2 Selleriestängel
- 1 dicker Bund glattblättrige Petersilie
- 2 getrocknete Chilischoten
- 250 g Hackfleisch
- Salz
- Pfeffer
- 1 TL getrockneter Origano
- 1 große Dose geschälte Tomaten (800 g)
- frisch geriebener Pecorino

Der Klassiker unter den Spaghettisaucen, für den es in Italien mindestens so viele Rezepte gibt wie Haushalte, Köche oder Köchinnen ...

Die Zwiebel fein würfeln, zusammen mit dem gehackten Knoblauch im heißen Olivenöl andünsten. Den in feine Scheibchen geschnittenen Sellerie, einen Teil der fein gehackten Petersilie sowie die zerkrümelten Chilischoten zufügen. Das Hackfleisch in der Pfanne verteilen und gründlich anbraten, dafür die Hitze ein wenig verstärken. Salzen, pfeffern und den zerrebbelten Origano zufügen. Tomaten samt ihren Saft angießen. Etwa 20 bis 30 Minuten (auch länger!) köcheln.

Die inzwischen bissfest gekochte Pasta in diesem Sugo einige Minuten ziehen lassen, damit sie den Geschmack gut aufnehmen können. Heiß zu Tisch bringen! Dazu frisch geriebenen Pecorino, Hartkäse aus Schafsmilch, zum Drüberstreuen reichen. Notfalls geriebener Parmesan oder Grana.

CAPRETTO AL FORNO

ZICKLEINBRATEN MIT ORANGENDUFT

Für sechs Personen:
ca. 1,5 kg Zicklein (Schultern, Hals, Rücken, Keule)
Salz
Pfeffer
Olivenöl
Thymian
Rosmarin
Wurzelwerk (Möhre, Lauch, Zwiebel, Sellerie)
1 kg Kartoffeln
1/2 l Weißwein
1/4 l Brühe
30 g Butter
1 EL Orangenmarmelade

Zicklein haben ein enorm festes Fleisch. Es ist daher stets besser, sie kräftig durchzubraten, als zu versuchen, sie behutsam rosa hinzukriegen. Ins heiße Rohr damit, bis die Stücke rundum richtig kross sind, dann herunterschalten und noch etwas nachziehen lassen.

Das Zicklein in Portionsstücke teilen, alle mit Salz, Pfeffer und Olivenöl einreiben. Mit den Kräutern in einen großen Schmortopf setzen, und zwar dicht an dicht, dabei das sehr fein gewürfelte Wurzelwerk darunter streuen, die geschälten und grob gewürfelten Kartoffeln daneben verteilen und ebenfalls mit Öl benetzen. In den 250 Grad heißen Ofen schieben und zunächst 20 Minuten scharf braten. Die Stücke dann umdrehen, nochmals in den Ofen schieben, erst nach weiteren 15 Minuten mit Wein ablöschen und die Hitze auf 180 Grad herunterschalten. Das Fleisch noch gut 50 Minuten in der jetzt nachlassenden Hitze braten.

Die Zickleinstücke und Kartoffelwürfel herausheben und warm stellen. Den Bratensatz mit Brühe loskochen, dabei Butter und

Orangenmarmelade unterrühren. Die Sauce mit Brühe auf die gewünschte Konsistenz bringen, nochmals abschmecken und in einer Sauciere zum Braten reichen.

PASTA CU 'A RICOTTA FRISCA
PASTA MIT FRISCHER RICOTTA

Für vier Personen:
1 Aubergine
2 EL Olivenöl
Salz
Pfeffer
1 Tasse Tomatensugo (S. 96)
200 g frische Ricotta (notfalls junger Frischkäse)
500 g Pasta (nach Gusto: Tagliatelle oder eine kurze, dicke gerippte Pasta wie Penne)

Es hat durchaus seinen Reiz, die Ricotta fast pur mit der Pasta zu vermischen, dann wird sie noch großzügig mit grobem Pfeffer gewürzt und natürlich einem guten Schuss rohen, allerfeinsten Olivenöls. Aber ansonsten liebt man es, die Ricotta mit einem Gemüse zu vermischen. Wie beispielsweise mit Broccoli (S. 81), mit wildem Spargel, mit Puffbohnen oder wie hier mit *melanzane*, Auberginen, und einem Löffel Tomatensugo.

Die Aubergine in Scheiben, diese in Streifen schneiden. Portionsweise im heißen Öl anbraten, sie sollen ein bisschen braun werden, dürfen nicht zu blass bleiben. Salzen und pfeffern, den Tomatensugo angießen.

In einer Schüssel die Ricotta mit einem Schuss heißem Nudelwasser glatt rühren. Die bissfest gekochte, nur ganz kurz abgetropfte Pasta damit vermischen, erst jetzt die Auberginen in ihrer Sauce untermischen, sofort servieren.

Man darf natürlich auch etwas gehackte Petersilie oder Basilikum für Duft und Farbe zufügen. Käse nach Geschmack!

Pasta mit frischer Ricotta hatte Montalbano auch an einem denkwürdigen Abend mit Ingrid gegessen:

Er sah auf die Uhr, Ingrid musste gleich kommen. Er holte seine Geldbörse aus der Tasche und sah nach, ob er für das Abendessen genug Geld einstecken hatte. Da tauchte Catarella in der Tür auf und keuchte:

»Ah, Dottori! Draußen ist Signorina Ingirigid und wartet!«

Ingrid wollte, dass der Commissario bei ihr mitfuhr.

»Mit deiner Kiste kommen wir nie an, und es ist ziemlich weit.«

Damit deutete sie auch freilich an, dass nicht nur ihr Wagen schneller, sondern auch ihr Fahrstil erheblich rasanter sei als der des Commissario.

»Wo bringst du mich denn hin?«

»Du wirst schon sehen. Du könntest ja mal ein bisschen Abwechslung in deine ewigen Fischessen bringen, oder?«

Ingrid redete die ganze Zeit, das Auto flitzte dahin ... bis sie vor einem Gehöft auf dem Land hielten.

»Salvo, willst du das Gleiche essen wie ich?«

So führte sich der Commissario mit Schafskäse und Pfeffer gewürzte ditalini cu 'a ricotta *zu Gemüte; die Ricotta war frisch und genau richtig gesalzen. Ein Gericht, das dringend nach Wein verlangte, und die Bitte wurde ausgiebig erfüllt. Als zweiten Gang aß er* costi 'mbriachi. *Als es ans Bezahlen ging, wurde der Commissario blass: Er hatte sein Portemonnaie auf dem Schreibtisch liegen lassen. Ingrid zahlte. Auf der Rückfahrt drehte der Wagen ab und zu ein paar Walzerrunden.*

DAS KALTE LÄCHELN DES MEERES, S. 178–179

Ein weiteres Rezept für Pasta mit Ricotta finden Sie auf Seite 81. Das Rezept für die *costi 'mbriachi*, die beschwipsten Koteletts, steht auf Seite 103.

Franca oder die ländliche Küche

Es sind aber keineswegs nur perfekt zubereitete Gerichte, die das Herz des Commissario höher schlagen lassen. Auch für die einfachen Freuden ist er empfänglich, erlebt – wie wir alle – gerade dann, wenn er auf den Geschmack und den Geruch von Speisen aus seiner Kindheit stößt, sich selbst und die Erinnerung daran besonders intensiv.

Franca, die Schwester von Mimì Augello, die im Landesinneren als Bäuerin lebt und bei der das Waisenkind François untergebracht wurde, das er besucht, ist gerade beim Tischdecken, als der Commissario in die Küche kommt.

»Hast du Hunger?«

»Beh, si.«

»Magst du ein bisschen Weizenbrot? Ich habe es erst vor einer Stunde aus dem Ofen geholt. Soll ich es dir zurechtmachen?«

Ohne seine Antwort abzuwarten, schnitt sie zwei Scheiben von einem Brotlaib ab, tat Olivenöl, Salz, schwarzen Pfeffer und Pecorino darauf, legte die beiden Scheiben aufeinander und reichte sie ihm.

Montalbano ging hinaus, setzte sich auf eine Bank neben der Tür und fühlte, wie er beim ersten Bissen vierzig Jahre jünger wurde, er war wieder ein kleiner Junge, so hatte ihm auch seine Großmutter das Brot immer zurechtgemacht.

Man musste es unter dieser Sonne essen, durfte dabei an nichts denken und nur genießen, dass man eins war mit dem Körper, mit der Erde, mit dem Duft des Grases.

DIE STIMME DER VIOLINE, S. 118–119

Danach gibt es *pasta col sugo di salsizza* und *salsizza alla brace*, also Nudeln mit einem Bratwurst-Tomaten-Sugo und anschließend noch mal Bratwurst, diesmal gegrillt – Gerichte, für die Montalbano sonst ins Schwärmen geraten würde, die ihm aber nur noch einfach gut schmecken, nach dem elementaren Erlebnis des Käsebrotes seiner Großmutter …

Wer nicht bei Franca essen darf, tröstet sich mit einem Besuch in der Trattoria Ristoro Calatamauro, *Contrada Bagnitelli Soprana, in Contessa Entellina (in den Bergen, nicht weit von Sambuca die Sicilia)*

Knorrige Olivenbäume, weites Land, unter Felsen geduckte Dachlandschaften. Wogende Felder voller gelber Fenchelblüten und Margeriten und Schafe …

Marktstände haben ihre eigene Ordnung und sind stets von üppiger Vielfalt. Der Metzger hat keine Scheu, das frisch geschlachtete Schaf noch in seinem Fell zur Schau zu stellen. Rinderhälften werden über der Schulter zum Markt gewuchtet

Die Gebrüder Pomilla in Corleone sind berühmt für die besten salsicce *weit und breit – grobe, fenchelwürzige Bratwürste – zu sehen auf den Seiten 198 und 199 – kann man in ihrer* Macelleria Pomilla *in Corleone kaufen*

CORATELLI di
CAPRETTO
NOSTRANO
€6

PASTA COL SUGO DI SALSIZZA
PASTA MIT BRATWURSTSAUCE

Für vier Personen:
1 Zwiebel
3 EL Olivenöl
3–4 Knoblauchzehen
1 TL Anissamen
Petersilie
etwas Fenchelgrün, wenn vorhanden
1 EL *strattù* (Tomatenkonzentrat, siehe S. 88)
2 Tassen Tomatenfleisch
2 Rosmarinzweige
Thymian
1 Glas Weißwein
Salz
Pfeffer
500 g frische, grobe Bratwurst
500 g Pasta (z. B. Spaghetti)
150 g frische Ricotta

Dafür braucht man eine herzhaft gewürzte frische, grobe Bratwurst, die man aus ihrer Pelle löst. Man kann gut rohe Nürnberger Würstchen verwenden, sollte den Sugo dann aber besonders kräftig mit Knoblauch würzen und ihm mit Fenchelkraut und/oder Anis zusätzlich etwas »Sicilianità« verleihen. Man kann den Tomatensugo herzhaft halten oder ihm mit Ricotta Leichtigkeit verleihen – dann aber sollte man auf Käse verzichten. Ansonsten natürlich, wie immer, geriebenen Pecorino oder Parmigiano bereitstellen.

Zwiebel fein würfeln und im Öl andünsten, gehackten Knoblauch zufügen, den zerstoßenen Anissamen, Petersilie und das gehackte Fenchelgrün. *Strattù* unterrühren, etwas anrösten, dann Tomatenfleisch zufügen. Die Kräuterzweige in die Pfanne legen, den Wein angießen. Leise köcheln, dabei mit Salz und Pfeffer abschmecken, bis eine dichte, duftende Sauce entstanden ist. Erst jetzt die in Stücke geschnittene Bratwurst zufügen und einige Minuten darin ziehen lassen.

Inzwischen die Pasta in reichlich Salzwasser bissfest kochen. In einer Schüssel die Ricotta mit einem Schuss Nudelkochwasser glatt rühren, die Pasta darin wenden. Die Tomaten-Bratwurst-Sauce darübergeben und alles sorgsam mischen.

SALSIZZE ALLA BRACE CON PATATA AL FORNO

BRATWURST VOM ROST MIT KARTOFFELN AUS DEM ROHR

Für vier Personen:
8 frische, grobe Bratwürste
Rosmarin

Kartoffeln:
2 kg Kartoffeln
4–5 EL Olivenöl
Salz
Pfeffer
Rosmarinzweige
Salbeiblätter

Je besser der Metzger, desto besser die Bratwurst, das ist eine Binsenweisheit. Eine gut gewürzte Bratwurst ist eine Delikatesse! Wenn man sie auf dem Gartengrill zubereitet, kann man für ein sizilianisches Aroma einige Rosmarinzweige in die Glut werfen. Oder, wenn zufällig ein Zitronenbaum im Wintergarten oder auf der Terrasse steht, einige Zitronenblätter oder -zweige – schließlich muss man die ja manchmal auslichten. Und was hindert den leidenschaftlichen Griller daran, das dann zu tun, wenn Würste auf den Grill kommen? Aber natürlich kann man die Würste auch in der Pfanne einfach braten – bei nicht zu heftiger Hitze, damit sie langsam durchgaren und eine schön knusprige Haut bekommen.

Die Würste mit einem Kartoffelpieker, einer spitzen Gabel oder einer Nadel rundum einige Male einstechen, damit sie auf dem Grill (oder in der Pfanne) nicht platzen. Langsam bei nicht zu starker Hitze grillen!

In der Pfanne bei mittlerer Hitze auf beiden Seiten braten – sobald etwas Fett ausgetreten ist, Rosmarin in die Pfanne legen, damit er den Würsten seinen Duft vermittelt.

Die Kartoffeln schälen, längs vierteln, in einer Bratenform verteilen, dabei mit Öl beträufeln, salzen und pfeffern. Die Kräuter dazwischen verteilen. Bei 175 Grad im Backofen etwa eine halbe Stunde braten, dabei ab und zu mit der Bratschaufel umwenden, damit die Kartoffelstücke überall schön bräunen.

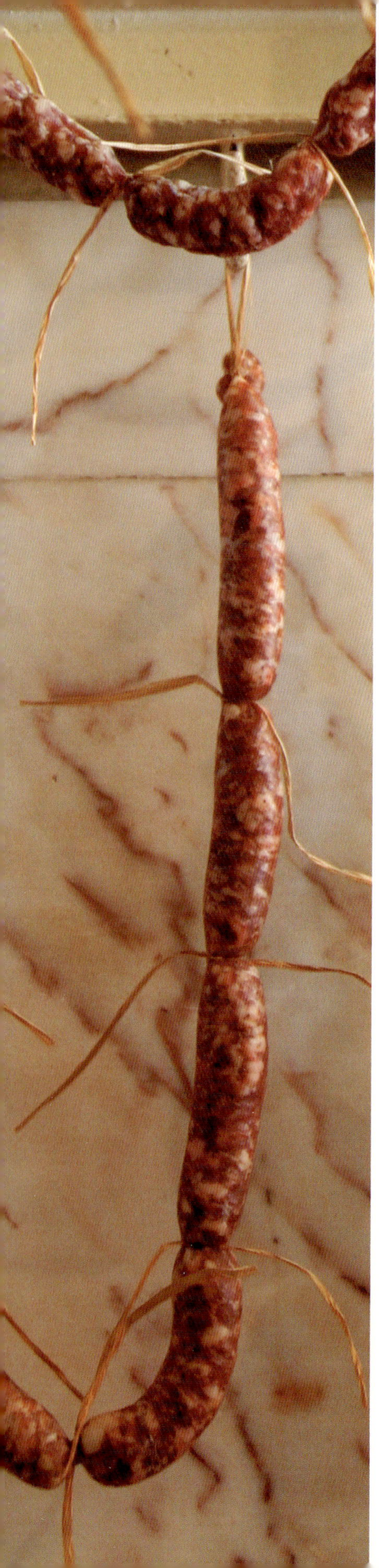

Es gibt aber auch Einladungen, die für den Commissario ihre Schwierigkeiten in sich bergen:

Taninè, die Frau des Fernsehjournalisten Nicolò Zito, einer der wenigen Freunde von Commissario Montalbano, war eine eher eigenwillige Köchin, das heißt, die Gerichte, die sie auf ihrem Herd zubereitete, folgten nicht bestimmten Regeln der Kochkunst, sondern waren das höchst improvisierte Ergebnis ihres launischen Charakters ... Sie war eine schöne Frau Anfang dreißig, ihr Körper war fest und voll und weckte in den Männern ordinär irdische Gedanken.

Wenn sie gut drauf ist, bewegt sie sich in der Küche so schwerelos wie eine Tänzerin oder wie ein Engel, dann gelingen ihr die Speisen göttlich. Aber wenn ihr eine Laus über die Leber gelaufen ist, wird alles zur Katastrophe ...

Das Landhaus der beiden in Cannatello im Landesinneren wäre über eine Schnellstraße leicht zu erreichen – Montalbano aber nützt diesen Ausflug immer für eine Fahrt durch das alte Sizilien, holpert über Viehsteige, Feldwege, staubige Landsträßchen. Eine raue, steinige Landschaft, strohgelb, ausgetrocknet. Es gedeiht nichts, nur wilder Fenchel, wilde Melonen, in den Felsen Kapern. Jagdgebiet. Hier und da ein Bauernhaus, wie Würfel in die Landschaft verstreut.

An diesem Tag wartete Taninè mit einem großartigen Gericht auf, das, wer weiß warum, malalìa d'amuri *hieß. In der Tat hatte diese Suppe aus Schweinefleisch (Lunge, Leber, Milz und mageres Fleisch), zu der man geröstetes Brot aß, nicht das Geringste mit* mal d'amore, *Liebeskummer, zu tun, höchstens mit Bauchweh ... ein Paradies der Gaumenfreuden.*

DAS PARADIES DER KLEINEN SÜNDER, S. 233–235

Wir glauben einfach mal, dass es für Liebhaber ein köstliches Gericht ist, wenn es von den Innereien eines frisch geschlachteten Schweins zubereitet wird. Wir haben es aber nirgendwo probieren können, nicht einmal ein Rezept dazu gefunden. Und mangels der Möglichkeit, die Zutaten kaufen zu können, haben wir es auch nicht ausprobiert und darauf verzichtet, ein Rezept zu entwickeln.

Ernste Probleme hat Commissario Montalbano mit den Küchenfertigkeiten von Giulia, der Frau seines Freundes Valente, zunächst Vicequestore und Leiter eines Kommissariats bei Palermo und später in Mazàra del Vallo. Sie stammt aus Sestri, also wie Livia aus Ligurien:

Die beiden Frauen waren sich sofort sympathisch. Montalbano fand Valentes Frau nicht ganz so sympathisch, weil die Pasta ein zerkochtes Häuflein Elend war, der Schmorbraten nur einem kranken Hirn entsprungen sein konnte und man solch einen Kaffee nicht mal an Bord eines Flugzeuges anbieten würde.

DER HUND AUS TERRACOTTA, S. 276

Einmal, als Livia zu Freunden nach New York gereist war, *nahm er aus reinem Masochismus die Einladung seines Freundes Valente … an, Weihnachten bei ihm zu verbringen. Aus Masochismus, denn Valentes Frau Giulia … kochte (aber konnte man das Wort in diesem Spezialfall verwenden?), wie kleine Kinder kochen, wenn sie in einer Schüssel zerkrümeltes Brot, Zucker, Paprikaschoten, Mehl und alles, was ihnen zwischen die Finger kommt, zusammenrühren und dir dann servieren …*

DIE NACHT DES EINSAMEN TRÄUMERS, S. 85–86

Als Valente ihn für einen Tag nach Mazàra einlädt, wird ihm bange:

Montalbano wollte sich herauswinden, indem er erhebliche Zweifel hinsichtlich der Möglichkeit äußerte, einen Tag freinehmen zu können: Denn was Valentes Frau an Essen zubereitete, kam auf der ganzen Linie einem vorsätzlichen Mord gleich.

»Ich bin allein«, fügte Valente hinzu. »Meine Frau ist für ein paar Tage zu Besuch bei ihren Eltern. Wir könnten in diese Trattoria gehen, in der du schon mal warst …«

»Ich bin morgen spätestens um zwölf bei dir«, fiel ihm der Commissario sogleich ins Wort.

DAS PARADIES DER KLEINEN SÜNDER, S. 298

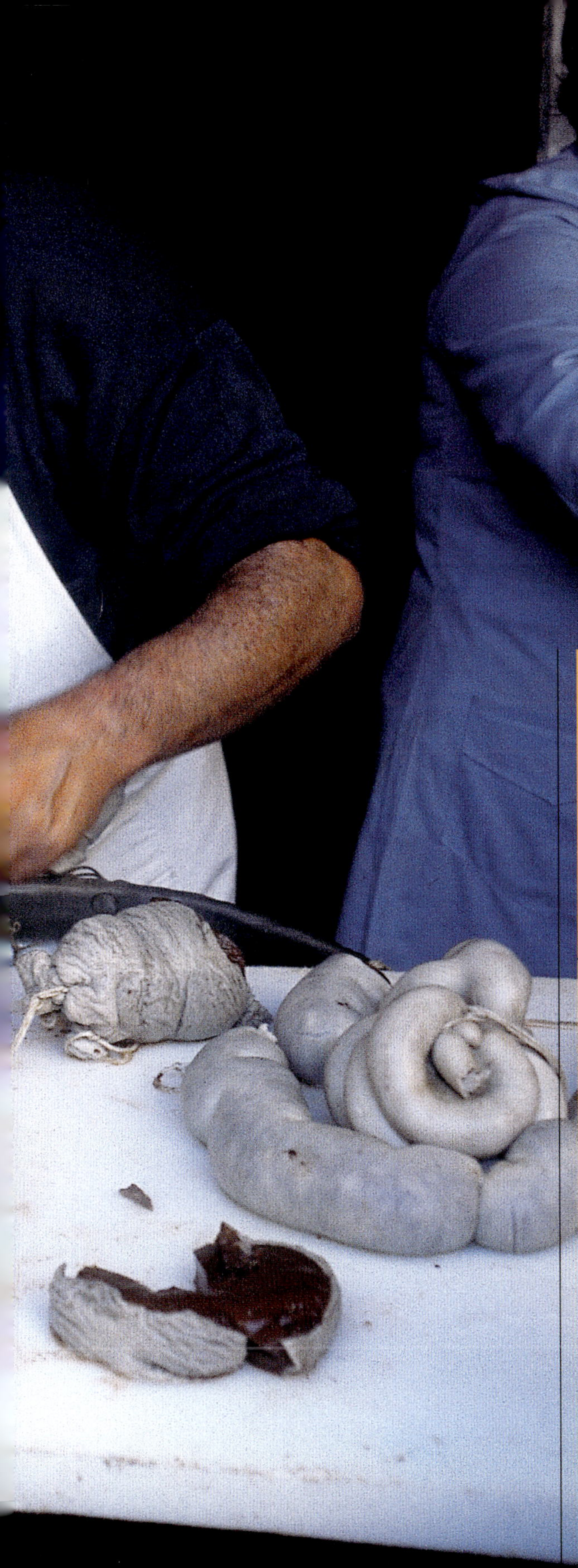

Im Land der feinen Aromen

Natürlich ist Commissario Montalbano immer wieder beruflich unterwegs. In Palermo beispielsweise geht er stets in die gleiche zweifelhafte Osteria, wo er sich *mit vor Lust halb geschlossenen Augen* involtini di milanzàne *mit Pasta und geriebener Ricotta zu Gemüte führt.*

DIE NACHT DES EINSAMEN TRÄUMERS, S. 87

Mit Livia ist er auch einmal dort: »Ich möchte dir die Vuccirìa zeigen.«

»Ich kenne die Vuccirìa. Guttuso.«

»Aber dieses Bild ist miserabel, glaub mir.«

Entgegen ihrer Absicht gehen sie nach

Drei wunderschöne Hotels in Palermo:
das Hotel Massimo Plaza,
das Centrale Palace Hotel *und*
das Grand Hotel Federico II

dem Eintreffen im Hotel nicht gleich los, sondern lieben sich erst einmal ausgiebig und schlafen ein.

Es war schon fast Abend, als sie das Hotel verließen und in die Vuccirìa gingen. Livia war ganz benommen von dem Stimmengewirr, den Aufforderungen und dem Geschrei der Händler, dem Dialekt, den Kontrasten, den plötzlichen Streitereien, den Farben, die so leuchtend waren, dass sie fast künstlich wirkten, wie gemalt. Der Geruch nach frischem Fisch mischte sich mit dem Duft von Mandarinen, gekochten und mit Caciocavallo belegten Innereien – der meùsa *– und Gebratenem, und dieser Schmelztiegel an Gerüchen war etwas Unwiederholbares, fast Magisches.«* DER HUND AUS TERRACOTTA, S. 238 – 239

Auf dem Markt in Palermo

Die Märkte von Palermo haben etwas Magisches – man muss sie erlebt haben! Sicher, die »Vuccirìa«, die allerdings inzwischen ziemlich touristisch und etwas trostlos geworden ist, und wo sich abends nicht mehr die Diebe, sondern die Jugendlichen zum *corso* treffen. Im »Balarò« oder »Capo« aber herrscht noch das ursprüngliche Treiben, quellen die Marktstände von buntem, strotzendem Gemüse über! Freilich rauben die gleichmacherischen EU-Bestimmungen für den Verkauf von Lebensmitteln auch ihnen zunehmend ihre Wahrheit und Ursprünglichkeit. Die Beleuchtung hat sich bereits geändert, die neuen Lampen lassen die Lebensmittel noch frischer und künstlicher aussehen. Aber die unglaubliche Atmosphäre ist noch zu spüren, das wilde Geschrei »*Euhhh, avanti!* Leute kauft! Billig! Gut!« und die infernalischen Düfte (hier wässernder Stockfisch, dort ein sanft verwesender Ziegenkopf als Aushängeschild) vermischen sich zu einer schrillen Kakophonie für Ohren und Nase. Neben *meùsa*, gekochten Schafsinnereien, kann man sich auch *nervetti* aufs Brötchen legen lassen, die der Händler in einem geräumigen, dick ausgepolsterten Korb unter Bergen von Tüchern warm hält. »Den *panino* trocken oder *bagnato*?«, fragt der Händler und taucht dann die Schnittfläche in Brühe, um sie

Vorige Doppelseite:
Frisch aus dem Kessel, dampfend heiß: meùsa *(Schafsinnereien), Blutwürste und* trippa *(Blättermagen). Der wahre Liebhaber lässt sich sofort ein* panino *damit belegen und verspeist es gleich hier, aus der Hand*

zu befeuchten – oder eben nicht, wenn man es lieber trocken mag. Darauf häuft er dann die weich gekochten Sehnen, die er rasch in Stücke hackt, und die anderen knorpeligen, gallertartigen Fleischstücke, die sonst eher als Abfall betrachtet werden, aber dem Liebhaber unerhört köstlich schmecken. »*Peperoncino*?«, fragt er noch, und streut nach Kopfnicken eine Prise davon darüber, bevor er das Brötchen zusammenklappt und mit einer Papierserviette umhüllt über seinen Korb hinweg dem Kunden reicht. Am nächsten Stand gibt es gekochten Kalbskopf und gesottenes Rindfleisch, warm oder kalt, das auf dem Brötchen mit Zitronensaft beträufelt wird und mit Salz bestreut. Daneben kann sich der Kunde *ricci di mare*, Seeigel, öffnen lassen und gleich an Ort und Stelle auslöffeln, dort bietet einer Tintenfisch, *polipi*, aus einem gewaltigen Topf an, in dem er im Kochsud warm gehalten wird.

Oder man geht gleich zum »Maestro del Brodo«, um einen Teller Suppe mit Kesselfleisch zu essen – der allerdings residiert wiederum in der Vuccirìa.

Überquert man die Hauptstraße, die hinauf zur Zisa führt, den Corso Vittorio Emmanuele II., so kommt man zur »Antica Focacceria San Francesco«, einem ehemaligen Jugendstiljuwel, dessen geschäftstüchtige Chefs daraus längst eine Touristenattraktion gemacht haben. Hier wird vieles nur noch aufgewärmt und aufgebacken, was zwei Häuser weiter zubereitet wurde. Aber die *meùsa*! Während man auf dem Markt nur Zitronensaft darüberträufelt, bestreicht man hier den mit Brühe getränkten

Die Antica Focacceria San Francesco *in Palermo*

Die Märkte Siziliens strotzen noch immer vor Lebensfreude, die Stände quellen über von allem, was zu Wasser und zu Land erzeugt, gefangen und produziert wird. Trotzdem spürt man den drohenden Eingriff der behördlichen Regeln allenthalben. Wie lange noch dürfen Fisch und Meeresgetier ohne eine schützende Glaswand hergezeigt werden?
Die Säcke voller Reis, die Berge von Oliven, die Kegel mit strattú (Tomatenextrakt) sind schon mit Folie abgedeckt …
Auf der nächsten Doppelseite: frisch gekochter Tintenfisch (polipo), aus dem Kessel auf den Teller und im Stehen verspeist – Fastfood, wie man es sich gern gefallen lässt!

adidas

ANDIAMOCI
A
FORZA PALERMO
ANDIAMOCI
A
FORZA PALERMO

panino mit etwas Ricotta und packt auf die *meùsa* noch *primosale* – jungen, noch nicht im Salzbad gereiften Schafskäse – in dünnen Streifen.

INVOLTINI DI MELANZANE
AUBERGINENRÖLLCHEN

Für vier Personen:
2 Auberginen
3–4 EL Olivenöl
Salz
Pfeffer
200 g Mozzarella
2 Tassen frische Tomatensauce (S. 96) oder gewürfeltes Tomatenfleisch
Basilikum

Macht sich immer gut auf einem Vorspeisenbuffet, eine sommerlich leichte und trotzdem würzige Sache.

Die Auberginen längs in gleichmäßig dünne Scheiben schneiden, am besten auf der Aufschnittmaschine, damit sie tatsächlich gleichmäßig geraten. In Olivenöl auf beiden Seiten golden braten. Dabei salzen und pfeffern. Die Mozzarella zentimetergroß würfeln.

Die Auberginenscheiben ausbreiten, auf die breite Hälfte jeweils zwei bis drei Käsewürfel legen, mit einem Klecks Tomatensauce bedecken, ein Basilikumblatt obenauf legen. Aufrollen und dicht an dicht in eine feuerfeste Form setzen. Vor dem Servieren für zehn Minuten in den 200 Grad heißen Ofen stellen, bis der Käse schmilzt und die Tomatensauce brodelt. Mit gehacktem Basilikum garnieren.

Man kann die Röllchen warm oder kalt servieren. Montalbano liebt sie allerdings auf einem Berg von kurzer Pasta, die mit geriebener gesalzener Ricotta vermischt ist, und hat so eine verfeinerte Version der *pasta alla Norma* (Bild S. 172) vor sich.

Der Commissario auf kulinarischer Schatzsuche

Wenn Montalbano Glück hat, widerfährt ihm schon mal ein im Gedächtnis so stark haftendes kulinarisches Wunder, dass er den Besuch wiederholt:

Auf dem Rückweg von Mazàra del Vallo nach Vigàta entdeckte er einmal *nach ein paar Kilometern eine Trattoria direkt am Ufer. Er hielt an, stieg aus und setzte sich an einen Tisch. Er bereute es nicht … Während er auf seinen Anisschnaps zur Verdauung wartete (die doppelte Portion* spigole *setzte seinem Magen etwas zu), beschloss er, sie anzurufen …* DER DIEB DER SÜSSEN DINGE, S. 169–170

Er hatte Livia nämlich total vergessen. Nicht aber die Trattoria: Ein paar Tage später ist er wieder dort:

Er verputzte ein sauté di vongole col pangrattato, *eine üppige Portion* spaghetti in bianco con le vongole, *einen* rombo al forno con origano e limone caramellato *und zur Abrundung einen* sformatino di cioccolato amaro con salsa all'arancia. *Als er fertig war, stand er auf, ging in die Küche und drückte dem Koch bewegt die Hand, ohne ein Wort zu sagen. Auf dem Weg zu Valentes Büro sang er im Auto aus voller Kehle.* DER DIEB DER SÜSSEN DINGE, S. 238

Der Nachmittag war arbeitsreich gewesen, und der Commissario machte sich auf den Heimweg:

Fest entschlossen, der Versuchung zu widerstehen, raste Montalbano mit hundertzwanzig Sachen an dem Restaurant vorbei, in dem er sich zu Mittag den Bauch voll geschlagen hatte. Doch nach fünfhundert Metern vergaß er alle guten Vorsätze und bremste, woraufhin das Auto hinter ihm wie wild hupte. Als der Wagen überholte, warf der Mann am Steuer ihm wütende Blicke zu und zeigte ihm die Hörner. Montalbano machte eine Kehrtwendung, was auf diesem Straßenabschnitt strengstens verboten war, ging schnurstracks in die Küche und fragte den Koch ohne ein Wort der Begrüßung:

»Wie machen Sie denn die triglie di scoglio*?«*

DER DIEB DER SÜSSEN DINGE, S. 238

Er ist so begeistert von diesem Koch, dass er, als er ein paar Tage Ruhe braucht, sofort weiß, wohin er will:

Als er in Mazàra in der Trattoria ankam, wurde er wie ein verlorener Sohn empfangen.

»Sie vermieten doch auch Zimmer, nicht wahr?«

Er quartiert sich ein, legt sich aufs Bett mit Meerblick, seine Brust füllt sich mit einer glücklichen Melancholie.

»Was ist? Kommen Sie nicht runter? Ich habe erfahren, dass Sie hier sind, und etwas für Sie gekocht, was ...«

Was der Koch für ihn zubereitet hatte, konnte er nicht mehr hören, weil schon sanfte, allerliebste Musik, eine Musik wie aus dem Paradies, in seinen Ohren erklang.

Er lernt dort einen hageren Siebzigjährigen kennen, den man »Cavaliere« nennt.

»Liborio Pintacuda, und ich bin kein Cavaliere. Ich muss Sie warnen, auch wenn es aussieht, als wüsste ich mich nicht zu

benehmen«, fuhr der Cavaliere, der keiner war, fort, als er sich hingesetzt hatte. »Ich esse nicht, während ich spreche. Folglich spreche ich auch nicht, während ich esse.«

»Willkommen im Club«, sagte Montalbano und seufzte erleichtert auf. Die pasta ai granchi di mare *war anmutig wie ein erstklassiger Tänzer, aber die* spigola farcita con salsa di zafferano *raubte ihm auf eine Weise den Atem, dass er fast erschrak.*

»Glauben Sie, dass sich ein solches Wunder wiederholen kann?«, fragte er Pintacuda und zeigte auf seinen inzwischen leeren Teller. Sie waren fertig mit Essen, konnten also das Wort wieder ergreifen:

»Es wird sich wiederholen, keine Sorge …«, sagte Pintacuda. »Ich komme schon seit vielen Jahren hierher, und niemals, wirklich niemals, hat mich Taninos Küche enttäuscht.«

Sie speisen in den folgenden Tagen öfters zusammen: Sogar *polpette*, die Pintacuda, Lehrer für Philosophie, für Hundefutter hält. Er zweifelt an Taninos Verstand. Montalbano wartet ab. Der Professore ächzt, nachdem er probiert hat:

»Wer im Sterben liegt und das hier isst, fährt auch gern zur Hölle«, sagte er leise.

Der Commissario machte sich mit Zunge und Gaumen an eine erkennungsdienstliche Analyse …: Fisch und – da gab es keinen Zweifel – Zwiebeln, Peperoncino, verquirltes Ei, Salz, Pfeffer, Semmelbrösel. Doch bei diesem Appell fehlten noch zwei Gewürze, die sich hinter dem Geschmack der Butter versteckten, in der die polpette *gebraten waren. Beim zweiten Bissen fand er heraus, was er zunächst nicht entdeckt hatte: Kreuzkümmel und Koriander.*

»Koftas …, ein indisches Gericht, das nach allen Regeln der Kunst zubereitet ist.« DER DIEB DER SÜSSEN DINGE, S.282–294

So schließt der Commissario messerscharf, der sich als Sizilianer natürlich gar nicht vorstellen kann, dass man etwas Gebratenes auch ohne Semmelbrösel zubereiten könnte.

Wir lesen das mit gemischten Gefühlen, denn Taninos Art zu kochen hat ja eher etwas Französisches (angeblich hat ihn ja auch jemand aus Paris für sein Restaurant abwerben und mit Gold aufwiegen wollen – aber Tanino will seine Heimat nicht verlassen), sogar Internationales an sich. Wieso ist Montalbano von dieser eher komplizierten Küche so begeistert, die so gar

Nino Graziano hat mittlerweile eine Dependance in Moskau eingerichtet und steht deshalb leider nicht mehr ständig in seinem Restaurant Mulinazzo *am Herd. Doch seine Frau Sabine sorgt mit ihren Töchtern dafür, dass die Qualität unverändert hoch bleibt. Das* Ristorante Mulinazzo *liegt in Bolognetta unmittelbar an der S.S. 121 bei Villafrati*

nicht zu den einfachen Zubereitungen passt, für die er sonst schwärmt? Vermutlich ist er hier erstmalig einer derart gehobenen, elaborierten Küche begegnet ... Und plötzlich mag er sogar Safran – den er vorher verabscheut hatte (siehe S. 116). Und Butter statt Olivenöl als neues Element in den klassischen *polpette*? Kreuzkümmel und Koriander sind nicht nur in Indien, sondern ebenfalls in Nordafrika beliebt und im Westen Siziliens durchaus nichts Außergewöhnliches.

Was er wohl sagen würde, wenn er sich aufraffen könnte, das Restaurant »Mulinazzo« in Villafrati bei Palermo an der Staatsstraße 121 nach Agrigent einmal zu besuchen, wo Nino Granziano eine wahrhaft raffinierte, dennoch absolut im Sizilianischen wurzelnde Küche auftischt? Die Tatsache, dass das Restaurant zwei Sterne im Michelin hat, mag manchen abschrecken – auch uns ist es zunächst so ergangen, denn wir hatten in Italien immer wieder die Erfahrung gemacht, dass sternegekrönte Restaurants leider nur zu häufig sich von ihren eigenen Traditionen entfernen und stattdessen eine französisch inspirierte Küche handwerklich schlecht und ziemlich seelenlos nachahmen. Bei Nino Graziano aber ist alles hoch inspiriert und auf das Wesentliche gebracht. Montalbano, wenn er sein Portemonnaie einmal gründlich plündern würde, spräche gewiss von einem Tempel der Kochkunst, wenn er solch abgegriffene Formeln nicht aus tiefstem Herzen hassen würde.

POLIPETTI DI TONNO

THUNFISCHBÄLLCHEN

Diese *polipetti* oder *polpette* hat uns Frau Saverino in Bonagia auf klassisch sizilianische Weise zubereitet. »Deshalb habe ich sie geheiratet«, strahlt ihr Mann, »und habe das seit fünfzig Jahren nicht bereut!« Sie sind in der Tat wunderbar!

Den Thunfisch durch den Fleischwolf drehen, das eingeweichte Brot zusammen mit der gedünsteten Zwiebel, Knoblauch und Petersilie ebenfalls durchlaufen lassen. Diese Masse durchmischen, dabei den Käse einarbeiten und mit Salz und Pfeffer abschmecken. Etwas ausquellen lassen, dann mit angefeuchteten Händen tischtennisballkleine Bällchen formen. In Salzwasser (besser noch Fischfond) unter dem Siedepunkt etwa fünf bis sechs Minuten gar ziehen lassen.

Für die Sauce die Zwiebel und Knoblauch würfeln, im heißen Öl andünsten. Gehackte Petersilie und die grob zerschnittenen Tomaten zufügen. Salzen, pfeffern, die Basilikumstiele einlegen. Zugedeckt etwa 20 Minuten köcheln. Dann alles durch die Gemüsemühle passieren. Die Sauce nochmals abschmecken, die Thunfischbällchen einlegen und neben dem Feuer noch eine Weile durchziehen lassen. Man kann sie lauwarm essen; wenn man sie aufwärmen möchte, auf keinen Fall richtig kochen, sonst werden sie hart. Mit zerzupften Basilikumblättern bestreut servieren.

Tipp: Nach Geschmack mit je einer Messerspitze gemahlenem Kreuzkümmel und Koriander, eventuell auch einer Prise Chilipulver oder Harissa würzen.

Für vier Personen:

500 g Thunfischfilet (man könnte die Bällchen auch aus anderem Fischfilet herstellen, aber es wäre nicht dasselbe!)
150 altbackenes Weißbrot (am liebsten das traditionelle aus Hartweizenmehl)
1 Zwiebel
3–4 Knoblauchzehen
2–3 EL Olivenöl
Petersilie
50 g geriebener Pecorino oder Parmesan
Salz
Pfeffer

Frische Tomatensauce:
1 Zwiebel
2–4 Knoblauchzehen
3 EL Olivenöl
1 kg reife Tomaten
einige Petersilienstiele
Salz
Pfeffer
Basilikum

Das Hotel Ristorante Saverino *befindet sich am Lungomare in Bonagia bei Valderice*

Nordwind, eiskalt, Mistwetter. Die Heizung des Autos ist kaputt. Montalbano kommt von einer unersprießlichen Unterredung mit dem neuen Questore aus Montelusa zurück, geschwächte Nerven wegen der nicht gerade herzlichen Begegnung. Er beschließt, sie zu besänftigen, indem er ein neues Restaurant ausprobiert, das ein Freund empfohlen hat: eine Osteria an der Straße nach Fiacca (klingt sehr nach dem wirklichen Sciàcca). Nach etwa fünfzehn Kilometern soll ein Hinweisschild sein. Nach siebzehn Kilometern hat er noch immer keines gesehen, erst als er umkehren will, erfasst sein Scheinwerfer (schwach, weil an dem Scheißauto nix funktioniert) das schief an den Pfosten genagelte Schild, auf dem hingepinselt steht: *da Filippo che si mancia bene.* Bei Filippo isst man gut. Ein holpriger Feldweg, nach gut hundert Metern ein kleiner Platz vor einem einstöckigen Häuschen. Dreißig Meter darunter tost das Meer im nächtlichen Sturm. Kein Licht, vernagelte Fenster. Trotzdem steigt er aus (darf ein solcher Tag wirklich mit einem Fiasko enden?).

Die Kneipe hat fünf Tische, kein einziger Gast, nur der Wirt, vermutlich Filippo, hockt gebannt vor der Glotze. Ja doch, es gibt was zu essen, knurrt er ungeduldig, macht aber keinerlei Anstalten, den Blick vom Fernseher zu wenden. So holt sich Montalbano einen Brotkorb und Wein selber vom Tresen. Nach zehn Minuten endlich hat der Film Pause.

»Was wollen Sie essen?« Filippo ist auf einmal ganz Gastgeber.

»Ich habe gehört, dass Ihre polipi alla napoletana *ausgezeichnet sind.«*

»Ganz recht.«

»Ich möchte sie probieren.«

»Probieren oder essen?«

»Essen. Tun Sie passaluna di Gaeta *rein?«*, will er erst einmal wissen, denn ohne diese bestimmte Sorte besonders fleischiger, schwarzer Oliven sind *polipi alla napoletana* für ihn keine.

»Natürlich! Und chiapparina *kommen auch rein!«*

Oje! Das war allerdings eine Neuheit, die sich als schädlich erweisen konnte: Noch nie hatte er von Kapern in polipi alla napoletana *gehört.*

»Chiapparina di Pantelleria«, *präzisierte Filippo.*

Montalbanos Zweifel lösten sich halb auf: Kapern aus Pantelleria, säuerlich und sehr schmackhaft, passten vielleicht wirklich dazu oder würden schlimmstenfalls keinen Schaden anrichten.

Als Lokalpatriot akzeptiert er natürlich diese kleinen, saftigen Knospen von der zu Sizilien gehörigen Insel!

Trotzdem ist der Blick, mit dem der Wirt ihn mustert, bevor er in die Küche geht, fast eine Kampfansage. Mal sehen, ob der Kerl auch nur annähend so begabt essen kann wie Filippo kochen … Es sind ja nur ganz banale Zutaten: zwei Tintenfische *(polipi)*, dann *Knoblauch, Öl, Tomaten, Salz, Pfeffer, Pinienkerne, schwarze Oliven aus Gaeta, Sultaninen, Petersilie und geröstete Brotscheiben: So einfach ist das. Schon, aber das Mengenverhältnis? Und das Gefühl, das einen leiten muss, damit eine bestimmte Menge Salz mit der exakten Dosis Knoblauch übereinstimmt?*

Doch bevor Filippo in die Küche gelangt, stürzen zwei Banditen herein, inszenieren eine wilde Schießerei, bei der gottlob niemand zu Schaden kommt, sondern im Gegenteil einer der Schurken verblüffenderweise Montalbano das Leben rettet. Sie verschwinden:

Montalbano sprang vom Stuhl auf, rannte zu Filippo, der wie ein Irrer die Augen verdrehte, und gab ihm eine Ohrfeige.

»Los, die polipi *brennen an.«*

Filippo kochte, obwohl er so erschrocken gewesen war, einfach göttlich, und Montalbano schleckte sich die Finger ab.

DAS PARADIES DER KLEINEN SÜNDER, S. 200–204

POLIPI ALLA NAPOLETANA

TINTENFISCHRAGOUT

Für vier Personen:

2 mittelgroße oder 800 g winzige Tintenfische (Kraken)
4 EL Öl
4–5 Knoblauchzehen
500 g reife Tomaten
Salz, Pfeffer
1 Tasse schwarze Oliven aus Gaeta
2 EL Sultaninen
2 EL Pinienkerne
1 EL Kapern (möglichst aus Pantelleria)
Petersilie

Die Tintenfische waschen, bei den großen die Augen und das Maul im Zentrum der Beine herausschneiden. Kleine *polipi* kann man ganz lassen (siehe Bild). Tentakel und Körper in Stücke schneiden. Im heißen Öl andünsten, dabei den gehackten Knoblauch zufügen. Sobald er sanft gebräunt ist, die gehäuteten, entkernten und gewürfelten Tomaten zufügen. Salzen und großzügig pfeffern. Oliven, Sultaninen, Pinienkerne und Kapern zufügen. Zugedeckt etwa 15 Minuten leise schmurgeln lassen – auf keinen Fall heftig kochen, sonst wird der Tintenfisch zäh. Zum Schluss abschmecken – vor allem die Salzmenge überprüfen! – und gehackte Petersilie unterrühren. Vor dem Servieren unbedingt noch einige Minuten durchziehen lassen, damit sich die Aromen innig verbinden.

Nach einem harten Tag wollte sich der Commissario einen Trost gönnen und zu einer Trattoria fahren, *die ein paar Monate zuvor etwa zehn Kilometer hinter Montelusa an der Provinciale nach Giardina eröffnet worden war ... Man hatte ihm auch den Namen genannt,* »Giugiù 'u carritteri«, *beim Fuhrmann Giugiù.*

Natürlich fand er die Abzweigung nicht – Abzweigungen oder die richtige Provinzstraße findet man in Sizilien eigentlich nie auf Anhieb, weil nach Drucklegung der Landkarte häufig aus Feldwegen breite Alleen werden – vermutlich, um die Zufahrt zur Villa einer bedeutenden Persönlichkeit abzukürzen. Sogar Autobahnzubringer sind mitunter ohne weitere Angabe von Gründen auf einmal durch festbetonierte Leitplanken versperrt. Und alte Schilder werden nie entfernt, selbst dann nicht, wenn neue Schilder daneben eine völlig andere Linienführung ausweisen.

Montalbano quälte sein Auto fünf Kilometer über einen holprigen Viehsteig voller Steine und Schlaglöcher. Endlich kam er an – ein wenig einladendes Gehöft:

Er versuchte sich zu erinnern, wer ihm das Lokal empfohlen hatte, und dann fiel es ihm ein: Vicecommissario Lindt, Sohn Schweizer Eltern (»Mit der Schokolade verwandt?«, hatte er gefragt, als man ihn mit ihm bekannt machte), der bis vor einem halben Jahr in Bozen gearbeitet hatte. »Ist ja klar«, sagte er zu sich. »Der kann wahrscheinlich ein Huhn nicht von einem Lachs unterscheiden.«

Und in diesem Augenblick wehte ihn mit dem leisen Abendwind ganz sacht ein Duft an, der seine Nasenlöcher weitete: der Duft einer unverfälschten und wohlschmeckenden Küche, der Duft von Gerichten, die nach den göttlichen Regeln der Kunst zubereitet wurden.

Er trat ein, niemand grüßte, er setzte sich, wurde mehrmals umplatziert vom *Wirt und Kellner, ein Typ um die sechzig, kahlköpfig, dafür mit Fahrradlenkerschnauzbart, groß und dick,* bis er an einem kleinen Beistelltischchen mit Blick zur Wand saß – die anderen Tische waren angeblich alle reserviert.

»Ich hätte pirciati ch'abbruscianu, *wenn Ihnen danach ist«, sagte der Schnauzbart.*

Er wusste, was pirciati *waren, eine bestimmte Sorte Pasta, aber wieso* abbruscianu, *was verbrannte da? Doch er wollte dem anderen nicht die Genugtuung verschaffen, ihm zu erklären, wie* pirciati *zubereitet werden. So fragte er nur:*

»Was heißt, ›wenn mir danach ist‹?«

»Eben wenn Ihnen danach ist«, lautete die Antwort.

»Mir ist danach, keine Sorge, mir ist danach.«

Schließlich kamen die Nudeln:

Sie dufteten nach Paradies auf Erden. Der Schnauzbart lehnte sich bequem an den Türrahmen, als gäbe es gleich etwas zu sehen.

Montalbano wollte den Duft tief in seine Lungen strömen lassen.

Während er gierig einatmete, sagte der andere:

»Wollen Sie eine Flasche Wein griffbereit haben, bevor Sie anfangen zu essen?«

Der Commissario nickte, er hatte keine Lust zu reden. Ein Krug wurde vor ihn hingestellt, ein Liter schwerer Rotwein. Montalbano schenkte sich ein Glas ein und steckte die erste Gabel in den Mund. Die Luft blieb ihm weg, er hustete, und Tränen traten ihm in die Augen. Er hatte das deutliche Gefühl, alle seine Geschmackspapillen hätten Feuer gefangen. Er leerte das Glas auf einen Zug, und der Wein war, was den Alkoholgehalt betraf, auch nicht von schlechten Eltern.

»Immer langsam und vorsichtig«, riet der Wirt und Kellner.

»Was ist denn da drin?«, fragte Montalbano halb erstickt.

»Öl, eine halbe Zwiebel, zwei Knoblauchzehen, zwei gesalzene Anchovis, ein Teelöffel Kapern, schwarze Oliven, Tomaten, Basilikum, ein halber scharfer Peperoncino, Salz, Schafskäse und schwarzer Pfeffer«, zählte der Schnauzbart mit leisem Sadismus in der Stimme auf.

»Jesus Maria«, sagte Montalbano. »Und wer kocht bei Ihnen?«

*»*Mè mogliere*, meine Frau«, sagte der Schnauzbart und ging drei neuen Gästen entgegen.*

Im Wechsel mit den Gabelbissen trank Montalbano schluckweise Wein und stöhnte, mal als läge er in den letzten Zügen, mal vor überwältigender Lust (kann Essen so erschöpfend lustvoll sein wie Sex?, fragte er sich mittendrin), und traute sich sogar, mit Brot die im Teller verbliebenen Saucenreste zu essen, wobei er sich ab und zu den Schweiß von der Stirn wischte.

Danach konnte er nichts anderes mehr essen, bezahlte eine Rechnung, die ein Witz war, ging, wie es sich hier gehört, grußlos hinaus und bemerkte, dass er vollkommen betrunken war. Danach verhielt er sich überhaupt nicht so, wie es seiner Stellung und seinem Amt angemessen war.

DER KAVALIER DER SPÄTEN STUNDE, S. 51–57

Irgendwie scheinen hier die Proportionen nicht ganz zu stimmen: Ein halber *peperoncino*, und sei es eine noch so scharfe Chilischote aus Zentralafrika, Südasien oder Mittelamerika, würde wohl kaum solch verheerende Wirkung zeitigen. Mag der Commissario Montalbano auch eher eine milde Küche bevorzugen, so isst man im Süden Italiens und zum Teil auch auf Sizilien durchaus mitunter ganz gern ein wenig geschärft. Die Zubereitung *all'arrabiata* aus Apulien deutet dies an, bei *spaghetti aglio e olio* gibt man zu Knoblauch und Öl in vielen Trattorien etwas *peperoncino*-Schärfe.

Allerdings hat unser Freund Salvo etwas getan, was man auf keinen Fall tun sollte: die Flammen mit Wein löschen! Besser besänftigt man das Brennen mit Brot (nimmt er ja schon zum Auftunken) und anschließend einem Stück fetten Käse.

PIRCIATI CH'ABBRUSCIANU
BRENNENDE NUDELN

Wieder ein Beweis, wie wenig nötig ist, um aus banalen Nudeln ein umwerfend köstliches Gericht zu machen:

Die Zwiebel im Öl andünsten, den gehackten Knoblauch zufügen und die ebenfalls klein gehackten Anchovis. Kapern, Oliven und gewürfeltes Tomatenfleisch (gehäutet und entkernt) zufügen.

Für zwei Personen:
1/2 Zwiebel
3–4 EL Öl
zwei Knoblauchzehen
zwei gesalzene Anchovis
1 TL Kapern
10 schwarze Oliven
3 reife Tomaten
3–4 Basilikumzweige
2 scharfe Peperoncini
Salz
schwarzer Pfeffer
250 g Pasta (eine kurze, gerippte Sorte)
2–3 EL geriebener Pecorino

Basilikum fein schneiden, Peperoncino winzig würfeln (getrockneten zerkrümeln) und unterrühren. Salzen, großzügig pfeffern. Einen Schuss Nudelkochwasser angießen und heftig aufbrodeln lassen. Schließlich die bissfest gekochte Pasta untermischen, mit Käse bestreuen und sofort servieren.

Nur im Nordwesten Siziliens, rund um Tràpani, kann man die ebenso rare wie kostbare Spezialität bottarga di tonno *bekommen: gesalzenen, luftgetrockneten Thunfischrogen. Am besten schmeckt* bottarga *hauchdünn geschnitten, mit etwas Zitrone und Olivenöl gewürzt – ein Konzentrat von Meeresduft*

Einmal hat Montalbano in Tràpani, ganz im Westen von Sizilien, zu tun. Auf der Fahrt ist er in Gedanken und hat kein Auge für den Reiz der glitzernden Salzgärten, die den Küstenstreifen zwischen Marsala und Tràpani prägen. Leider hat er auch keine Zeit, um in die Stadt zu schauen, über den entzückenden kleinen Fischmarkt zu gehen und sich vielleicht von den berühmten und raren Spezialitäten der Stadt etwas zu kaufen: *bottarga*, gesalzenen und getrockneten Thunfischrogen, oder *mosciame di tonno*, gepökeltes und wie Bündner Fleisch luftgetrocknetes Thunfischfilet. Oder durch die Gassen zu schlendern, an der Piazza Notai dem wunderbaren Francesco Adam zuzusehen, wie er seine *bombolloni* macht: Den ganzen Tag über kocht auf einem kleinen Gasbrenner der Zucker, den Signor Francesco auf der breiten marmornen Arbeitsfläche vor

Bonbons aus der Manufaktur: Francesco Adam kocht dafür den Zucker am offenen Fenster seiner Werkstatt und lädt zur Kostprobe ein: Die Werkstatt Caramelle Francesco Adam *liegt an der* Piazza Notai *in Tràpani*

seinem großen Schaufenster verarbeitet – und alle Passanten können ihm dabei zusehen, wie er geschickt und mit zügigen Bewegungen den geschmolzenen Zucker zu Strängen zieht und, sobald diese Stangen ein wenig abgekühlt sind, mit einer Schere packt, anklemmt und mit einem kurzen Stoß auf die Unterlage in die einzelnen Bonbons bricht. Das geht in einem akkuraten Rhythmus und wird nur unterbrochen, wenn ein Kunde seine Wünsche äußert. Die Bonbons – es gibt die Geschmacksrichtungen *caruba*, *menta*, *fragola* und *anis*, Johannisbrot, Minze, Erdbeere und Anis – verpackt er, jedes einzeln in von ihm zurechtgeschnittene Seidenpapierchen. Ein vergessenes Handwerk – hier lebt es noch!

Es war fast zwei, und er hatte plötzlich einen Bärenhunger. Vor einer Trattoria, auf deren Schild »dal Borbone« stand, waren mehrere große Lastwagen geparkt. Also aß man dort gut. In Montalbano fand ein kurzer, aber wütender Kampf zwischen Engel und Teufel statt. Der Engel gewann. Montalbano fuhr Richtung Vigàta weiter.

»Nicht mal ein panino*?«, hörte er den Teufel mit weinerlicher Stimme fragen.* DAS SPIEL DES PATRIARCHEN, S. 252

Ganz modern, geradezu cool, das Restaurant der Familie Saverino in Bonagia direkt am Hafenbecken, mit Blick auf den Turm der alten Tonnara

Da hat der Commissario wohl Pech gehabt – wie in Frankreich, wo die *routiers* ordentlich zu essen pflegen, sind auch auf Sizilien ein paar Trucks vor der Tür stets ein Zeichen, dass es hier preiswertes Essen gibt, aus frischen Zutaten mit Können zubereitet. Und große Portionen!

Wir hätten dem Commissario allerdings vorgeschlagen, von Tràpani aus an der Küste noch ein paar Kilometer weiter nach Norden zu fahren, bis zum kleinen Hafen von Bonagia. Dort, im Restaurant »Saverino« (siehe auch S. 215), kann man nämlich ganz ausgezeichnet speisen, mit den besten Fisch der ganzen Insel. Keine verdrehten und aufwendigen Anrichtungen, sondern einfach Fisch, wie er sich gehört – absolut frisch, zurückhaltend gewürzt, die Garzeit genau richtig abgepasst. Woher das kommt? Der Chef war früher selbst Fischer und weiß, bei wem er heute einkauft. Und seine Frau kocht. Göttlich.

LATTUME DI TONNO FRITTO

GEBACKENER THUNFISCHMILCHNER

Der absolut reine Genuss: nur vor Ort möglich! Der Milchner, die Samenblase des männlichen Thunfischs, wird leider nicht exportiert.

Die Scheiben in Grieß wenden, der mit Salz und Pfeffer gewürzt ist. Leise brutzelnd in heißem Olivenöl goldbraun backen. Auf Salat anrichten. Zitronenscheiben dazu, sonst nichts!

Für zwei Personen:

4–6 gut 1 Zentimeter dicke Scheiben vom Thunfischmilchner
Hartweizengrieß
Salz
Pfeffer
Olivenöl zum Backen

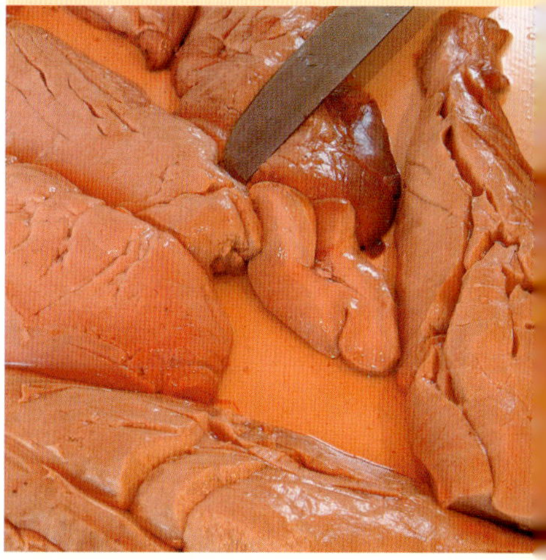

LAPPANO FRITTO

GEBACKENER LIPPFISCH

Ein farbenfroher Fisch aus der Bucht vor der Haustür. Er wird knusprig gebacken – ein ebenso einfacher wie perfekter Genuss!

Den Fisch schuppen, ausnehmen, auswaschen und gründlich abtrocknen. In seine beiden Seiten schräg zwei, drei tiefe Schnitte

Pro Person:

1 Portionsfisch (300–400 g)
Hartweizengrieß
Salz
Pfeffer
Olivenöl zum Frittieren

setzen – dann kann die Hitze gleichmäßig eindringen und der Fisch wird auch an den dicken Stellen gleichzeitig gar. Im Grieß wenden, dabei auch mit Salz und Pfeffer würzen. In Olivenöl schwimmend knusprig ausbacken, einmal wenden. Auf Küchenpapier abtropfen. Auf Salatblättern anrichten und mit Zitronenschnitzen servieren.

COUSCOUS DI PESCE
HARTWEIZENGRIESS MIT FISCH

Für vier Personen:
300 g Hartweizengrieß (Couscous)
4–6 EL Olivenöl
Salz
Pfeffer
1 Zwiebel
3–4 Knoblauchzehen
glatte Petersilie
1 Selleriestange
4 reife Tomaten
1 Stück Zimtstange
2–3 Kardamomkapseln
1/2 TL gemahlener Kreuzkümmel
ca. 1 kg gemischter Fisch und Meeresfrüchte
1 Glas Wein

Couscous ist eine Spezialität dieser Gegend, eine Hinterlassenschaft der Araber – inzwischen wieder sehr geschätzt, vor allem freitags als *primo*. Die arabischen Gewürze Kreuzkümmel, Zimt und Kardamom gehören unbedingt hinein!

Den Couscousgrieß drei Finger hoch mit Wasser bedeckt eine Stunde einweichen. Dann abgießen und mit zwei Löffeln Olivenöl tränken, kräftig mit Pfeffer, sparsam mit Salz würzen, gut durchmischen und in ein Sieb über leise kochendes Wasser hängen. Dabei mit Folie oder einem Deckel verschließen. Auf diese Weise etwa 30 Minuten dämpfen.

Unterdessen in einem Topf etwas Olivenöl erhitzen, die fein gehackte Zwiebel mit dem fein gewürfelten Knoblauch andünsten, etwas gehackte Petersilie zufügen und die klein gehackte Selleriestange. Die Tomaten häuten, entkernen und grob gehackt mit-

dünsten. Zimt und Kardamom in die Masse geben, mit Kreuzkümmel, Salz und kräftig mit Pfeffer würzen. Die Fischstücke und Meeresfrüchte in den Topf geben, mit Wein ablöschen und mit Wasser halb auffüllen. Zugedeckt etwa fünf Minuten kochen. Dann die empfindlichen Fischstücke herausfischen, von Gräten und Haut säubern und in mundgerechte Stücke schneiden – Gräten und Köpfe noch mal zurück in den Topf geben und leise 20 Minuten auskochen. Den Sud dann durch ein Sieb filtern und kräftig abschmecken.

Den heißen Couscous auflockern und durchmischen, in tiefen Tellern anrichten. Die zerpflückten und entgräteten Fischstücke und Meeresfrüchte dekorativ darauf anordnen und nun alles vorsichtig mit dem heißen Fischsud benetzen. Die restliche Brühe in einer Sauciere getrennt auf den Tisch stellen, so dass sich jeder Gast nach Belieben davon nachnehmen kann.

Tipp: Ideal ist, wenn man das Sieb mit dem Couscousgrieß über dem leise simmernden Fischragout gart, so nimmt er einiges vom Aroma des Suds in sich auf.

ORATA AI CAPPERI E POMODORO
GOLDBRASSE MIT KAPERN UND TOMATEN

Für zwei Personen:
1 schöne große Goldbrasse
Salz
Pfeffer
1 Zwiebel
2–3 Knoblauchzehen
Petersilie
3 EL Olivenöl
2 Tassen geschälte Tomaten (*pelati* aus der Dose)
3 EL Kapern

Ein ganz simples Grundrezept, nach dem man auch andere Fische, sogar Fischfilets, zubereiten kann.

Den Fisch säubern, schuppen, ausnehmen, die Seiten schräg bis auf die Mittelgräte zwei- bis dreimal einschneiden. Innen und außen salzen und pfeffern.

Für die Sauce die Zwiebeln fein hacken, mit dem gehackten Knoblauch und etwas gehackter Petersilie im heißen Öl andünsten,

Tomaten samt Saft zufügen und einige Minuten köcheln. Mit Salz (sparsam – die Kapern bringen genügend Salz!) und Pfeffer würzen. Kapern einrühren, den Fisch einlegen und zugedeckt etwa 10 bis 20 Minuten ziehen lassen, bis sich das Fleisch an den Einschnitten appetitlich weiß hervorwölbt.

Wenn sein geliebter Calogero geschlossen hat, muss Montalbano leiden. Aber es gibt ihm auch die Chance, anderswo zu essen. Zum Beispiel in einer Trattoria im Landesinneren, *direkt am Ortseingang von Jòppolo Giancàxio, einem kleinen Dorf etwa zwanzig Kilometer von Vigàta landeinwärts ... Er fand sie sofort, sie hieß La Cacciatora. Wildbret, wie der Name versprach, gab es natürlich nicht. Der Besitzer-Kassierer-Kellner mit einer gewissen Ähnlichkeit mit* il Re galantuomo (Vittorio Emanuele II.) *stellte ihm als Erstes eine üppige Portion* caponatina *hin, die vorzüglich schmeckte ...*

»Was darf ich Ihnen bringen?«

»Was Sie wollen.«

Il Re galantuomo *wusste das Vertrauen zu schätzen und lächelte.*

Als primo *brachte er eine große Portion Maccheroni mit einer Sauce namens* fuoco vivo *(einem lodernden Feuer aus Salz, Olivenöl, Knoblauch und reichlich getrocknetem roten Peperoncino), woraufhin der Commissario eine halbe Flasche Wein trinken musste. Als* secondo *eine großzügige Portion* agnello alla cacciatora, *das angenehm nach Zwiebeln und Oregano duftete. Zum Abschluss ein Dessert aus Ricotta und ein Gläschen* anicione *zur Stärkung ...*

»Verzeihen Sie, wer ist der Koch?«

*»*La mia signora.*«*

»Meinen Glückwunsch an Ihre Gattin.«

»Ich werde es bestellen.«

DIE STIMME DER VIOLINE, S. 111–112

CAPONATA
SÜSSSAURES GEMÜSE

Schmeckt frisch aus der Pfanne – also heiß – wunderbar, aber auch kalt, als Vorspeise, zum Beispiel an einem heißen Spätsommertag. Nicht immer gehören Mandeln hinein, und, obwohl für Montalbano *»Mandeln auf die Pasta«* als Synonym für die schlimmste aller Katastrophen gilt, ist er von dieser *caponata* begeistert. Oft werden sie durch Pinienkerne ersetzt.

Für vier bis sechs Personen:
- 2 mittelgroße Auberginen
- 3 EL Olivenöl
- Salz
- Pfeffer
- 1 große weiße Zwiebel
- 4–5 Knoblauchzehen
- 50 g geschälte Mandeln oder 2–3 EL Pinienkerne
- 3–4 festfleischige, reife Tomaten
- 2 TL Origano
- 2 EL Zucker
- 3–4 EL Rotweinessig
- 2 EL Kapern
- Basilikum

Die Auberginen in nicht zu kleine Würfel schneiden: etwa drei Zentimeter Kantenlänge. Im heißen Öl in einer großen Pfanne langsam, aber geduldig braten, bis die Würfel rundherum schön gebräunt sind und innen gar. Salzen, pfeffern und beiseite stellen.

In derselben Pfanne die nicht zu fein gewürfelte Zwiebel andünsten, grob gehackten Knoblauch zufügen und langsam schmurgeln, bis die Zwiebel weich ist. Die Mandeln oder Pinienkerne zufügen.

Inzwischen die Tomaten überbrühen, häuten, entkernen, würfeln, zu den Zwiebeln geben und schmelzen lassen. Alles mit Salz und

Pfeffer sowie mit zwischen den Handflächen zerrebbeltem Origano würzen.

Schließlich auch die Auberginenwürfel untermischen. Die Gemüse jetzt an den Rand der Pfanne schieben, in der Mitte eine freie Fläche schaffen und die Hitze verstärken. In der leeren Mitte den Zucker schmelzen und richtig karamellisieren lassen. Bevor er zu dunkel wird, mit Essig ablöschen.

Alles gründlich mischen und vom Feuer nehmen. Etwas durchziehen lassen, bevor serviert wird. Erst dann das fein geschnittene Basilikum darüberstreuen.

MACCHERONI AL FUOCO VIVO
FEURIGE MACCHERONI

Für vier Personen:
1 Knoblauchknolle
2–3 EL Olivenöl
1/2 TL Salz
2–4 getrocknete rote Peperoncini
Petersilie
250 g Maccheroni
2 gehäufte EL Pecorino

Hier wird also mit reichlich getrocknetem roten Peperoncino gearbeitet!

Knoblauch schälen, hacken und im heißen Öl andünsten, Salz zufügen und die zerkrümelten Chilis sowie die fein gehackte Petersilie.

Die unterdessen bissfest gekochten Maccheroni tropfnass darin wenden, dabei den Käse zufügen und untermischen.

AGNELLO ALLA CACCIATORA
LAMM NACH ART DER JÄGERSFRAU

Für sechs bis acht Personen:
1/2 Lamm – Schulter, Keule, Rücken und Brustrippe insgesamt ca. 3–4 kg
1 TL Salz
2 EL schwarzer Pfeffer
1 TL Wacholderbeeren
1 TL Piment
1 Nelke
4 EL Olivenöl
1 Strauß aus Thymianzweigen, Rosmarin, Lorbeer, Petersilie
2 Tomaten
2 Knoblauchknollen
1 Flasche Wein (ob weiß oder rot, ist Geschmackssache)

Hier werden sämtliche Kräuter und Gewürze verwendet, die die Jägersfrau in ihrer Küche hat – das Lamm, das ja zu Lebzeiten sich auch von duftenden Kräutern ernährt hat, wird es schon vertragen …

Die Fleischstücke in einen großen Bräter oder die tiefe Fettpfanne des Backofens betten. Salz und Gewürze im Mörser zerreiben, die Fleischstücke damit rundum einreiben, dann das Öl einmassieren. Die Kräuter zwischen die Fleischstücke stecken, damit sie ihren Duft abgeben, aber nicht verbrennen. Die Tomaten zerdrücken und dazwischen verteilen, ebenso die geschälten Knoblauchzehen verstecken. Jetzt den Wein angießen, die Form in den Ofen schieben. Zunächst bei 250 Grad, aber nach 15 bis 20 Minuten auf 150 Grad herunterschalten. Das Lamm eine weitere gute Stunde

braten, dann ausschalten und in der nachlassenden Hitze noch etwa 20 Minuten nachziehen lassen. In der Bratenform zu Tisch bringen und die Fleischstücke vor den Augen der Gäste tranchieren. Dann kann sich jeder aussuchen, was er am liebsten mag!

CASSATA
SIZILIANISCHE EISTORTE MIT RICOTTA

Es gibt *cassata* als Eis, beziehungsweise als Halbgefrorenes, es gibt sie als Prachtexemplar kunstvoll aus gebackenen Böden und Cremeschichten zusammengesetzt und es gibt sie gebacken, wie im folgenden Rezept – das sich, weil es nicht ganz so aufwendig ist, eher für zu Hause eignet.

Für eine Form von 24 cm Durchmesser:
500 g Ricotta (siehe S. 81)
3 Eier
200 g Zucker
150 g Sultaninen
100 g Orangeat
100 g kandierte Früchte
50 g Pistazien
100 g Schokolade
Zimt

Ricotta in einem Sieb abtropfen lassen. Die Eigelb mit Zucker dick und hell schlagen, die kandierten Früchte unterrühren, auch die Pistazien, die geschmolzene Schokolade und den Zimt. Schließlich die Ricotta untermischen und die steif geschlagenen Eiweiß unterziehen. In eine gebutterte Form füllen, bei ca. 170 Grad eine halbe Stunde backen.

Tipp: Für das *cassata*-Halbgefrorene rührt man die Masse genauso an, wie auf der vorigen Seite beschrieben, nimmt jedoch nur zwei Eiweiß zum Lockern und hebt außerdem 200 Gramm steif geschlagene Sahne unter. Die Masse wird dann in eine mit Klarsichtfolie ausgeschlagene Kastenform gefüllt und tiefgefroren. Und für die klassische *cassata siciliana* schichtet man die Ricottamasse abwechselnd mit gebackenen Mürbeteigböden in eine Form, lässt alles zunächst im Kühlschrank fest werden, überzieht die Schichttorte dann mit einer dünnen Decke aus Marzipan, die wiederum mit Zuckerguss überzogen wird. Am Ende wird sie ebenso üppig wie kunstvoll mit kandierten Früchten dekoriert.

Ein Montalbano-Menü bei Enzo

Der Commissario geht, nachdem er bei Enzo so herzerfrischend empfangen und so glücklich gemacht wurde (siehe S. 164), noch zweimal hier essen. Leider teilt uns Camilleri nicht mit, was Montalbano speist. Das hat uns keine Ruhe gelassen, und so haben wir Enzo – Wirt, Koch und Saalchef in einer Person – kurzerhand besucht: tatsächlich ein sehr netter, sachlicher und sein Restaurant effektiv organisierender Mann, der kein Wort zu viel sagt.

Wir kamen früh, damit er vor dem Mittagsservice ein wenig Zeit für uns hatte. Und während er Tischtücher und Servietten heraussuchte und seinem Kellner half, die Tische zu decken, erzählte er uns, dass er nicht nur vor dem ausgeprägten Geschmackssinn, sondern auch vor dem Erinnerungsvermögen des Commissario großen Respekt hat:

»Wissen Sie«, sagte er mit einem schiefen Lächeln, »der Commissario vergleicht meine Gerichte immer mit denen, die er bei Calogero gegessen hat. Ganz unwillkürlich, ob er will oder nicht – das macht jeder Gast.« Er hob bei diesen Worten Arme und Schultern, zog gleichzeitig den Kopf ein und schob das Kinn nach vorne – was will man machen, sollte die Geste ausdrücken. Und während er die Schultern wieder senkte, fuhr er fort: »Also bereite ich für ihn andere Gerichte zu, andere Fische, andere Saucen, andere Zubereitungsarten.« Bei jedem »andere« gingen seine Arme weiter vom Körper weg, die Hände geöffnet, bis er dastand wie ein Gekreuzigter. Dann ließ er sie fallen: »Er scheint zufrieden!«

»Andere Fische? Keine *triglie* mehr, keine *merluzzi*?«, fragten wir zweifelnd.

»Doch, natürlich! Aber eben anders zubereitet, wie er sie noch nicht kennt. Die *triglie* zum Beispiel als Sauce zur Pasta – er war begeistert! Oder *orata*, Goldbrasse – die hat er merkwürdigerweise nie bestellt. Wahrscheinlich hat er sie mal zu trocken gegrillt bekommen, und das hat er nicht dem Koch, sondern dem Fisch angelastet. Eines Tages hab ich ihm gesagt: Ich hab nichts anderes, hab sie ihm *al sale,* im Salzbett, gemacht, und er hat auf einen Schlag gleich drei Portionsfische verputzt …« Er lachte anerkennend. »So, und jetzt setzen Sie sich hin, und ich mach Ihnen ein Menü.«

»Aber es ist doch noch nicht mal 12 Uhr«, wandten wir ein.

»Macht nichts. Sie sind doch Deutsche, Sie essen doch immer so früh!«

Wir verzichteten auf eine Diskussion und aßen ausnahmsweise einmal zwei Stunden früher als üblich. Ausgiebig – und daher sind wir keine Minute früher vom Tisch aufgestanden als sonst …

ALICI MARINATE
MARINIERTE SARDELLEN

Für vier bis sechs Personen:
500 g frische Anchovis (sie müssen absolut frisch sein!)
1/2 TL Salz
Saft einer Zitrone
2–3 EL Olivenöl
Petersilie
nach Belieben etwas Cayennepfeffer oder süßer Paprika

Enzo stellte die Platte schwungvoll auf den Tisch: Ein »Ah« entrang sich unisono unseren Kehlen! »So schmecken sie am besten«, sagte er. »Aber ganz frisch müssen die Sardellen sein! Noch nach Meer duften …« Er holte eine Flasche Olivenöl: »*Il nostro* – unseres! Damit beträufeln Sie sich jetzt die *alici.* Sie dürfen erst unmittelbar vor dem Essen filetiert und angemacht werden: Ihr rosa transparentes Fleisch darf gerade erst weißlich werden, nur dann ist es so zart und saftig, als wäre es noch roh.«

Er schenkte uns Wein ein. »Ich bring Ihnen zu jedem Gang einen anderen Wein – immer nur ein Glas.« Eine prima Idee, fanden wir.

»Das muss er noch lernen, unser Commissario: Dass man nicht einfach irgendeinen Wein trinkt, sondern jedes Gericht seine Harmonie erst erfährt, wenn es mit dem Wein eine gute Ehe eingehen kann.« Dieser Poesie schlossen wir uns mit Vergnügen an, probierten den Wein: Ein einfacher, aber angenehmer *bianco,* »Forti Terre di Sicilia«, von der Cantina Sociale in Tràpani, aus Inzolia und Chardonnay. Frisch, fruchtig, im Stahltank ausgebaut und sehr angenehm zum Auftakt.

Die Fische sorgsam filieren, gründlich waschen, möglichst akkurat auf einem Teller oder einer Platte dicht nebeneinander auslegen. Mit Salz bestreuen, Zitronensaft gleichmäßig darüberträufeln. Etwa 15 Minuten ziehen und marinieren lassen. Erst dann das Olivenöl darübergießen. Gehackte Petersilie darüberstreuen und nach Gusto

mit einem Hauch Cayenne oder Paprikapulver bepudern. Dazu Zitronenschnitze servieren, damit sich jeder nach Gusto nachwürzen kann.

Tipp: Besonders schön sieht es aus, wenn man einige der Anchovis nach dem Marinieren mit ihrer schillernd silbrigen Hautseite nach oben dreht.

Der Wein passte prima. Enzo erklärte: »Seine frische Säure putzt den Gaumen und leidet nicht unter der Zitrone. Nichts Großes, aber gut, nicht?«

COZZE AI POMODORI
MUSCHELN MIT TOMATEN

Enzo brachte auch sie selbst an unseren Tisch, lobte seinen Lieferanten: »Da hab ich überhaupt keine Angst, dass sie Gift oder Bakterien enthalten könnten.« Er grinste. »Die kommen schließlich nicht aus dem Golf von Neapel ...« Er schenkte uns einen

Für vier Personen:
1 Zwiebel
2 Knoblauchzehen
Petersilie
2–3 EL Olivenöl
Salz
Pfeffer
2 kg frische Muscheln
1 Tasse Tomatenwürfel
1/4 l Weißwein
Weißbrotscheiben
Olivenöl zum Braten

»Altavilla delle Corte« ein, einen Grillo von Firriato, der goldgelb im Glas stand und nach Feuerstein duftete.

Zwiebel, Knoblauch und Petersilie sehr fein hacken und in einem großen Topf im heißen Öl andünsten. Salzen und pfeffern, die sorgsam geputzten und, wenn nötig, in immer wieder neuem Wasser entsandeten Muscheln sowie die Tomatenwürfel zufügen. Wein angießen. Zugedeckt etwa zehn Minuten köcheln, dabei immer am Topf rütteln, damit die Muscheln durcheinander bewegt werden und gleichmäßig garen. In tiefen Tellern anrichten. Dazu in Olivenöl geröstete Croutons servieren.

Der kräftige Wein unterstrich die dichte Würze des Gerichts, ein großes Vergnügen.

PURPITEDDRI ALLA LIVIA

TINTENFISCHCHEN AUF LIGURISCHE ART

Für vier bis sechs Personen:
je 300 g Kartoffeln und grüne Bohnen
Salz
1 Rosmarinzweig
2–3 Knoblauchzehen
3 Stängel Petersilie
3 EL Olivenöl
500 g kleine Tintenfische
Pfeffer
75 g schwarze Oliven

»Diese Zubereitung habe ich der Freundin des Commissario gewidmet, die ja aus Ligurien stammt. Dort habe ich mal einen Sommer bei dem legendären Pino Gangemi im »Lido Giunchetto« bei Bordighera gearbeitet und das Rezept mitgebracht!«, erzählte Enzo. »Aber Sie bekommen keinen ligurischen Wein dazu, sondern einen ›Libiččì‹ von der Insel Pantelleria, aus den Rebsorten Cataratto und Zibibbo.« Der Wein hatte wenig Säure, aber viel Aroma und eine leichte, erfrischende Herbheit im Abgang.

Kartoffeln schälen und in kleine Würfel schneiden, in Salzwasser gar kochen. Nach etwa fünf Minuten die geputzten und in Stücke geschnittenen Bohnen zufügen, damit beides zur selben Zeit gar wird.

Rosmarinnadeln, Knoblauch und Petersilie fein hacken und im heißen Öl andünsten. Die geputzten, in Stücke geschnittenen Tintenfischchen zufügen. Fünf Minuten sanft dünsten, dabei salzen und pfeffern. Schließlich Kartoffeln und Bohnen sowie die Oliven untermischen. Alles miteinander weitere fünf Minuten schmurgeln und schließlich servieren.

Das Strandbad für Feinschmecker, der Lido Giunchetto, *liegt an der Via Madonna della Ruota bei Bordighera (Imperia)*

Enzo trat an unseren Tisch und fragte: »Na, gefällt Ihnen der Wein?«

»Durchaus, aber er ist ziemlich leicht.«

»Der nächste wird ein anderes Kaliber!«, entgegnete er knapp.

TAGLIOLINI CON TRIGLIE E CILIEGIOLINI
FEINE BANDNUDELN MIT MEERBARBE UND KIRSCHTOMATEN

Für vier Personen:
- 500 g kleine Meerbarben (à ca. 80 g)
- 3 EL Olivenöl
- Salz
- Pfeffer
- 1 kleine Zwiebel
- 2 Knoblauchzehen,
- wildes Fenchelgrün (auch getrocknet oder notfalls von der frischen Gemüseknolle)
- 500 g Kirschtomaten
- 500 g schmale Bandnudeln

Zusammen mit der Pasta brachte Enzo einen »Yrnm« von Miceli, ebenfalls von Pantelleria, aus der Rebsorte Inzolia gekeltert, kräftig und weich, aber mit einem würzigen, eigentümlichen Parfum nach Harz und Macchia.

»*Triglie* essen manche Leute nur deshalb nicht, weil sie so viele Gräten haben«, erklärte Enzo, während er die Flasche öffnete und einschenkte. »Gewiss, das schreckt den Commissario nicht, der weiß damit umzugehen. Aber meinen ausländischen Gästen kann ich die ganzen Fische kaum zumuten. Deshalb kam ich auf diese Idee, weil sich das empfindliche Fleisch ja besser von den vielen Gräten befreien lässt, wenn die Fische gar sind. Dann aber behält es seine Form nicht mehr, zerfällt sofort. Im Sugo für die Pasta macht das nichts – es ist sogar geschmacklich ein Gewinn!«

Er hatte sich selbst auch ein Glas eingeschenkt: »Salute! Gefällt er Ihnen?«

»Ja, sehr interessant. Ungewöhnlich.«

»Warten Sie's ab!«, lachte er und verschwand.

Die Meerbarben waschen, auf Küchenpapier gut abtrocknen, im heißen Olivenöl anbraten und durchschwenken – wenn sie wirklich klein genug sind, sind sie in zwei bis drei Minuten gar. Dabei salzen und mit Pfeffer würzen. Herausnehmen und auf einem Teller beiseite stellen. Im Bratfett die fein gewürfelte Zwiebel mit dem gewürfelten Knoblauch andünsten, jedoch nicht bräunen! Reichlich gehacktes Fenchelgrün zufügen und die halbierten Kirschtomaten. Salzen, pfeffern und zugedeckt etwa zehn Minuten dünsten.

Die Pasta in reichlich Salzwasser bissfest kochen. Unterdessen das Fischfleisch von den Gräten lösen. Wenn die Tomaten gar und ein wenig verschmurgelt sind, das Fischfleisch unterrühren und mit den abgetropften Nudeln mischen. Mit einem Schuss frischem Olivenöl beträufeln und sofort servieren.

Der »Yrnm« schmeckte wirklich ausgezeichnet dazu, er hatte sich zusammen mit dem intensiven Aroma der Barben angenehm verändert, seine zunächst strenge Würze erschien jetzt vollkommen selbstverständlich: Perfekte Harmonie! Enzo fragte nicht einmal nach unseren Eindrücken, so sicher war er sich, lächelte nur triumphierend, als er die leeren Gläser abräumte.

Nun erschien er mit einer Platte frischer Fische. Er ließ uns kurz schauen, sagte aber sogleich ziemlich bestimmt: »Ich schlage Ihnen heute Goldbrasse vor, die sind erst vor zwei Stunden vom Fischer geliefert worden. Und zwar einmal gegrillt und einmal in Salzkruste. Dazu noch ein Schwertfischröllchen. Okay?«

Unsere Zustimmung wartete er nicht ab, denn gerade kamen die ersten Gäste, die er emphatisch begrüßte. Auch sie bestellten sofort Goldbrasse in Salzkruste.

ORATA ALLA GRIGLIA

GOLDBRASSE VOM GRILL

Für zwei Personen:
1 mittelgroße Goldbrasse
Salz
Pfeffer
2–3 EL Olivenöl
Hartweizengrieß

Enzo eilte durch den Saal, balancierte die Goldbrasse schwungvoll und demonstrativ auf hoch erhobener Hand, so dass die inzwischen zahlreich eingetroffenen Gäste sich am Duft laben und erkennen konnten, wie frisch die Fische bei ihm sind.

Er legte uns vor. Es ist immer wieder ein Vergnügen, zu beobachten, mit welch rascher und sicherer Hand ein geübter Ober einen solchen Fisch zu zerteilen und vorzulegen versteht. Auf dem Teller wurde das Filet mit frischem Olivenöl begossen (»*Il nostro!*«, bemerkte Enzo selbstverständlich wieder stolz). Dazu gab es noch die kleine Schwertfischroulade: eine dünne Scheibe Filet, mit Salz und Pfeffer gewürzt und mit jungem Caciocavallo-Käse belegt, zerzupftes Basilikum darauf, dann aufgerollt und sanft gebraten, bis der Käse schmilzt.

»Ich gebe Ihnen hierzu den Chardonnay von Planeta aus Contessa Entellina.« Auch dieser Wein golden und mächtig, im Barrique ausgebaut, duftend nach Vanille, Toast, Butter, reifen exotischen Früchten …

Den Fisch säubern, schuppen, ausnehmen. Die Seiten schräg zwei- bis dreimal einschneiden. Vor allem in diesen Schnittstellen und im Bauch salzen und pfeffern. Den Fisch mit Olivenöl einreiben und in Grieß wenden. Über dem Grill garen – dabei mehrmals wenden, damit er nicht zu lange an derselben Stelle der Hitze ausgesetzt ist. Er ist gar, wenn das weiße Fleisch saftig an den Schnittflächen hervorwölbt.

Der Chardonnay schmeckt hierzu wunderbar, entspricht kräftig und ausladend eher dem Typ der neuen Welt als der klassischen, mineralisch geprägten Burgunder Art. Ein Maul voll Wein!

Enzo schenkte noch einmal nach, brachte jedoch zusätzlich neue, noch größere Gläser. Wir sahen ihn fragend an.

»Jetzt bekommen Sie noch einen Roten dazu – wir Sizilianer finden ja, dass nur Rotwein *vino vero*, wahrer Wein, ist! Und trinken also auch zu Fisch Rotwein. Probieren Sie mal beide Weine parallel zu der zweiten *orata*.«

Es ist ein »Mille e una notte« von Donnafugata aus der Nero-d'Avola-Traube, dicht und mächtig, tatsächlich voller orientalischer Würze.

Die Brasse vom Grill braucht eigentlich keine zusätzliche Würze. Ein filo d'olio, *ein dünner Ölfaden, mit dem man das (hoffentlich) saftige Fleisch beträufelt, sollte genügen. Trotzdem liebt man in Sizilien zum Fisch den würzigen* salmoriglio. *Dieser Klassiker unter den Fischsaucen ist schnell gemacht:*

Zwei Esslöffel Kapern, ein Händchen voll Petersilienblätter, Saft einer großen Zitrone und eine kleine Tasse Olivenöl nicht zu fein mixen. Nach Belieben auch Pfeffer. Salz wird nicht nötig sein, die Kapern liefern davon genug.

ORATA AL SALE
GOLDBRASSE IM SALZ

Pro Person:
1 absolut frische Brasse von 300 bis 400 g
2–3 Hand voll grobes, nicht raffiniertes Meersalz
Olivenöl
Pfeffer
Petersilie zum Servieren

»Hierfür brauchen Sie nichts als erstklassig frische Fische!«, dozierte Enzo, als er mit der fast schwarzen Brasse kam. »Sie brauchen die Fische nicht zu schuppen, alles wird mit der Haut einfach abgehoben. Freilich: *puzza*, das stinkt! Wenn Sie also keinen guten Abzug haben, schuppen Sie den Fisch lieber vorher.«

Herrlich weiß und saftig lag der Fisch auf unseren Tellern, Enzo goss etwas Öl darüber – *»il nostro!«* fehlte wieder nicht. Er pfefferte üppig aus der Mühle und streute uns noch reichlich fein gehackte Petersilie darüber. *»Buon appetito!«*

Den Fisch ausnehmen (falls dies der Fischhändler noch nicht gemacht hat), nach Belieben schuppen und auf ein Bett von Salz legen, am besten in einer eisernen oder Edelstahlpfanne – auf keinen Fall einer emaillierten oder beschichteten! Auf starkem Feuer auf beiden Seiten backen, bis das Salz dampft und der Fisch bräunt.

Das gleichzeitig zarte und flockige Fleisch war vom jodigen Salzduft durchdrungen – ein absoluter Genuss: das pure Meer! Welcher Wein besser dazu passte, konnten wir nicht entscheiden. Beide hatten ihren Reiz, beide harmonierten, beide erhöhten das Vergnügen an diesem so delikaten und doch kräftigen Gericht.

TORTINO DI CIOCCOLATA
SCHOKOTÖRTCHEN

Für acht bis zehn Personen:
200 g allerbeste Schokolade (bitter!)
150 g Butter
150 g Zucker
2 Eier
75 g Mehl

Ohne Dessert wollte uns Enzo nicht ziehen lassen – ohne uns zu fragen hatte er längst die Törtchen ins Rohr gestellt. Und setzt sie uns vor, duftig und zart, fast ein Soufflé, hübsch die mit Kakaopuder auf den Teller gestäubte Gabel. So viel Mühe!

»Nein«, lachte er, »das Praktische an diesem *dolce:* Ich habe die Masse fix und fertig im Förmchen im Gefrierer parat, dann nur rechtzeitig in den Ofen damit, und die Gäste sind verblüfft und glücklich.«

Die Schokolade behutsam schmelzen. Inzwischen die Butter mit dem Zucker dick und schaumig schlagen, die Eigelb unterrühren, die Schokolade und das Mehl zufügen. Schließlich die steif geschlagenen Eiweiß unterziehen. In Papierförmchen gießen und gefrieren. Bei Bedarf 20 Minuten im 180 Grad heißen Ofen backen.

Dazu servierte uns Enzo einen süßen Wein, einen *passito di Pantelleria*, also aus sehr reifen, zusätzlich noch getrockneten Trauben, einen »Ben Ryé« von Donnafugata. Ein *passito* von

FLORIO
FLORIO & C.
MARCA DEPOSITATA
MARSALA
Florio & C.
SOCIETÀ ANONIMA VINICOLA ITALIANA
FLORIO
FLORIO & C.
MARCA DEPOSITATA
MARSALA
SECCO
1925
Florio & C.
SOCIETÀ ANONIMA VINICOLA ITALIANA
FLORIO & C.
MARCA DEPOSITATA
MARSALA
INGHILTERRA
Florio & C.
SOCIETÀ ANONIMA VINICOLA ITALIANA

Pantelleria, der heißen Insel vor Tunesien, ist wirklich einzigartig: voll kräftiger Süße! Dieser ist aber nicht so schwer wie die meisten seiner Geschwister, sondern von delikatem Parfum und reiner Eleganz.

Wir dankten Enzo für seine kulinarischen Erläuterungen. Er gab aber noch immer nicht nach: Zum Kaffee servierte er uns diverse frisch konfierte Zitrusfrüchte und etwas Mandelgebäck, erstaunlicherweise begleitet von einem fast trockenen, nicht süßen Wein, einem »Marsala extra vergine« von Martinez, *oltre 15 anni*, also mehr als fünfzehn Jahre im kleinen Holzfass gereift – einfach sensationell!

Glücklicherweise konnten wir das Auto stehen lassen und zu Fuß in unser Hotel wanken, um eine erquickende Siesta zu halten.

Zurück – mit der Insel im Gepäck

»Machen Sie Urlaub auf Sizilien?«, fragte der junge Mann auf dem Stuttgarter Flughafen. Mit Hapag Lloyd kann man von hier ohne lästigen Zwischenstopp direkt nach Palermo fliegen.

»Nein, wir schreiben ein Buch über die kulinarischen Leidenschaften des Commissario Montalbano.«

»Toll!«, rief der junge Mann. »Den kenne ich.« Und nach einer kleinen Pause: »Aber nicht persönlich.«

Wir auch nicht. Aber wir haben die von Andrea Camilleri erfundenen Personen verwendet und weiterentwickelt. Wir haben sie in neue Situationen gebracht und mit uns sprechen lassen, die wir selbst ja durchaus existent sind: So ist eine Art imaginäres Sachbuch entstanden.

Mehrmals sind wir nach Sizilien gereist, haben fotografiert und recherchiert, sprachen mit wirklichen Personen an realen Orten. Wir danken Vittorio in Porto Palò und der Familie Saverino in Bonagia, die uns viel über Fische und ihre Zubereitung erzählten und bei denen wir zahlreiche Gerichte fotografieren konnten. Wir danken Signora Lucia Lucentini, die uns bekochte und erklärte, wie sehr es bei den oft unglaublich einfachen Zubereitungen der sizilianischen Küche auf die Qualität der Zutaten und die Übung, das Savoir-faire, ankommt, um genau den richtigen Geschmack zu erzielen. Wir danken Leoluca Orlando, dem früheren Bürgermeister von Palermo, und seiner Frau Milli, die uns mit großem Herz ihr geliebtes Sizilien gezeigt und nahe gebracht haben. Ganz besonders danken wir Barbara und Elio Di Giovanna Gottfried, die uns mit Rat und Tat beiseite standen und uns in großzügiger Gastfreundschaft ihr Sommerhaus in den Weinbergen überlassen haben, wo wir – in wunderbarer Ruhe, traumhafter und inspirierender Umgebung – ungestört dieses Buch schreiben und Gerichte nachkochen und fotografieren konnten. Der sizilianische Febru-

ar zeigte sich so schneereich, dass wir an manchen Tagen von der Welt abgeschnitten waren. So konnten wir unseren Fisch kühl halten – und Sizilien uns mit seiner Schönheit und Vielfalt nicht ablenken.

Bewusst haben wir darauf verzichtet, uns vor dem Schreiben mit Montalbanos Schöpfer, Andrea Camilleri, zu treffen. Wir wollten unbelastet sein, seinen Commissario und die anderen Figuren nur aus seinen Büchern kennen. Wir können die kulinarischen Leidenschaften des Commissario Montalbano nur am Sizilien von heute überprüfen, während der Autor des Commissario ihn in seinen eigenen Vorlieben und Erinnerungen schwelgen lassen darf. Eine persönliche Begegnung mit Camilleri hätte uns weniger Spielraum gelassen. Nun aber möchten wir ihn so bald wie möglich besuchen und uns dafür bedanken, dass wir so tief in sein literarisches Werk eindringen durften.

Als wir vom letzten Aufenthalt zurückflogen, sagte eine junge Frau hinter uns: »Acht Kilo Übergepäck hab ich diesmal!« Und fügte nach einer winzigen Pause hinzu: »Lauter Sachen zum Essen!« Hatten wir auch, sogar mehr als das Doppelte …

Anhang

Bei der Lektüre oder beim Nachkochen der Rezepte werden Sie manchmal auf unterschiedliche Schreibweisen für die Namen von Gerichten oder einzelnen Zutaten stoßen. Grund dafür sind die Unterschiede zwischen dem Italienischen und dem Sizilianischen: Die Meeresschnecken etwa heißen auf italienisch *lumache di mare,* auf sizilianisch *attupateddri.*

Camilleri-Leser kennen das: Der Commissario träumt sizilianisch von den mit Sepiatinte gefärbten schwarzen Spaghetti als *pasta al nìvuro di sìccia,* während der italienisch sprechende Questore ihn zu *spaghetti al nero di seppia* einlädt.

Wir sind dieser Tradition des Autors gefolgt, die nicht wenig zur »Sicilianità« – dem Lebensgefühl der Insel – in seinen Bücher beiträgt, und verwenden beides: das Italienische wie das Sizilianische. So tauchen zum Beispiel die Kürbisranken für Montalbanos Lieblingsgemüse als italienische *tinnirùme* und sizilianische *tennarume* auf oder die Glasfischchen als *neonati* und *nunnata.*

Verzeichnis der Rezepte

FISCH & MEERESFRÜCHTE

FLEISCH

GEMÜSE & SAUCEN

GEBÄCK & SÜSSSPEISEN

Adressen für Geniesser

Ein paar Hinweise vorab:
Beim Telefonieren von Deutschland aus: 0039 vorwählen, die italienische 0 mitwählen.

Bei Restaurants und Weingütern stets vorher anrufen – die Öffnungszeiten werden auf Sizilien sehr variabel gehandhabt!

Abkürzungen:
C.a = Contrada = Weiler
loc. = Località = Ortsteil
S. S. = Strada Statale mit Nummer = gelegen direkt an der Staatsstraße außerhalb des Ortes, manchmal mit Kilometerangabe

Hinter den Ortsnamen ist zur besseren Orientierung jeweils die Provinz angegeben:
AG = Agrigent, CL = Caltanisetta, ME = Messina, PA = Palermo, RG = Ragusa, TP = Tràpani

RESTAURANTS

Antica Focacceria San Francesco
Via Alessandro Paternostro, 58
90133 Palermo
Tel: 091 – 320 264

Ristoro Calatamauro
C.a Bagnitelle Soprane
90030 Contessa Entellina (PA)
Tel: 091 – 835 57 69

Trattoria Grotta di Vigàta
Salita Chiesa, 2/4
92014 Porto Empèdocle (AG)
Tel: 0922 – 530 827

Ristorante Il Vigneto
C.a Gurra di mare
Bivio Porto Palò
92013 Menfi (AG)
Tel: 0925 – 717 32

Ristorante Mulinazzo
loc. Bolognetta
S. S. 121
90030 Villafrati (PA)
Tel: 091 – 872 48 70

Hotel Ristorante Saverino
Via Lungomare
91019 Bonagìa Valderice
Tel: 0923 – 592 727
www.saverino.it

Hotel Ristorante Da Vittorio
Via Friuli Venezia Guilia, 9
92013 Porto Palò di Menfi (AG)
Tel: 0925 – 783 81
www.davittorioristorante.com

Würde der Commissario Montalbano mal bei den Dreharbeiten seiner Filme zuschauen, speiste er sicher hier:
Ristorante Duomo
Via Cap. Bocchieri,31
97100 Ragusa
Tel: 0932 – 651 265
www.ristoranteduomo.it

Mit Livia möchte er einmal Tìndari besuchen – unterwegs würde er garantiert den Pilzspezialitäten der Madonie-Berge leidenschaftlich und ohne Sorgen (*sans-souci*, so heißt das Lokal auf sizilianisch) huldigen:
Ristorante Nangalarruni
Via delle Confraternite, 10
90013 Castelbuono (PA)
Tel: 0921 – 671 428
www.hostarianangalarruni.it

ENOTHEKEN

Capricci di Vini
Via Inico, 148
92013 Menfi (AG)
Tel: 0925 – 750 33
www.capriccidivini.it

Osteria dei Vespri
Piazza Croce dei Vespri, 6
90133 Palermo
Tel: 091 – 617 16 31

WEINGÜTER

Abbazia Santa Anastasia
C.a Santa Anastasia
90013 Castelbuono (PA)
Tel: 0921 – 671 959
www.abbaziasantanastasia.it
Zu beziehen über:
www.weine-aus-italien.net

Cantina Sociale di Tràpani
Località Fontanelle
C.a Ospedaletto
91100 Tràpani
Tel: 0923 – 539 349

Azienda Agricola COS
S.P. 3
Acafe-Chiaramonte, km 14,500
97019 Vittoria (RG)
Tel: 0932 – 876 145

Tenuta di Donnafugata
Via Sebastiano Lipari, 18
91025 Marsala (TP)
Tel: 0923 – 724 200
www.donnafugata.it
Zu beziehen über:
www.vinondolo.de

Duca di Salaparuta – Vini Corvo
Via Nazionale, S.S. 113
90014 Casteldaccia (PA)
Tel: 091 – 945 201
www.vinicorvo.it
Zu beziehen über:
www.vinondolo.de

Casa Vinicola Firriato
Via Tràpani, 4
91027 Paceco (TP)
Tel: 0923 – 882 755
www.firriato.it
Zu beziehen über:
www.vinondolo.de

Cantine Florio – Marsala
Via Vincenzo Florio, 1
91025 Marsala (TP)
Tel: 0923 – 781 111
www.cantineflorio.com
Zu beziehen über:
www.wine-world.de

Gerbino – di Giovanna SRL
Corso Umberto I, 137
92017 Sambuca di Sicilia (AG)
Tel: 0925 – 941086
www.digiovanna-vini.it
Zu beziehen über:
www.vincent-becker.de

Marco de Bartoli – Vecchio Samperi
C.a Fornara Samperi, 292
91025 Marsala (TP)
Tel: 0923 – 962 093
www.marcodebartoli.com

Aziende Vinicole Miceli
Via Denti di Piraino, 9
90142 Palermo
Tel: 091 – 639 61 11

Morgante
C.a Racalmare
92020 Grotte (AG)
Tel: 0922 – 945 579
Zu beziehen über:
www.weincontor-geier.de

Carlo Pellegrino – Marsala
Via del Fante, 39
91025 Marsala (TP)
Tel: 0923 – 719 911
www.carlopellegrino.it
Zu beziehen über:
www.garibaldi-wein.de

Planeta
Cantina Ulmo
Cida Ulmo
92017 Sambuca di Sicilia (AG)
Tel: 0925 – 195 54 60
www.planeta.it
Zu beziehen über die meisten der bei den anderen Weingütern angegebenen Adressen.

Feudi Principe di Butera
C.a Deliella
93001 Butera (CL)
Tel: 0934 347 726
www.feudobutera.it

Tenute Rapitalà
C.a Rapitalà
90043 Camporeale (PA)
Tel: 0924 – 372 33
www.rapitala.it
Zu beziehen über:
www.wine-world.de

Settesoli
S. S. 115
92013 Menfi (AG)
Tel: 0925 – 77 111
www.mandrarossa.it
Zu beziehen über:
www.wein-world.de

Tasca d'Almerita – Regaleali
Cida Regaleali
90020 Sclafani Bagni (PA)
Tel: 0921 – 544 011
www.tascadalmerita.it
Importeur:
www.superiore.de

SPEZIALITÄTEN

Arancini

Café da Giglio
Via Gramsci, 54
92017 Sambuca die Sicilia (AG)
Tel: 0925 – 943322

Brot

Paneficio Bonventre e Asta
Corso Gen. di Medici, 102
91011 Alcamo (TP)
Tel: 0924 – 25637

Panificio Butera
Via Berlinguer, 55
92017 Sambuca di Sicilia (AG)
Tel: 0925 – 943536

Antico Forno San Leonardo
Via Amari 1
90034 Corleone (PA)
Tel: 0918 – 463820

Cannoli

Pasticceria – Gelateria Euro Bar
Via Garibaldi Giuseppe 11–13
91010 Dattilo (TP)
Tel: 0923 – 86 14 34

Bar Erice
Via Milano, 295
91010 Napola (TP)
Tel: 0923 – 861 302

Fleisch & Würste

Macelleria Pomilla
Via Bentivegna, 175
90034 Corleone (PA)

Mandelgebäck & Marzipanfrüchte

Pasticceria Maria Grammatico
Via Vittorio Emmanuele, 14
91016 Erice (TP)
Tel: 0923 – 869 390

Pasta

Antico Pastificio Colletti
Via S. Lucia, 3
90034 Corleone (PA)
Tel: 0918 – 467 360
Zu beziehen über:
www.vincent-becker.de

Thunfischkonserven und Bottarga
Nino Castiglione
C.a San Cusumano
91020 Erice (TP)
Tel: 0923 – 562 888
Zu beziehen über:
www.garibaldi-wein.de

Zu Bestellen in Deutschland:
Olivenöl:
www.vincent-becker.de
www.garibaldi-wein.de
Bottarga:
www.bosfood.de
Thunfischkonserven:
www.vincent-becker.de
www.oliva-verde.com

HOTELS
Art Hotel Atelier sul Mare
Via Cesare Battisti, 4
98079 Castel di Tusa (ME)
Tel: 0921 – 334 295
www.ateliersulmare.it

Centrale Palace Hotel
Via Vittorio Emanuele, 327
90134 Palermo
Tel: 091 – 336 666
www.centralepalacehotel.it

Hotel Domus Aurea
C.a Maddalusa
S.S. 640, km 4,150
92100 Agrigento
Tel: 0922 – 511 500
www.hoteldomusaurea.it

Grand Hotel Federico II
Via Principe di Granatelli, 60
90139 Palermo
Tel: 091 – 749 50 52
www.grandhotelfedericoii.it

Hotel Massimo Plaza
Via Maqueda, 437
90133 Palermo
Tel: 091 – 325 657
www.massimoplazahotel.com

WEITERE INTERESSANTE TIPPS

Mit Livia möchte Montalbano mal auf die Insel Mozia fahren, und sie würde dann bestimmt gern das Salzmuseum besuchen wollen:
Museo del Sale
Via Chiusa I
91027 Nubia di Paceco (TP)
www. wwfsalineditrapani.it

Erstaunlich interessant und aufschlussreich fände Livia auch dieses Museum:
Museo Etno-Antropoligico Annalisa Buccellato
Piazza Castello
91014 Castellamare del Golfo (TP)
Tel: 0924 – 33 533
www.annalisabuccellato.it

Wenn Salvo Montalbano endlich mal Zeit hätte, würde er gerne segeln und fände dann womöglich an einem Picknick Gefallen:
Atlantic Yachting S.R.L.
Piazza Alberico Gentili, 6
90143 Palermo
Tel: 0339 – 353 69 12
www.atlantisyachting.com

Kulinarisches Ortsverzeichnis

(Zu weiteren, nicht im Text genannten Orten siehe die »Adressen für Genießer«!)

DAS SIZILIEN ANDREA CAMILLERIS